Natalie Zemon Davis
Die wahrhaftige Geschichte
von der Wiederkehr
des Martin Guerre

Natalie Zemon Davis
DIE WAHRHAFTIGE GESCHICHTE VON DER WIEDERKEHR DES MARTIN GUERRE

Mit einem Nachwort von Carlo Ginzburg

Aus dem Amerikanischen
von Ute und Wolf Heinrich Leube

Piper
München Zürich

Die Originalausgabe erschien 1982 unter dem Titel »Le Retour du Martin Guerre« bei Éditions Robert Laffont, S. A., Paris
© des Nachworts von Carlo Ginzburg:
Giulio Einaudi editore, Turin 1984.
Das Nachwort wurde von Ute und Wolf Heinrich Leube aus dem Italienischen übertragen.

ISBN 3-492-02858-6
© Éditions Robert Laffont, 1982
Alle Rechte der deutschen Ausgabe:
© R. Piper GmbH & Co. KG, Verlag, München 1984
Gesetzt aus der Garamond-Antiqua
Gesamtherstellung: Hieronymus Mühlberger, Augsburg
Printed in Germany

Für Chandler Davis

INHALT

Vortwort 9
Einführung 15
Von Hendaye nach Artigat 21
Der unzufriedene Bauer 35
Die Ehre der Bertrande de Rols 44
Die Gesichter des Arnaud du Tilh 54
Die erfundene Ehe 62
Streitigkeiten 72
Der Prozeß in Rieux 85
Der Prozeß in Toulouse 97
Die Wiederkehr des Martin Guerre 107
Der Erzähler 121
Wunderbare Geschichte, Tragische Geschichte 133
Von den Hinkenden 144
Epilog 154
Auswahlbibliographie der Werke über Martin Guerre 159
Anmerkungen 163
Beweise und Möglichkeiten
von Carlo Ginzburg 185

ARREST ME-
MORABLE, DV PAR-
LEMENT DE
TOLOSE,

Contenant vne histoire prodigieuse, de nostre temps, auec cent belles, & doctes Annotations, de monsieur maistre IEAN DE CORAS, Conseiller en ladite Cour, & rapporteur du proces.

Prononcé es Arrestz Generaulx le xij. Septembre M. D. LX.

A Raison cede.

VIN
CEN
TI.

A LYON,
PAR ANTOINE VINCENT,
M. D. LXI.
Auec Priuilege du Roy.

Claudii Puteanj

Erstausgabe von Jean de Coras' Arrest Memorable

VORWORT

Dieses Buch entstand aus der Erfahrung eines Historikers mit einer anderen Art, Geschichte zu erzählen. Der Fall Martin Guerre ist immer wieder neu erzählt worden: Um 1548 verläßt ein wohlhabender Bauer aus dem Languedoc Frau, Kind und Hof, und viele Jahre lang hört man nichts mehr von ihm. Er kommt zurück – zumindest nimmt das jedermann an –, doch nachdem er drei oder vier Jahre in Frieden mit seiner Frau gelebt hat, behauptet diese plötzlich, sie sei von einem Betrüger hintergangen worden, und bringt ihn vor Gericht. Dem Mann gelingt es beinahe, die Richter davon zu überzeugen, er sei Martin Guerre, da taucht im letzten Augenblick der wahre Martin Guerre auf. Kurz nach dem Prozeß wurden zwei Bücher über den Fall geschrieben, das eine von einem der Richter, die den Urteilsspruch verhängt hatten. In ganz Frankreich erregte die Geschichte Aufsehen, unter anderem wurde sie von Michel de Montaigne kommentiert. Im Lauf der Jahrhunderte tauchte sie immer wieder in Sammlungen auf, in denen Betrugsfälle und andere *causes célèbres* nacherzählt wurden, und in dem Pyrenäendorf Artigat, wo sich die Ereignisse vor vierhundert Jahren zugetragen haben, ist sie bis auf den heutigen Tag nicht vergessen. Sie lieferte den Stoff für ein Drama, drei Romane und eine Operette.

Als ich zum erstenmal die Schilderung des Richters las, kam mir gleich der Gedanke, dieser Fall eigne sich vorzüglich für eine Verfilmung. Es kommt selten vor, daß ein Sozialhistoriker auf ein geschichtliches Ereignis stößt, das eine so perfekte narrative Struktur aufweist, und ich konnte mir vorstellen, daß ein breites Publikum sich dafür interessieren würde. Zufällig erfuhr ich, daß der Drehbuchautor Jean-Claude Carrière und der Regisseur Daniel Vigne beabsichtigten, den Stoff zu verfilmen. Ich traf mich mit ihnen, und aus unserer Zusammenarbeit entstand der Film *Die Wiederkehr des Martin Guerre*.

Je mehr ich an der Entstehung des Films Anteil nahm, desto mehr reizte es mich gleichzeitig, noch darüber hinauszugehen. Da ich diesmal für Schauspieler und Zuschauer und nicht für Leser einen Text schrieb, ergaben sich ganz neue Fragen: Welche Wertvorstellungen hatten die Menschen des 16. Jahrhunderts? Waren ihnen beispielsweise »Wahrheit« und Vertrauen ebenso wichtig wie Eigentum? Wenn ich beobachtete, wie Gérard Depardieu in die Rolle des Martin Guerre hineinwuchs, erschien mir die Leistung des wirklichen Betrügers Arnaud du Tilh in einem ganz neuen Licht. Nie zuvor war mir aufgefallen, wie viele verschiedene Bedeutungen die Aussage des Richters Jean de Coras – »Aufgrund der Schwachheit ihres Geschlechts werden Frauen leicht getäuscht durch die geschickte Schlauheit und Arglist der Männer« – enthalten konnte, bis ich sah, wie Roger Planchon sich bemühte, diesen Satz auf verschiedene Weise auszusprechen. Mir schien, ich hätte in dieser imaginierten Vergangenheit, die in Sequenzen von wenigen Sekunden zerschnitten und von Scheinwerfern erhellt wurde, wo etwas gesprochen, dann wiederholt, dann wieder in einer anderen Einstellung aufgenommen wurde, ein richtiges historiographisches Labor vor mir, in dem die Experimente keine Beweise erbrachten, sondern geschichtliche Möglichkeiten durchspielten.

Zugleich entfernte sich der Film von der historischen Überlieferung, und das beunruhigte mich. So verzichtete man zum Beispiel darauf, die baskische Herkunft der Guerre zu schildern, oder wie es dazu kam, daß der Protestantismus sich im Dorf ausbreitete. Das Doppelspiel der Ehefrau, der innere Zwiespalt des Richters rückten in den Hintergrund. Dank dieser Änderungen gewann der Film wahrscheinlich jene kraftvolle Schlichtheit und Strenge, deretwegen die Geschichte von Martin Guerre überhaupt erst zur Legende hatte werden können, doch dadurch wurde es auch schwieriger, zu erklären, was eigentlich geschehen war. Wo war innerhalb von Daniel Vignes schöner und überzeugender filmischer Rekonstruktion eines Dorfes noch Raum für ein »vielleicht«, ein »möglicherweise«, womit sich der Historiker behilft, wenn die vorhandenen Zeugnisse unzureichend oder widersprüchlich sind? Wo der Ort, um darauf hinzuweisen, daß diese »reine und wahre Geschichte« mit all den Ungewißheiten behaftet war, die eine solche Rekonstruktion mit sich bringt? Unser Film war nicht *Rashomon*, wo dasselbe Ereignis aus verschiedenen Blickwinkeln gezeigt wird, nicht *Kagemusha*, wo der Zuschauer von Anfang an zum Komplizen des Doppelgängers gemacht wird; wir wollten vielmehr eine spannende Geschichte zeigen, deren Ausgang das Publikum ebensowenig kannte wie einst die Dorfbewohner und die Richter. Und wo war schließlich der Ort, wo man über die Entstehung von Identität im 16. Jahrhundert hätte reflektieren können?

Der Film stellte also den Historiker vor das gleiche Problem der Erfindung, vor dem die Frau des Martin Guerre gestanden hatte. Ich kehrte zu meinem eigentlichen Metier zurück und besuchte vom Drehort in den Pyrenäen aus die Archive in Foix, Toulouse und Auch. Ich nahm mir vor, diese packende Geschichte zum erstenmal aus der Sicht des Historikers zu behandeln und jedes noch so unwichtig erscheinende Dokument aufzuspüren, das die Vergangenheit uns überliefert hatte. Ich wollte herausfinden, warum Martin Guerre sein Dorf verließ, wohin er anschließend ging, wie und warum Arnaud du Tilh zum Betrüger wurde, ob er

Bertrande de Rols tatsächlich täuschte und warum er schließlich scheiterte. Auf diese Weise hoffte ich, neue Aufschlüsse über die bäuerliche Gesellschaft im 16. Jahrhundert zu erhalten. Ich wollte den Gang der Dorfbewohner durch die gerichtlichen Instanzen verfolgen und erklären, wie es bei den Richtern zu dem Meinungsumschwung kam. Und schließlich hatte ich die seltene Gelegenheit, zu zeigen, wie ein Ereignis aus dem Leben der Bauern von Gelehrten in eine Geschichte umgesetzt wurde.

Es stellte sich heraus, daß dieses Unternehmen weit schwieriger war, als ich mir zunächst vorgestellt hatte. Und doch war es sehr befriedigend, die Geschichte von Martin Guerre noch einmal von neuem zu erzählen.

Für die finanzielle Unterstützung der Vorarbeiten zu diesem Buch danke ich der Princeton University und dem National Endowment for the Humanities. Ebenfalls danken möchte ich den Archivaren und den Mitarbeitern der Archives Départementales von Ariège, Haute-Garonne, Gers, Pyrénées-Atlantiques, Gironde und Pas-de-Calais für ihre zuvorkommende Beratung, die ein rasches Fortschreiten meiner Forschungsarbeit ermöglichte. Marie-Rose Bélier, Paul Dumons und Hubert Daraud aus Artigat haben mir bereitwillig mitgeteilt, was sie über das Dorf und die Geschichte des Martin Guerre wußten. Jean-Claude Carrière und Daniel Vigne regten mich zu einer neuen Sicht derBeziehungen an, die zwischen den allgemeinen Perspektiven der Historiker einerseits und der unmittelbaren Erfahrung der Betroffenen andererseits bestehen. Emmanuel Le Roy Ladurie stand mir, wann immer es nötig war, mit Rat und Tat zur Seite. Anregungen und bibliographische Hinweise lieferten zahlreiche amerikanische und französische Kollegen: Paul Alpers, Yves und Nicole Castan, Barbara B. Davis, William A. Douglass, Daniel Fabre, Stephen Greenblatt, Richard Helmholz, Paul

Hiltpold, Elisabeth Labrousse, Helen Nader, Laurie Nussdorfer, Jean-Pierre Poussou, Virginia Reinburg und Ann Waltner. Alfred Soman beriet mich großzügig in allen strafrechtlichen Fragen. Ute und Wolf Heinrich Leube danke ich für ihre sorgfältige Übersetzung. Ohne die Hilfe meines wahren Ehemanns, Chandler Davis, hätte diese Geschichte eines Ehebetrügers nie geschrieben werden können.

Princeton, im Mai 1983   N. Z. D.

EINFÜHRUNG

Femme bonne qui a mauvais mary, a bien souvent le cœur marry.« – Eine gute Frau mit einem schlechten Ehemann hat oft ein kummervolles Herz. »Amour peut moult, argent peut tout.« – Liebe vermag viel, Geld alles. Mit derlei Sprichwörtern beschrieben die Bauern im Frankreich des 16. Jahrhunderts die Ehe.[1] Die Historiker haben dank der Eheverträge und Testamente, der Geburts- und Sterberegister der Pfarrsprengel, der Berichte über voreheliche Riten und ländliche Feste zunehmend mehr über das bäuerliche Leben in Erfahrung gebracht.[2] Herzlich wenig wissen wir jedoch immer noch über die Hoffnungen und Gefühle der Bauern, darüber, wie sie die Beziehungen zwischen Ehemann und Ehefrau, zwischen Eltern und Kindern erlebten, wie sie die Zwänge und Möglichkeiten ihrer Existenz erfuhren. Wir nehmen gemeinhin an, daß die Bauern in dieser Hinsicht keine nennenswerte Wahl hatten, aber ist diese Vermutung richtig? Gab es nicht Leute in den Dörfern, die ungewöhnliche und überraschende Wege einschlugen, um ihr eigenes Leben zu gestalten?

Was aber tun die Historiker, um Informationen hierüber aus den Tiefen der Vergangenheit ans Tageslicht zu befördern? Wir nehmen Briefe und Tagebücher unter die Lupe, Selbstzeugnisse, Chroniken und Familiengeschichten. Wir untersuchen die literarischen Quellen – Theaterstücke, Gedichte und Erzählungen –, die, in welchem Verhältnis auch immer sie zum wirklichen Leben des einzelnen standen, uns zeigen, was für Gefühle und Reaktionen für die Schreiber in einem bestimmten Zeitabschnitt vorstellbar waren. Nun aber hinterließen uns die Bauern des 16. Jahrhunderts, die zu neunzig Prozent nicht schreiben konnten, kaum Dokumente über ihr privates Leben. Familiengeschichten und Tagebücher sind uns nur spärlich überliefert: eine oder zwei Zeilen über die Geburten, die Todesfälle, das Wetter. Thomas Platter beschreibt seine Mutter, eine hart arbeitende Bäuerin: »Als wir von der Mutter uns verabschieden wollten, weinte sie... Sonst habe ich meine Mutter niemals weinen sehen; denn sie war ein tapfer, mannhaft Weib, aber rauh.« Dies wurde jedoch geschrieben, als der gelehrte Hebraist sein Schweizer Bergdorf mit seinen Almen längst hinter sich gelassen hatte.[3]

Die literarischen Quellen über die Bauern folgen – wo es solche gibt – den klassischen Regeln, die den Dorfbewohner ausschließlich zum Gegenstand der Komödie machen. Die Komödie bringt »Gestalten aus dem Volk«, »Leute niederen Standes« auf die Bühne, so will es die Theorie. »In schlichtem und bescheidenem Stil stellt die Komödie das persönliche Los der einzelnen Menschen dar... Ihr Ausgang ist glücklich, heiter und erfreulich.« So wird in den *Cent Nouvelles nouvelles* (einer Sammlung komischer Geschichten aus dem 15. Jahrhundert, die im 16. Jahrhundert mehrfach nachgedruckt wurde) ein habsüchtiger Bauer, der seine Frau mit einem Liebhaber im Bett überrascht, mit der Zusage von zwölf Maß Weizen beschwichtigt und muß anschließend, um den Handel perfekt zu machen, die beiden ihr Liebesspiel zu Ende bringen lassen. In den *Propos rustiques* (veröffentlicht von dem bretonischen Juristen Noël du Fail im Jahre 1547) erinnert sich der alte Bauer Lubin an die Zeit, als er im Alter von vierunddreißig Jahren heiratete: »Ich wußte nicht, was das hieß: verliebt sein... Aber seht Euch um, ob Ihr heutzutage einen jungen Mann über fünfzehn Jahren findet, der noch nichts mit den Mädchen ausprobiert hat.«[4] Das Bild der bäuerlichen Gefühlswelt, das hier aufscheint, ist durchaus von Bedeutung – die Komödie ist schließlich ein wertvolles Instrument, um die conditio humana zu ergründen, aber sie ist begrenzt in ihren psychologischen Registern und in der Bandbreite der Situationen, in die sie den Bauern stellt.

Es gibt noch einen anderen Typ von Quellen, in denen man den Bauern in mißlicher Lage antrifft und wo der Ausgang nicht immer glücklich ist: die Gerichtsannalen. Den Inquisitionsverzeichnissen verdanken wir die Darstellung des Katharerdorfes Montaillou von Emmanuel Le Roy Ladurie sowie die Studie von Carlo Ginzburg über den kühnen Müller Menocchio. Die Diözesangerichtsakten sind voll von Rechtsstreitigkeiten zwischen Eheleuten, aus denen die Historiker sich ein Bild machen konnten, wie die Bauern und die kleinen Leute der Stadt innerhalb der eng begrenzten Welt des Herkommens und des Rechts zu Werke gingen, um eine Lebensgefährtin nach ihrem Geschmack zu finden.[5]

Schließlich gibt es noch die Protokolle der verschiedenen Strafgerichtsbarkeiten. Da ist zum Beispiel die Geschichte eines jungen Lyoneser Bauern aus dem Jahre 1535, der den König um Gnade bittet wegen eines Totschlags, den er im Affekt begangen hat. Selbst in der elaborierten Fassung seines Anwalts haben wir hier das Bild einer unglücklichen Ehe vor uns:

»Vor einem Jahr heiratete besagter Bittsteller die Ancely Learin, die ihn eine gute Partie gedünkt hatte. Dieselbe hielt er redlich als seine Frau und wünschte, mit ihr in Frieden zu leben. Aber besagte Ancely hatte sich ohne Grund und Ursache in den Kopf gesetzt, besagten Bittsteller zu töten und zu schlagen, welch letzteres sie tatsächlich ausführte ... Solcherlei ertrug der Bittsteller geduldig, in der Hoffnung, sie würde mit der Zeit friedfertiger werden. Desungeachtet geschah es am ersten Sonntag des vergangenen Monats Mai, als besagter Bittsteller in seinem Hause gemeinsam mit seinem Eheweib zu Abend aß, daß sie ihm seine Bitte um ein Glas Wein, welchen sie in einer Flasche in der Hand hielt, abschlug. Sie sagte, sie gebe ihm welchen an den Kopf, was sie alsbald ausführte ... zerschlug die Flasche und schüttete ihm den Wein ins Gesicht ... In ihrer Wut erhob sie sich vom Tisch, ergriff eine Schüssel und machte Anstalten, sie auf besagten Bittsteller zu schleudern, der schwer verletzt worden wäre, hätte sich nicht die Magd zwischen die beiden gestellt. Außer sich und in Hitze ergriff besagter Bittsteller ein Messer, das auf dem Tische lag, rannte hinter besagter Ancely her und versetzte ihr einen Stich in den Bauch.«

Seine Frau lebte nicht lange genug, um uns ihre Version der Geschichte zu liefern.[6]

Aus solchen Dokumenten erfahren wir etwas über die Erwartungen und Gefühle der Bauern in Momenten plötzlicher Erregung oder Verwirrung. Im Jahre 1560 kam vor das Parlament von Toulouse ein Kriminalfall, der so außergewöhnlich war, daß einer der damit befaßten Richter ein Buch darüber geschrieben hat. Er hieß Jean de Coras, stammte aus der Gegend und war ein hervorragender Jurist und Autor lateinischer Kommentare über ziviles und kanonisches Recht. Obendrein war er Humanist. Sein *Arrest Memorable* versammelte die vollständige Beweisaufnahme, alle formellen Eingaben und Beurteilungen des Falles, einschließlich seiner eigenen Anmerkungen. Wie er sagte, handelte es sich nicht um eine Komödie, sondern um eine Tragödie, wiewohl die handelnden Personen echte Bauerntölpel waren, »gemeines und niederes Volk«. In französischer Sprache geschrieben, wurde dieses Buch in den folgenden sechs Jahren fünfmal nachgedruckt und erlebte bis zum Ende des Jahrhunderts noch mehrere weitere Auflagen in französischer und lateinischer Sprache.[7]

Dank der Verbindung von juristischem Text und literarischer Erzählung führt uns das Buch von Coras in die verborgene Welt bäuerlicher Gefühle und Sehnsüchte ein. Dabei stört es mich nicht, daß es sich hier um einen außergewöhnlichen Fall handelt, im Gegenteil: ein Streit außerhalb des üblichen Rahmens kann Motivationen und Wertvorstellungen ans Licht bringen, die sich im Alltagsleben verflüchtigen. Ich möchte zeigen, daß die Abenteuer dreier junger Bauern gar nicht so weit von den gewöhnlicheren Erfahrungen ihrer Nachbarn entfernt sind, daß die Machenschaften eines Betrügers einen Bezug haben zu den eher alltäglichen Wegen der Entfaltung persönlicher Identität. Außerdem hoffe ich deutlich zu machen, warum eine Geschichte, die nur für eine volkstümliche Erzählung zu taugen schien – und in dieser Form ist sie ja auch erzählt worden –, zusätzlich den Stoff bot für die »einhundertundelf schönen Anmerkungen« eines Richters. Schließlich möchte ich die These wagen, daß wir es hier mit einem jener seltenen Fälle zu tun haben, wo das Los der Bauern und das der Reichen und Gebildeten sich berühren.

Bei den Quellen waren der *Arrest* von Coras und die kurze *Historia* von Guillaume Le Sueur, beide erschienen im Jahre 1561, mein Ausgangspunkt. Die *Historia* ist ein selbständiger Text, der einem anderen Richter dieses Prozesses gewidmet war; in wenigstens zwei Fällen bringt er Einzelheiten, die bei Coras nicht erwähnt sind, die ich jedoch in den Archiven überprüft habe.[8] Beide Quellen habe ich ergänzend benutzt, wobei ich allerdings bei den wenigen abweichenden Stellen Coras den Vorzug gegeben habe, der doch unmittelbarer als Le Sueur mit dem Prozeß zu tun hatte. Da die Vernehmungsakten des Prozesses fehlen (die Akten sämtlicher Prozesse, die vor 1600 vor dem Parlament von Toulouse verhandelt wurden, sind verschollen), habe ich die Erlaßverzeichnisse des Parlaments durchgesehen, um zusätzliche Einblicke in den Fall selbst sowie in Praxis und Haltung der Richter zu bekommen. Auf den Spuren meiner ländlichen Akteure nahm ich Einsicht in Verträge von Notaren aus zahlreichen Dörfern der Diözesen Rieux und Lombez. Wo es mir nicht gelang, meinen Mann (oder meine Frau) in Hendaye, Sajas, Artigat oder Burgos aufzuspüren, tat ich mein Bestes, um anhand anderer Quellen der Zeit und der Gegend die Welt sichtbar zu machen, die sie wohl vor Augen hatten, und die Reaktionen, die die ihren sein konnten. Was ich hier meinem Leser vorlege, ist zum Teil Invention, jedoch sorgfältig gesteuert durch die Stimmen der Vergangenheit.

VON HENDAYE NACH ARTIGAT

Im Jahre 1527 verließ der Bauer Sanxi Daguerre zusammen mit seiner Frau, seinem kleinen Sohn Martin und seinem Bruder Pierre den Familienbesitz im französischen Baskenland und ließ sich in einem Dorf der Grafschaft von Foix nieder, zwanzig Tagesmärsche von seinem früheren Wohnsitz entfernt.

Dies war keineswegs üblich für einen Basken. Nicht daß die Männer vom Labourd Stubenhocker gewesen wären, aber wenn sie ihren Heimatort verließen, so stachen sie meist in See, um jenseits des Atlantik, manchmal sogar hoch oben im Norden, in Labrador, den Wal zu jagen. Auswanderer überquerten zumeist den Bidassao, um in das spanische Baskenland zu gelangen oder noch tiefer in den Süden Spaniens, und selten nur wandten sie sich nach Norden. Außerdem bestand die große Mehrheit der Emigranten, im Unterschied zu Sanxi Daguerre, aus den jüngeren Söhnen einer Familie, die nicht unter dem angestammten Dache bleiben konnten oder wollten. Die Bedeutung des Vaterhauses war in den Augen der Basken so groß, daß jedes von ihnen einen Namen trug, den der Erbe und seine Frau übernahmen: »Sie lassen sich Herr und Dame dieses oder jenes Hauses nennen, und sei das Haus auch nur ein Schweinekoben«, bemerkte ein gehässiger Beobachter.[1]

Das Haus von Sanxi Daguerre war jedoch keineswegs ein Schweinekoben. Es lag in Hendaye, einem Dorf unmittelbar an der spanischen Grenze, das nach der Beschreibung eines Reisenden im Jahre 1528 nur aus wenigen Häusern bestand, jedoch von ausgedehnten Gemeindeländereien umgeben war. Seine Lage zwischen den Bergen, dem Fluß und dem Meer bestimmte die Lebensweise seiner Bewohner: sie waren Hirten, Fischer und Bauern. Der lehmige Boden beschränkte die Getreideerzeugung auf den Anbau von Hirse, doch Apfelbäume gediehen vorzüglich. Die Brüder Daguerre nutzten den Lehm überdies für eine Ziegelei. Freilich war das Leben im Labourd nicht leicht, aber es hatte auch seine guten Seiten, zumindest in den Augen der Besucher: Sie erwähnen die ungewöhnliche Schönheit der Dörfer, die Freuden und Gefahren des Walfangs, die Verteilung der Beute, das ausgelassene Treiben der Männer, Frauen und Kinder in den Wellen. »Die Leute hier in diesem Landstrich sind alle sehr fröhlich . . . immer lachen, scherzen und tanzen sie, die Männer wie die Frauen«, so werden sie uns im Jahre 1528 beschrieben.[2]

Und dennoch beschloß Sanxi Daguerre, sein Dorf zu verlassen. Vielleicht wegen der Kriege, die die Gegend ständig bedrohten: Das Baskenland und Navarra waren seit langen Jahren ein Zankapfel zwischen Frankreich und Spanien, und dieses Grenzgebiet litt unter den Konflikten zwischen François I. und Kaiser Karl V. Im Jahre 1523 brachen die kaiserlichen Truppen in Hendaye ein und verwüsteten das Labourd; 1524 wütete die Pest mit ungewöhnlicher Härte; im darauffolgenden Jahr wird Martin, Sanxis erstes Kind, geboren. Vielleicht gab es einen persönlichen Grund für seinen Aufbruch, einen Streit zwischen Sanxi und seinem Vater, dem »alten Hausherrn« (dem *senior echekojaun*, wie er auf baskisch hieß), falls dieser noch lebte, oder mit jemand anderem. Oder es war die Mutter von Martin, die zum Wegzug drängte, denn die baskischen Frauen galten als unerschrocken und hatten ein Wort mitzureden.[3]

Wie dem auch sei, Sanxi packte seine Habe zusammen und brach auf, zusammen mit seiner Familie und seinem ledigen jüngeren Bruder. Der angestammte Besitz blieb in

Hendaye, und Martin sollte ihn eines Tages erben. Sanxi hätte ihn, falls er gewollt hätte, nur schwer verkaufen können, denn die *fors* – das heißt die Gebräuche im Labourd – verboten es, die Erbgüter zu veräußern, höchstens im Fall dringender Notwendigkeit und auch dann nur mit Zustimmung der gesamten Verwandtschaft.[4] Freie Verfügung besaß er hingegen über die *acquêts*, das heißt, über alles, was er selbst erwirtschaftet hatte, und Sanxi hatte genügend mitgenommen, um sich in seinem neuen Dorf angemessen niederzulassen.

Die Straßen, die die Auswanderer auf ihrem Weg nach Norden einschlugen, waren recht verkehrsreich. Sie führten sie durch eine jahrhundertealte Handelszone zwischen den Pyrenäen und der Ebene, eine Zone, die einen besonders lebhaften wirtschaftlichen Aufschwung nahm, seit Toulouse zur Drehscheibe der ganzen Gegend wurde.[5] In diesem Landstrich zwischen Save und Ariège, den Grenzen ihrer zukünftigen Existenz, herrschte ein ständiges Kommen und Gehen; Karren, beladen mit Waidschalen, kardätscher und Rohwolle für die Färbereien, mit Holz, Weizen, Wein und Obst bewegten sich in Richtung Toulouse. Sicher begegneten sie Händlern und Hausierern auf ihrem Weg zu den Messen und Märkten, Hirten, die Rinder oder Schafe im Sommer auf die Bergweiden brachten oder sie zum Überwintern in die Ebenen um Toulouse und Pamiers führten, Pilgern, unterwegs zum immer noch viel besuchten Heiligtum von Santiago de Compostela, jungen Leuten, die ihre Dörfer verlassen hatten, um in den Straßen von Toulouse oder einer anderen Stadt ein Auskommen zu finden. Schließlich machte die Familie halt in Artigat, einem Dorf in der weiten Ebene am Fuße der Pyrenäen gelegen, einige Rittstunden von Pamiers entfernt.

Artigat lag auf beiden Seiten der Lèze, einem unbedeutenden Flüßchen, verglichen mit der Ariège im Osten und der

Garonne im Westen, das jedoch im Frühjahr mächtig anschwellen konnte und das umliegende Land verwüstete. Auf diesem Land und den umliegenden Hügeln lebten ungefähr sechzig bis siebzig Familien, die außer Hirse, die Sanxi und Pierre Daguerre wohlvertraut war, Weizen, Hafer und Wein anbauten, Rinder, Ziegen und vor allem Schafe züchteten. Auch einige Handwerker gab es in Artigat: einen Hufschmied, einen Müller, einen Schuster, einen Schneider; vielleicht befaßte man sich mit der Wollweberei, wie im Nachbarort Le Fossat. Von Zeit zu Zeit wurde ein Markt abgehalten, und Mitglieder der Familie Banquels nannten sich selbst »Kaufleute«; allerdings war dies nur noch ein schwacher Abglanz der mittelalterlichen Jahrmärkte in Artigat, und der Großteil des lokalen Handels spielte sich jetzt in Le Fossat ab. Um das Jahr 1562 und vielleicht schon vorher, zum Zeitpunkt der Ankunft der Daguerre, saß in Artigat ein Notar; jedenfalls suchte der Notar von Le Fossat regelmäßig die umliegenden Dörfer auf, um die Verträge aufzusetzen.[6]

Die wirtschaftlichen Verflechtungen zwischen Artigat und den umliegenden Weilern mußten den Daguerre gleich aufgefallen sein. Am bedeutendsten war der Warenumschlag mit dem Ort Pailhès talaufwärts, mit dem talabwärts gelegenen Le Fossat und mit dem Weiler Le Carla, hoch oben auf dem Hügel gen Westen gelegen. Handel getrieben wurde vorwiegend im Lèzetal bis nach Saint-Ybars, nach Osten bis über Pamiers hinaus und zu den Pyrenäen hin bis Le Mas-d'Azil. Jean Banquels aus Artigat verleiht einem Bauern aus Pailhès eine Stute für die Dauer von sechs Jahren. Ein Händler aus Le Fossat verpachtet Ochsen an zwei Bauern aus Le Carla, die ihn später, auf dem Septembermarkt von Pamiers, in Weizen bezahlen sollen. Jehannot Drot, Bauer in Artigat, begibt sich jeden Winter nach Le Fossat, um Kaufverträge für die Wolle seiner spanischen Schafe abzuschließen: Die Wolle wird gleich in bar bezahlt und im darauffolgenden Mai geliefert.

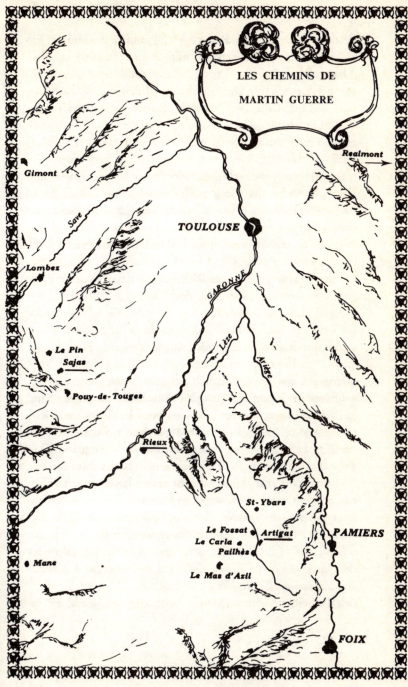

Die Wege des Martin Guerre

Andere verkaufen ihre Rohwolle an Händler in Pamiers. Ein Schäfer aus Le Carla schließt mit einem Händler aus Saint-Ybars einen *gasailhe*-Vertrag (wie es auf *langue d'oc* heißt) für dreißig Schafe: Der Schäfer verpflichtet sich, Nahrung und Weide für die Tiere auf seine Kosten zu stellen; Schäfer und Händler teilen sich die Kosten für den Sommerauftrieb ebenso wie anschließend den Gewinn. James Loze aus Pailhès schließt mit einem Händler aus Pamiers einen Vertrag über zweiundfünfzig Schafe: Sie teilen Ausgaben und Gewinn, wobei die Wolle nach der Schur im Tausch gegen Salz nach Pamiers gebracht wird. Getreide und Wein sind ebenfalls im Umlauf, zum Teil in Form von Pacht, die in Naturalien gezahlt wird, zum Teil in Form von Käufen, die die Bauern in Pamiers und Le Fossat tätigen.[6]

Diese kleine geschäftige Welt konnte den Daguerre nicht gänzlich fremd sein, waren doch derartige Handelsbeziehungen auch im Labourd gang und gäbe. Ganz neu für sie im Vergleich zum Baskenland war jedoch die Abtretung von Land durch Erblassung oder durch Verkauf. Hier in der Ebene am Fuße der Pyrenäen sorgte sich das einfache Volk wenig um den Zusammenhalt des Familienbesitzes. Die Testamente im Raum um Artigat begünstigten selten ein Kind auf Kosten eines anderen; üblicherweise bekamen die Töchter eine Mitgift, das Erbe wurde gleichmäßig auf die Söhne verteilt, auch wenn es deren fünf gab. War kein männlicher Erbe da, wurde das Erbe zwischen den Töchtern aufgeteilt. So finden wir manchmal zwei Brüder oder zwei Schwäger, die beschlossen haben, das Land gemeinsam zu bestellen, oder auch einen Bruder, der wegzieht und seinem Bruder sein Erbteil überläßt. Häufiger noch kommt es vor (wie der *terrier*, das Grundbuch von Artigat aus dem 17. Jahrhundert, zeigt), daß die Erben sich das Land teilen und in enger Nachbarschaft leben. Vergrößert sich eine Familie, so wohnen die beiden Generationen nicht unter einem Dach, wie im

Baskenland, es sei denn, ein verwitweter Elternteil (gewöhnlich die Mutter) tut sich mit einem der verheirateten Kinder zusammen.[8]

So wird verständlich, daß geerbtes Land sehr viel leichter veräußert werden kann als im Labourd. Zum Beispiel finden wir einen Priester aus Le Fossat, der seinen Garten an einen Händler verkauft, wobei er als Grund angibt, er habe seine alten Eltern während der vergangenen acht Jahre verhalten müssen. Antoine Basle aus Artigat überläßt für die bescheidene Summe von fünfunddreißig *livres* »den vierten Teil der Güter und des Nachlasses des verstorbenen Jacques Basle, seines Vaters«, einem Mann aus dem Nachbarweiler, und im Jahre 1528 verkaufen die Brüder Caldeyro sechs *sétérées* ihres Landes (etwas weniger als hundertfünfzig Ar) an die Brüder Grose aus Le Mas-d'Azil, die sich daraufhin in Artigat niederlassen.[9]

Diese gelegentlichen Verkäufe von geerbtem Gut *(propres)* bedeuteten nicht, daß die Bauern entlang der Lèze nicht an ihrem Land gehangen hätten. Gaben die Basken ihren Häusern Namen, so taten die Bewohner von Artigat und ihre Nachbarn dasselbe mit ihren Ländereien. Ganze Teile der Gemarkung von Artigat trugen Bezeichnungen, die zugleich Familiennamen waren: »Les Banquels«, unweit der Dorfmitte, »Rols« im Westen, »Le Fustié« nahe der Lèze, wo der Müller Fustié wohnte. Felder hatten Namen ebenso wie Weinberge und Wiesen: »a la plac«, »al sobe«, »les asempres«, »al cathala«, »la bardasse«, Namen, die die Bauern, welche sie erwarben, als Beinamen annehmen konnten.[10]

Freilich war diese Gleichsetzung von Familie und Land in Artigat, mehr vielleicht noch als in Hendaye, von der sozialen und ökonomischen Struktur des Dorfes bestimmt. An der Spitze standen wohlhabende Familien wie die Banquels, gefolgt von den Rols, die zahlreichen Streubesitz hatten, den sie zum Teil selber bewirtschafteten, zum Teil aber auch an

Bauern verpachtet hatten gegen fixes Entgelt oder gegen einen Ernteanteil. Sie waren die Leute, die die Kircheneinnahmen von Artigat kassierten, ein Recht, das sie jedes Jahr dem Bischof von Rieux abkauften, und sie standen der Kirchengemeinde vor. Sie verkehrten mit den ersten Familien außerhalb des Adels: den Loze aus Pailhès, den Boëri, Händlern und Schuhmachern in Le Fossat, den du Fau, Notaren in Saint-Ybars. Am anderen Ende der Dorfhierarchie finden wir Bernard Bertrand und seine Frau, die kümmerliche sechzehn *sétérées* Land besitzen, zu wenig, um sich und ihre sechs Kinder zu ernähren; den Schäfer Jehannot Drot, der in schwierigen Zeiten Wein und Korn borgen muß; schließlich die Brüder Faure, Pächter, die mit ihren Zahlungen so weit im Rückstand sind, daß sie von den Eigentümern vor Gericht gebracht werden.[11]

Kein Einwohner von Artigat indessen leistete irgendwelche Abgaben oder Dienste an einen Feudalherrn. Wie viel oder wie wenig Land sie auch besaßen, sie waren »frei und allodial«, worauf sie nicht wenig stolz waren. Seit mindestens hundert Jahren hatte es in diesem Dorf keinen adligen Grundbesitz gegeben; ein gewisser Jean d'Escornebeuf, Grundherr von Lanoux, westlich von Artigat, hatte hier, nach der Ankunft der Daguerre, Land gekauft, aber er war dafür steuerpflichtig *(taille)* wie jeder gewöhnliche Bauer auch. Die gesamte Verwaltung des Dorfes lag entweder bei der Gemeinde selbst oder in der Hand des Königs, der in erster Instanz vom Richter in Rieux (einige Wegstunden von Artigat entfernt) vertreten wurde, dann vom *sénéchal* von Toulouse und schließlich, im Berufungsfalle, vom Parlament von Toulouse. Auf der untersten Stufe der Gerichtsbarkeit von Artigat standen drei oder vier *consuls*, örtliche Notabeln, die jährlich neu vom Richter von Rieux die Befugnis erhielten, als Zeichen ihrer Amtswürde die rot-weiße Kappe zu tragen. Ihnen oblag die Rechtsprechung in landwirtschaftlichen Angelegenheiten, so zum Beispiel in Fragen, die das Gemeindeland betrafen (das in Artigat nicht sehr ausgedehnt war). Sie legten den Zeitpunkt der Weinernte fest, sie erstellten nach Todesfällen die Güterinventare und führten die Versteigerungen durch, sie schritten ein bei Klagen wegen falscher Maße und Gewichte. Sie ahndeten Verstöße gegen die öffentliche Ordnung durch blasphemische Äußerungen oder Raufereien. Von Zeit zu Zeit beriefen sie Versammlungen der männlichen Dorfbewohner ein.[12]

Dies alles mochte den Daguerre wohl gefallen, kamen sie doch aus einer Gegend, in der die Feudalherren (trotz der wachsenden Macht der adligen Urtubi) verhältnismäßig wenig Einfluß hatten und wo die Mitglieder der Gemeinde das Recht hatten, sich jederzeit frei zu versammeln und Erlasse zu verkünden, welche die Belange der Gemeinde betrafen. Wenn sie sich etwas weiter oben niedergelassen hätten, in Pailhès zum Beispiel, wo die Villemurs, die Herren von Pailhès und Kommandanten des Château de Foix, ihren Sitz hatten, wäre die ganze Geschichte anders verlaufen.[13] Der Fall Martin Guerre hätte nicht seinen Lauf genommen, wenn ein ortsansässiger Feudalherr oder dessen Vertreter das Recht zur Intervention gehabt hätte. Wie die Dinge lagen, hatten die Leute von Artigat hauptsächlich mit dem Dorftratsch und mit dem Druck zu rechnen, den die Gemeindemitglieder ausübten.

Abgesehen von diesen spezifischen Freiheiten bot Artigat ein recht unscharfes und vielseitiges Bild. Sprachlich gesehen befand sich das Dorf auf der Grenze der unterschiedlichen Nasale und Liquide der Gascogne und des Languedoc. Geographisch gehörte es zur Grafschaft Foix, doch zusammen mit Pailhès und einigen anderen Dörfern war es von der Regierung des Languedoc abhängig. Obwohl nahe bei Pamiers gelegen, dem Sitz der Diözese Pamiers, gehörte Artigat zur Diözese des weiter entfernten Rieux. Der Pfarrer von Saint-Sernin, der Hauptkirche der Gemeinde, wurde von den Domherren von Saint-Etienne im noch weiter entfernten Toulouse ernannt. Auch der Pfarrer von Bajou, einer kleineren Gemeinde, die zur Gerichtsbarkeit von Artigat gehörte, wurde von einem Kapitel in Toulouse eingesetzt. Die Einwohner von Artigat hatten etliche Grenzen zu passieren, wenn sie ihren verschiedenen Tätigkeiten nachgingen, als Bauer, Schäfer, Prozeßführer oder als Christ, und man belegte sie mit verschiedenen Namen: *Gascons, Foixiens, Languedociens.*

In dieses Dorf zogen also die Daguerre. Sie siedelten sich östlich der Lèze an, erwarben Land (vielleicht das Eigentum irgendwelcher Einwohner von Artigat) und gründeten eine Ziegelei wie in Hendaye. Eine Zeitlang zumindest führten die Brüder einen gemeinsamen Haushalt, und ihre Geschäfte blühten – »für Leute niedrigen Standes wurden sie ziemlich vermögend«, schreibt später der Pamphletist Guillaume Le Sueur über sie. Ihre Besitzungen dehnten sich nach und nach über die Hügel in Richtung Bajou aus, und neben Ziegeln produzierten sie nun auch noch Weizen, Hirse, Wein und züchteten Schafe.[15]

Um von der Dorfgemeinschaft akzeptiert zu werden, mußten sie bestimmte Bräuche des Languedoc übernehmen. Aus Daguerre wurde Guerre; wenn Pierre je die baskische Form seines Vornamens – Betrisantz oder auch Petri – gebraucht hatte, so änderte er ihn nun. Sanxis Frau trug vermutlich weiterhin Körbe voll Weizen auf dem Kopf, aber sie änderte ihre Haube ab und die Verzierungen ihrer Röcke, um es ihren Nachbarinnen gleichzutun. Sie hatte sich wohl daran gewöhnen müssen, daß hierzulande die Frauen in der Messe nicht vor den Männern ihr Opfer geben durften, nicht für die Kirche sammeln und keine Küsterdienste ausüben durften.[16]

Und alle Daguerre sprachen nun wohl fließender die

Mundart des *langue d'oc* und gewöhnten sich an eine Welt, in der das geschriebene Wort eine größere Rolle spielte als in Hendaye. »Die baskische Sprache«, schrieb Richter Jean de Coras, »ist so unklar und schwierig, daß viele dafürhielten, sie sei in keinerlei Schrift festzuhalten.« Tatsächlich war zwar eine Gedichtsammlung in baskischer Sprache im Jahre 1545 in Bordeaux erschienen, aber Verwaltungsakte und Verträge wurden im Labourd entweder auf gascognisch oder französisch abgefaßt. Da, wo sie herkamen, hätten die Guerre ihre Geschäfte mündlich erledigt, auf baskisch, spanisch oder gascognisch. Im Gebiet zwischen Garonne und Ariège suchte man dafür oft Notare auf. Diese waren gleichzeitig in mehreren kleinen Ortschaften tätig, und schon bevor das königliche Edikt von Villars-Cotteret es im Jahre 1539 vorschrieb, schrieben sie Verträge auf französisch, wobei sie gelegentlich Schreibweisen und Wörter des Okzitanischen benutzten. Die Guerre hatten gerade so gut schreiben gelernt, daß sie einfache Rechnungen ausstellen konnten, obwohl sie, wie die meisten Einwohner von Artigat, Verträge nie mit Namen zeichneten und vermutlich auch nicht lesen konnten. Es gab in Artigat keinen Lehrer, der es ihnen hätte beibringen können.[17]

Während sie sich in Artigat einlebten, bekam die Familie Zuwachs. Sanxis Frau bekam noch weitere Kinder, von denen vier Mädchen überlebten. Pierre Guerre nahm sich eine Frau, und getreu der baskischen Sitte, nach der verheiratete Brüder üblicherweise nicht unter einem Dach zusammenlebten, bezog er offenbar nicht weit von seinem Bruder ein eigenes Haus. Zweifellos nahmen die beiden Brüder aus diesem Anlaß eine Aufteilung des Besitzes vor. Im Jahre 1538 erscheinen die Guerre dann in einem Vertrag, der zeigt, wie weit sie es in diesen elf Jahren in Artigat gebracht haben: Es handelt sich um den Heiratsvertrag zwischen Sanxis ältestem Sohn und Bertrande de Rols, der Tochter einer wohlhabenden Familie vom anderen Ufer der Lèze.

Daß Bertrandes Vater diese Verbindung für eine annehmbare Partie hielt, ist ein weiterer Hinweis auf die relative Offenheit des Dorfes in diesen Jahren Neuankömmlingen gegenüber. Eine andere Familie, die Grose, waren von Le Mas d'Azil herübergekommen, und auch sie hatten Erfolg: Sie taten sich mit den Banquels zusammen und wurden zu *consuls*, das heißt zu Schöffen gewählt. Viele Eheverträge wurden innerhalb des Gerichtsbezirks von Artigat geschlossen, manchmal zwischen Eheleuten aus den beiden Kirchensprengeln, wie im Falle der Rols und Guerre, aber natürlich stammte manche Braut und mancher Bräutigam aus entfernteren Ortschaften. Jeanne de Banquels heiratete Philippe du Fau aus Saint-Ybars, und Arnaud de Bordenave holte sich seine junge Braut aus einem Dorf der Diözese Couserans. Obwohl das Baskenland noch weiter entfernt war, waren Einwanderer aus dieser Gegend in der Diözese Rieux nicht unbekannt; die Garonne aufwärts, in Palaminy, lebte Bernard Guerra mit seiner Frau Marie Dabadia, beides gut baskische Namen. Vielleicht kamen die Guarys von Artigat ursprünglich auch aus dem Labourd.[18]

Die Eheleute Rols-Guerre waren ungewöhnlich jung. Historisch-demographischen Untersuchungen zufolge wäre zu erwarten gewesen, daß sie zumindest achtzehn Jahre alt gewesen wären; Martin Guerre aber war erst vierzehn, und wenn Bertrande so jung war, wie sie später angab*, war ihre

---

* Bertrande gab in ihrer Klage vor dem Richter in Rieux an, daß sie »als junges Mädchen von neun oder zehn Jahren mit Martin Guerre verehelicht worden sei, der damals auch sehr jung und beinahe gleichen Alters wie die Klägerin gewesen sei«. (Coras, *Arrest Memorable, du Parlement de Tolose*. Paris 1572, S. 1). Von Martin Guerre wird jedoch angenommen, daß er zum Zeitpunkt des Prozesses im Jahre 1560 fünfunddreißig Jahre alt war (Coras, a. a. O., S. 76), und die Zeugenaussagen über die Anzahl der Jahre, die er

Ehe nach kanonischem Recht ungültig. Jedenfalls war den Rols und den Guerre sehr an dieser Verbindung gelegen, und der Pfarrer von Artigat, Messire Jacques Boëri, der aus einer ortsansässigen Familie stammte, erhob offensichtlich keinerlei Einwände. So bemerkte Le Sueur später: »So mächtig ist der Wunsch nach Nachkommenschaft nicht nur bei großen Herren, sondern auch beim einfachen Landvolke, daß sie ihre Kinder in zartem Alter vermählen.«[19]

Neben dem Wunsch nach Nachkommenschaft spielten aber Güter und gegenseitige Dienstleistungen sicherlich eine nicht geringe Rolle: Die Ziegelei der Guerre mochte in den Augen der Rols ins Gewicht fallen, ebenso wie die Tatsache, daß Bertrande einen Bruder hatte, für die Guerre mit all ihren Töchtern wahrscheinlich nicht ohne Bedeutung war. Der Ehevertrag zwischen Bertrande und Martin ist uns nicht überliefert, aber aus zahlreichen anderen, die erhalten sind, können wir seinen Inhalt erschließen. In der Gegend zwischen Garonne und Ariège wurden bei einer Heirat gewöhnlich keine bedeutenden Landübertragungen von einer Bauernfamilie an die andere getätigt; der Großteil des Besitzes wurde, wie wir gesehen haben, behalten, um noch zu Lebzeiten der Eltern oder testamentarisch auf die Söhne verteilt zu werden. Immerhin erhielten die Töchter als Mitgift den Gegenwert des Verkaufspreises etwa eines Weinbergs oder eines Ackers. In bescheideneren Haushalten verteilte sich die Auszahlung auf mehrere Jahresraten. Wohlhabende Leute zahlten das junge Paar in einer Summe aus und gaben gelegentlich noch ein Stück Land dazu. Die Mitgift der jungen Bertrande de Rols gehörte wohl in die zweite Kategorie: eine Summe zwischen fünfzig und hundertfünfzig *livres* – eine bescheidene Mitgift für eine Braut aus der Stadt, aber groß-

---

mit seiner Frau zusammengelebt hatte, und die Jahre danach, lassen darauf schließen, daß er bei der Hochzeit vierzehn Jahre alt war. Bertrande hatte vermutlich ebenfalls das Pubertätsalter erreicht.

zügig, gemessen an ländlichen Maßstäben –, dazu ein Weinberg westlich der Lèze, Delbourat genannt. (Dieses Stück Land befand sich in unmittelbarer Nachbarschaft zum übrigen Besitz der Rols und findet sich später im sechzehnten Jahrhundert unter den Besitzungen der Familie Guerre.) Hinzu kam die in der Gegend übliche Brautausstattung mit Haushaltsmobiliar: ein Bett mit Federkissen, Laken aus Leinen und Wolle, eine Bettdecke, eine Truhe mit Schlüssel und Schloß sowie zwei oder drei Kleider für verschiedene Anlässe.[20]

Die Hochzeit der Kinder fand statt in der Kirche von Artigat, in der Bertrandes Großvater Andreu und andere ihrer Vorfahren bestattet waren. Dann kehrte der Hochzeitszug ins Haus von Sanxi Guerre zurück, wo nach baskischem Brauch der junge Hausherr mit dem alten zusammen leben sollte. Abends nach dem Festmahl wurde das Paar zu Bertrandes Ehebett geleitet. Schlag Mitternacht stürmten die jungen Hochzeitsgäste, angeführt von Catherine Boëri, einer Verwandten des Pfarrers, in das hochzeitliche Schlafgemach. Sie brachte ihren *resveil*; der stark gewürzte Kräutertrunk sollte den Jungvermählten glühende Umarmungen und eine fruchtbare Ehe sichern.[21]

DER UNZUFRIEDENE BAUER

In Bertrandes Ehebett spielte sich offenbar nichts ab, weder in dieser Nacht noch in den folgenden acht Jahren. Martin Guerre war impotent, das Paar »verhext«.[1]

Dies war wohl nicht das erste Mißgeschick des Martin Guerre. Vielleicht war es gar nicht so einfach für einen Jungen aus dem Labourd, in Artigat aufzuwachsen. Zunächst einmal galt es, zwischen verschiedenen Sprachen zu lavieren: dem Baskischen seiner Eltern und deren nicht akzentfreiem *langue d'oc* und der Sprache der Leute, denen er in der Ziegelei, bei der Ernte oder während der Messe begegnete. Manchmal hat er wohl mit der Dorfjugend spielen dürfen – die Älteren beschwerten sich über die Kleinen, die in den Weinbergen Trauben stibitzten –, und gewiß wurde er wegen seines Vornamens gehänselt. Martin war in Hendaye ein recht gebräuchlicher Name, zu jener Zeit aber klang er seltsam zwischen all den Jehans, Arnauds, Jameses, Andreus, Guilhaumes, Antoines, Peys und Bernards von Artigat. Daß es der Name eines nahegelegenen Kirchensprengels war, spielte dabei keine Rolle. Martin war ein Name, den die hiesigen Bauern einem Tier gaben, einem Esel zum Beispiel, und traditionellerweise nannten sie so den Bären, dem die Schäfer droben in den Bergen begegneten.[2]

In der Familie Guerre mußte sich der junge Hausherr nicht nur mit einer, sondern mit zwei starken Männerpersönlichkeiten gleichzeitig auseinandersetzen, die beide von aufbrausendem Temperament waren. Nach ihm kamen nur Mädchen: seine Schwester Jeanne und drei weitere Schwestern, außerdem die Töchter von Pierre Guerre – nichts als

Gören. Und kaum hatte sein Penis hinter dem Hosenladen zu wachsen begonnen, da trat noch ein Mädchen in sein Leben: Bertrande de Rols.

Es wird Sanxi Guerre wohl nie in den Sinn gekommen sein, daß sein Sohn Schwierigkeiten haben könnte, die Ehe zu vollziehen. Die Verheiratung eines so jungen Mannes stieß möglicherweise im Dorf auf Ablehnung, da er zur Gründung einer Familie eigentlich weder die notwendigen Mittel noch die nötige Urteilskraft besitzen konnte und da die wäßrigen und zarten »Säfte« seines jugendlichen Körpers – nach dem Glauben der Menschen des sechzehnten Jahrhunderts – nur unfruchtbaren Samen hervorbringen konnten. Aber sobald ein Junge einmal Schamhaare hatte, so dachte man, würden die fleischlichen Triebe von selbst erwachen, und dann eher zu stark als zu schwach.

Eine Zeitlang hatten Martin und seine Familie vermutlich gehofft, seine Impotenz sei nur ein vorübergehendes Übel. Im Baskenland bestand die Sitte, den jungen Männern »die Freiheit zuzugestehen, ihre Frauen vor der Heirat zu erproben«. So konnte auch dies unter Umständen als sexuelle Probezeit betrachtet werden. Aber Martin wuchs zu einem großen, schlanken jungen Mann heran, er war so gewandt, wie man es von baskischen Männern erwartete, und machte eine gute Figur im dörflichen Fechtturnier und bei anderen sportlichen Spielen. Bertrande war zu einer schönen jungen Frau geworden (»*belle*« sollte später Coras' erstes Wort sein, um sie zu beschreiben). Immer noch geschah nichts. Bertrandes Eltern drängten ihre Tochter, sich von Martin zu trennen; da die Ehe nicht vollzogen war, konnte sie nach Ablauf von drei Jahren aufgelöst werden: Bertrande wäre dann nach kanonischem Recht frei gewesen, eine neue Ehe einzugehen.[3]

Dies war eine demütigende Situation, und die Dorfgemeinschaft ließ sie das sicherlich spüren. Ein verheiratetes

Paar, bei dem nach einer gewissen Zeit keine Schwangerschaft festgestellt werden konnte, war eine gegebene Zielscheibe für ein Charivari (ein *caribari* oder *calivari*, wie man es in der Gegend um Pamiers nannte). Die jungen Männer, die mit Martin fochten und mit ihm Boxkämpfe austrugen, haben sich wohl das Gesicht beschmiert, Frauenkleider angezogen und sich vor dem Hause Guerre versammelt, wobei sie auf Weinfässern trommelten und mit Schwertern und Schellen rasselten.[4] Eine wahre Demütigung.

Martin war behext. Sie waren, wie Bertrande später aussagte, »mit dem Zauber einer Hexe belegt«, die eifersüchtig war auf die Familie Guerre und auf ihre Verbindung mit den Rols, oder die im Auftrag einer anderen Person handelte, so daß die Ehe nicht vollzogen werden konnte. (Heute wird die Impotenz des Ehemannes häufig einer herrschsüchtigen oder nörgelnden Ehefrau angelastet; im sechzehnten Jahrhundert machte man dafür gewöhnlich die Zauberkraft einer anderen Frau verantwortlich.) Angesichts der sowohl im Labourd als auch in der Grafschaft Foix üblichen Behandlungen solcher Fälle ist es wahrscheinlich, daß sie mehr als einmal eine heilkundige Frau aufsuchten. Schließlich, nach acht Jahren, »tauchte auf wundersame Weise, gleichsam vom Himmel gesandt«, eine alte Frau auf, die ihnen Anweisungen gab, wie sie den Zauber lösen könnten. Die Priester ließen vier Messen für sie lesen und gaben ihnen geweihte Hostien und ein bestimmtes Gebäck zu essen. Martin vollzog die Ehe; Bertrande wurde sofort schwanger und brachte einen Sohn zur Welt, der bei seiner Taufe den Namen seines Großvaters Sanxi erhielt.[5]

Aber leider wendeten sich die Dinge für den jungen Vater nicht zum Besseren. Wenn wir Martin Guerres seelische Verfassung danach beurteilen dürfen, wie er die folgenden zwölf Jahre seines Lebens verbrachte, so gab es in Artigat wenig außer dem Fechten und anderen Wettkämpfen, was er gerne tat. Seine problematische Sexualität nach Jahren der Impotenz, sein Haus voller Schwestern, die bald im heiratsfähigen Alter sein würden, seine Position als Erbe, die jetzt gestärkt war durch die Geburt seines Sohnes, all das belastete ihn schwer. Selbst im günstigsten Falle war das Verhältnis zwischen altem und jungem Herrn heikel; man kann sich leicht vorstellen, wie der autoritäre Vater Sanxi und sein störrischer Sohn zueinander standen.

Vielfach nehmen Historiker, die sich mit Bevölkerungsbewegungen befassen, an, daß bäuerliche Abwanderung lediglich auf wirtschaftlichen Erwägungen beruhte; der Fall Martin Guerre aber zeigt, daß dies nicht alles erklärt. Martin träumte von einem Leben jenseits von Hirsefeldern, Ziegeleien, Besitzungen und Hochzeiten. Er war schon ein bißchen herumgekommen. Richtung Osten war er schon in Pamiers gewesen, zu seiner Firmung und sicherlich auch aus anderen Anlässen, im Westen war er schon bis Mane am Salat gekommen, wo er sich mit dem dortigen Herbergswirt angefreundet hatte.[6] Aber alle Wege führten nach Artigat zurück. Die dörfliche Gesellschaft ließ in der Tat Freiräume, die einem jungen Mann die Möglichkeit boten, sich die Hörner abzustoßen, indem er den Zwängen des Lebens innerhalb der Familie vorübergehend entfliehen konnte. Im Baskenland waren dies Seefahrt und Walfang. Martin hatte sicher von seinem Onkel und seinen Eltern Geschichten darüber gehört. In den Pyrenäen und der davor liegenden Ebene waren dies die Züge der Schäfer mit ihren Herden, wie dies Le Roy Ladurie am Beispiel von Pierre Maury von Montaillou so schön gezeigt hat.[7] Ersteres war für einen Binnenländer aus der Grafschaft Foix aus praktischen Gründen unmöglich. Letzteres war für ein Mitglied der besten Familien von Artigat aus gesellschaftlichen Gründen ausgeschlossen. Die Männer, die mit den Schafen in die Berge zogen, waren nicht beteiligt am Wollhandel, an den Verkäufen und anderen Geschäften im Tal der Lèze.

Gab es keine anderen Auswege? Le Fossat besaß eine Schule; der junge Dominique Boëri hatte sie besucht und würde bald auf der Universität Rechtswissenschaften studieren. Man konnte zu den Soldaten gehen, die François I. im Languedoc und anderswo aushob. Damals im Labourd hatten Daguerre in der Armee des Königs gedient. Sogar ein achtbarer Notar in Le Mas-d'Azil träumte davon und kritzelte Phantasiesoldaten in seine Akten. Und schließlich gab es noch Spanien, das alljährlich Männer aus der Diözese Rieux anzog. Pey del Rieux aus Saint-Ybars, »entschlossen, ins Land der Spanier zu ziehen, um dortselbst sein Auskommen zu finden«, macht vor seiner Abreise sein Testament, damit ihn seine Schwester im Falle seines Todes beerben kann. François Bonecase aus Lanoux geht mit seiner Frau nach Barcelona, aber in einigen Eheverträgen sieht der Mann die Versorgung und Unterbringung seiner Frau bei seinen Eltern vor für den Fall, daß er nach der Hochzeit nach Spanien auswandert.[8]

Zu keiner dieser Unternehmungen hätte Sanxi Guerre seinem Sohn Martin sein Einverständnis gegeben. Aber im Jahre 1548, als das Kind Sanxi erst wenige Monate alt war und Martin im vierundzwanzigsten Lebensjahr stand, geschah etwas, was die Zustimmung des Hausherrn überflüssig machte. Martin »stahl« seinem Vater eine kleine Menge Getreide. Da sie unter demselben Dach wohnten, war dieser kleine Diebstahl wahrscheinlich Ausdruck eines Machtkampfes zwischen den beiden Erben. Jedenfalls war der Diebstahl, insbesondere, wenn er innerhalb der Familie begangen wurde, nach baskischem Kodex ein unverzeihliches Verbrechen. »Die Basken sind treu«, sollte der Richter Pierre de Lancre später schreiben, »sie glauben, daß der Diebstahl eine Gemeinheit der Seele und das Werk eines nieder-

Zeichnung im Register eines Notars

trächtigen Herzens ist und nur von dessen Armseligkeit Zeugnis ablegt.« Martin Guerre hatte sich in eine unmögliche Lage gebracht. »Aus Furcht vor der Strenge seines Vaters« verschwand er, ließ sein Erbe, seine Eltern, seinen Sohn und seine Frau zurück, und man hörte viele Jahre lang nichts mehr von ihm.[9]

Es wäre interessant zu wissen, ob Martin Guerre die Reise seines Vaters, die dieser zwei Jahrzehnte zuvor unternommen hatte, nun in umgekehrter Richtung wiederholt hat und ob er demnach im Labourd war. Sein Status als Erbe war fortan zweifelhaft, und vielleicht wollte er Johanto Daguerre und seine anderen Vettern lieber nicht sehen, aus Angst, sie könnten seiner Familie etwas über seinen Verbleib mitteilen. Zumindest wird er wohl seinen Geburtsort aufgesucht und die Wellen an seinen Gestaden gesehen haben. Gewiß ist jedenfalls, daß er die Pyrenäen überquert hat, um nach Spanien zu gelangen, daß er kastilisch lernte und schließlich in Burgos im Haushalt von Francisco de Mendoza, Kardinal der römischen Kirche, als Bedienter landete.[10]

Im Jahre 1550 war Burgos eine blühende Stadt von ungefähr 19000 Einwohnern. Es war die Wirtschaftsmetropole Kastiliens, Zentrum des Wollhandels und eine Station auf der Pilgerstraße nach Santiago de Compostela. Francisco de Mendoza y Bobadilla war im selben Jahr zum Bischof der herrlichen Kathedrale ernannt worden, nachdem er zuvor bereits Bischof von Coria gewesen war. Er war Gelehrter und Humanist, befreundet mit Erasmus und Vives; er war schon seit 1544 Kardinal und Parteigänger des Kaisers in der ersten Sitzungsperiode des Konzils von Trient. Da er mit wichtigen politischen Aufträgen für die Kirche und Karl V. betraut war, blieb Don Francisco einige Jahre in Italien. Um dem Kapitel der Kathedrale seine Ernennungsurkunde vorzulegen, entsandte er im August 1550 seinen Bruder Pedro de Mendoza, einen *comendador* des spanischen Militärordens von Santiago und Hauptmann der spanischen Armee, nach Burgos. Vermutlich sah Pedro im bischöflichen Palast nach dem Rechten und erledigte für den Prälaten in dessen Abwesenheit allerlei Geschäfte.[11]

In diesem Palast muß der junge Bauer aus Artigat eine Anstellung als Bedienter gefunden haben*. Von ganz unten blickte er nun auf eine Welt voll einflußreicher Männer, adliger Domherren, bedeutender Kaufleute des Ayuntamiento von Burgos, soeben angekommener Jesuiten und anderer Persönlichkeiten, die im Hause des Bischofs aus und ein gingen. Er beobachtete das prunkvolle Ritual in der Kathedrale, das kaum eine Ähnlichkeit aufwies mit der Messe, die in den Dorfkirchen von Bajou und Artigat zelebriert wurde. Er ging durch das Menschengewimmel der Stadt, mit einem Schwert an der Seite, in der Livree eines der größten Häuser Spaniens. Ob er je Heimweh gehabt hat nach dem Dorf, das er verlassen hatte, ob er seinem Beichtvater je von seiner Vergangenheit gesprochen hat?

Danach wechselte Martin in den Dienst von Franciscos Bruder Pedro über, dem vielleicht seine Geschicklichkeit aufgefallen war, und so gelangte er als einer aus Pedros Gefolgschaft in die spanische Armee. Später kam er nach Flandern und wurde Soldat der Streitkräfte, die Philipp II.

---

* Bei Coras heißt es: »Jener Martin Guerre, der sich als junger Mann nach Spanien begab, wo sich der Kardinal von Burgos und nach ihm dessen Bruder seiner als Lakai bedienten« (S. 137). Francisco de Mendoza residierte erst ab September 1557 in seinem Bischofssitz, und zu diesem Zeitpunkt hatte Martin Guerre Burgos bereits verlassen. Ich habe angenommen, daß er vor Franciscos Ankunft Lakai im Bischofspalast war. Es könnte sein, daß er im Hause des Kardinals in Rom oder in Siena gedient hat – was Martin Guerre noch viel mehr Unbekanntes vor Augen geführt hätte –, es findet sich jedoch weder bei Coras noch bei Le Sueur ein Hinweis auf einen Aufenthalt in Italien. Die Basken wurden im 16. Jahrhundert ihrer Geschicklichkeit wegen als Lakaien sehr geschätzt. Gargantua hatte einen baskischen Diener; Montaigne spricht von ihrer Freude an der Bewegung (Rabelais, Gargantua, Kapitel 28; Montaigne, Essais, III, Kapitel 13).

später in Saint-Quentin gegen Frankreich einsetzte. Es ist ihm wohl nie in den Sinn gekommen, daß er sich des Hochverrats schuldig machte, aber dann hat er wohl auch nie daran gedacht, nach Frankreich zurückzukehren.

Wo immer er auch gedient hat – ob unter dem Befehl seines Herren Pedro in der leichten Kavallerie, ob bei der Infanterie –, Martin überstand die ersten Tage des spanischen Beschusses der pikardischen Stadt ohne Kratzer. Dann kam der 10. August 1557, der Tag des heiligen Lorenz, an dem die Armeen Philipps II. die französischen Truppen, die zum Entsatz der belagerten Stadt herangerückt waren, vernichtend schlugen, viele Männer töteten und viele Gefangene machten, vom Konnetabel von Frankreich bis hinunter zum gemeinen Soldaten. »Wir machten viel Beute: Waffen, Pferde, Goldketten, Silber und anderes«, vermerkte ein spanischer Offizier in seinem Tagebuch. Pedro de Mendoza machte zwei Gefangene, für die er 300 *écus* Lösegeld erhielt. Martin Guerre hingegen wurde von einer französischen Muskete ins Bein geschossen. Es wurde amputiert. Damit war es vorbei mit Martin Guerres Geschicklichkeit.[12]

DIE EHRE DER BERTRANDE DE ROLS

Als Martin Guerre zu seinen Abenteuern aufbrach, war seine Frau Bertrande de Rols gerade erst zweiundzwanzig Jahre alt. Auch sie, die »schöne junge Frau«, blickte wohl nicht ohne einiges Bedauern auf ihr bisheriges Leben zurück.

Soweit bekannt ist, hatte Bertrande ihre Kindheit gemeinsam mit mindestens einem Bruder bei der Mutter verbracht; sie lernte Spinnen und andere Frauenarbeiten. In Artigat und den umliegenden Dörfern wurden die Mädchen zuweilen in andere Häuser in Dienst geschickt – es ist zum Beispiel ein Fall bekannt, wo die Frau eines Kaufmanns aus Le Fossat ihrem Dienstmädchen ihre Kleider vermachte –, aber in Familien wie den Rols halfen die Töchter bis zu ihrer Heirat meist im Hause.[1]

Doch bevor sie überhaupt Gelegenheit hatte, mit einem Burschen aus dem Dorf an Mariä Himmelfahrt zur Geige zu tanzen, bevor man ihr zum ersten Mal den Hof machte, wurde sie mit Martin verheiratet. Vermutlich hatte sie ihre »Blume« schon bekommen, wie man damals die Menstruation nannte, andernfalls hätten die Familien nicht erlaubt, daß man ihr in der Hochzeitsnacht den Fruchtbarkeitstrank verabreichte, der ihr zu einer baldigen Schwangerschaft verhelfen sollte. Aber jung wie sie war und zudem unter einem fremden Dach, empfand sie dasselbe Unbehagen wie Martin; auch sie war »behext«, wie sie Jahre später vor dem Tribunal von Rieux erklärte. Zwar richteten die Hexen, wenn sie den Beischlaf eines Paares zu verhindern suchten, gewöhnlich ihr Augenmerk ausschließlich auf das männliche Glied*. Aber es konnte auch einer Frau widerfahren. So erklärten die Inquisitoren im *Malleus maleficarium*: »Der Teufel kann einer Frau Verstand so sehr trüben, daß sie ihren Mann für so widerwärtig erachtet, daß sie ihm um nichts auf der Welt gestatten will, ihr beizuwohnen.«²

Bertrande mag es vielleicht nicht in diesen Worten ausgedrückt haben, aber offenbar war sie eine Zeitlang erleichtert darüber, daß sie keinen Verkehr miteinander haben konnten. Als sie jedoch von ihren Verwandten gedrängt wurde, sich von Martin zu trennen, weigerte sie sich entschieden. Hier stoßen wir auf gewisse Charakterzüge von Bertrande de Rols, die sich schon in ihrem sechzehnten Lebensjahr zeigten: die Sorge um ihren guten Ruf als Frau, ein lebhaftes Bedürfnis nach Unabhängigkeit und schließlich Schlauheit und Realitätssinn, mit deren Hilfe sie sich innerhalb des Rahmens, der ihr als Frau gesteckt war, geschickt zu bewegen vermochte. Ihre Weigerung, die Ehe annullieren zu lassen – und danach wäre sie sicher eine neue, ihren Eltern genehme Ehe eingegangen –, befreite sie vorübergehend von gewissen ehelichen Pflichten. Dadurch hatte sie die Möglichkeit, mit Martins jüngeren Schwestern, mit denen sie sich gut verstand, noch eine Jungmädchenzeit zu verleben. Darüber hinaus konnte sie sich ihrer Tugend rühmen. Tatsächlich sollte Coras über ihre Weigerung, sich von Martin zu trennen, sagen: »Diese Tat lieferte, gleichsam als Prüfstein, den Beweis für die *honnesteté* der besagten de Rols.«³ Etliche

---

* In der Tat vermutet Coras in seinem Kommentar zu Bertrandes Aussage, daß nur Martin verhext worden sei, und er beschreibt nur die Formen der Zauberei, die sich gegen den Mann richten. Die »Impotenz« der Frau, schreibt er, habe natürliche Ursachen, so zum Beispiel bei Frauen, deren »geheimste Teile so eng und schmal sind, daß sie die körperliche Vereinigung mit einem Manne nicht zu ertragen vermögen« (S. 40–44). Aber bei Bertrande traf dies nicht zu. Die Kanonisten interessierten sich ebenfalls wenig für die okkulten Ursachen der weiblichen Impotenz (Pierre Darmon, *Le Tribunal de l'impuissance*. Paris 1979, S. 48–52).

Klatschbasen aus Artigat hätten dieselben Gefühle äußern können.

Als dann Bertrande wirklich dafür bereit war, erschien plötzlich die »vom Himmel gesandte« alte Frau und half ihr, den Zauber zu brechen. Sie gebar schließlich ein Kind, ein Ereignis, das für sie (wie für alle anderen Frauen des Dorfes, deren Ehen unter günstigeren Vorzeichen begannen) erst wirklich den Schritt ins Erwachsensein bedeutete. In diese Welt der erwachsenen Frau wurde Bertrande eingeführt durch ihre Mutter, ihre baskische Schwiegermutter, ihre Patinnen. Was hatte sie zu erwarten? Zunächst einmal war es eine Welt, in der die organisatorische Struktur sowie die öffentliche Identität ausschließlich an Männer gebunden war. Die Partikel »de«, die wir so häufig in Frauennamen in und um Artigat finden, ist nicht Ausdruck des Versuchs der Bauern, die Adligen nachzuäffen, sondern des sozialen Gliederungssystems der dörflichen Gesellschaft. Bertrande hieß »de« Rols, weil ihr Vater Rols hieß; Jeanne hieß »de« Banquels, ihr Vater Banquels; Arnaude hieß »de« Tor, ihr Vater Tor. Entlang der Leże wurde, wie wir gesehen haben, nur in männlicher Linie weitervererbt, es sei denn, die Familie hatte zu ihrem Unglück nur Töchter. Die *consuls* des Dorfes ließen nur Männer zu ihren Beratungen zu, Frauen und Witwen wurden nur hinzugezogen, wenn eine Anweisung entgegenzunehmen war.[4]

Im täglichen Leben, bei der Arbeit auf den Feldern und im Haushalt, spielten die Frauen immer eine gewichtige Rolle. Sie verrichteten die typisch weiblichen Arbeiten wie Jäten, Ausputzen der Rebstöcke, Schneiden der Trauben. Gemeinsam mit ihren Männern pachteten und bearbeiteten sie das Land, schoren Schafe und nahmen Kühe und Kälber in *gasailhe*. Eine gewisse Maragille Cortalle, Witwe aus Saint-Ybars, übernahm sogar achtzehn Lämmer selbstän-

Bauerntanz

dig in *gasailhe* und versprach, sie auf vier Jahre »wie ein guter Familienvater« zu versorgen. Sie spannen Wolle für die Weber von Le Fossat und buken Brot, das sie an andere Dorfbewohner verkauften. Frauen wie Marguerite, genannt La Brugarsse, aus Le Carla verliehen kleine Geldsummen, während die Frauen und Witwen von Händlern, wie zum Beispiel Bertrande de Gouthelas und Suzanne de Robert aus Le Fossat große Verkäufe tätigten mit Weizen, Hirse und Wein. Natürlich waren Frauen als Hebammen tätig, und neben einigen Badern, die in der Gegend ansässig waren, pflegten sie die Kranken.[5]

Die Frauen waren vom guten Willen ihrer Ehemänner abhängig, und als Witwen von dem ihrer Söhne. Grundsätzlich garantierten die Gebräuche im Languedoc der Witwe die Rückgabe der Mitgift zuzüglich einer »Verzinsung« in Höhe eines Drittels ihres Wertes. In Artigat und den umliegenden Ortschaften sagen die Eheverträge hierüber nichts aus. Sie sehen ein Anrecht der Frau auf den Besitz des Mannes nur für den besonderen Fall vor, daß ihre Eltern oder ihre verwitwete Mutter vorhaben, beim jungen Ehepaar zu leben. Verfügungen dieser Art finden sich meist im Testament des Ehemannes. Im besten Fall sieht er den Nießbrauch an seinen Gütern vor, solange sie »im Witwenstande« lebt (einige Testamente fügen noch »und in Ehrbarkeit« hinzu). Wenn er ihr wirklich vertraut oder wenn er sie für ihre »angenehmen Dienste« belohnen will, so legt er noch fest, daß sie über seinen Besitz verfügen kann, »ohne irgend jemandem auf der Welt dafür Rechenschaft schuldig zu sein«. Für den Fall, daß sie mit seinen Erben nicht auskommt, legt ihr Mann in seinem letzten Willen in einer Klausel detailliert ihren Unterhalt fest: Sieben Scheffel Weizen und ein Faß guten Weines pro Jahr, ein Kleid, je ein Paar Schuhe und Strümpfe alle zwei Jahre, Brennholz und so weiter. Wenn sie sich wieder verheiratet, erhält sie eine pauschale Summe, die im allgemeinen ihrer Mitgift oder der Mitgift plus einem Zuwachs entspricht.[6]

Das Gefüge dieser bäuerlichen Welt förderte nicht allein die haushälterischen Talente einer tüchtigen Bauersfrau, sondern auch ihr Geschick im Umgang mit den Männern und im Abwägen ihrer Vorteile, wenn sie zum Beispiel Witwe blieb. Die Stellung einer Rose d'Espaigne, Herrin von Durfort, einer Erbin von Adel, die Ländereien östlich des Dorfes aufkaufte und ihre Pächter drangsalierte, war für eine Frau aus Artigat natürlich unerreichbar. Als Witwe konnte sie jedoch auf den Respekt der übrigen Dorfbewohnerinnen und einen gewissen Einfluß hoffen; sie erhielt den Ehrentitel *Na* und hatte das Recht, einem Sohn zur Heirat einen Weinberg und allen ihren Patenkindern Strümpfe zu vermachen. Die Frauen scheinen sich mit dem System arrangiert zu haben, dessen Werte dank der engen Bindung und dem geheimen Einverständnis zwischen Mutter und Tochter weitervermittelt wurden. Als Ehefrau machten sie ihre Männer zu Universalerben, waren sie verwitwet, so gaben sie gewöhnlich ihren Söhnen vor den Töchtern den Vorzug. Sie fühlten sich schwer beleidigt und forderten Genugtuung, wenn man sie als »*bagasse*«, als Hure, beschimpfte. Eine rechtschaffene Frau aus Le Fossat schleppte eine Nachbarin vor den Richter nicht allein deshalb, weil sie in einem Streit wegen eines Hühnerstalls von ihr geschlagen worden war, sondern auch, weil diese sie eine »Henne« genannt hatte.[7]

Mit derlei Wertvorstellungen war Bertrande de Rols aufgewachsen. In allen Schicksalsschlägen, die sie durchzumachen hatte, zeigte Bertrande niemals auch nur die geringste Neigung, sich außerhalb der Dorfgemeinschaft zu stellen oder sich von ihr ausstoßen zu lassen. Sie verfolgte jedoch beharrlich ihren eigenen Weg. Das Vorbild ihrer Schwiegermutter, einer jener selbstbewußten baskischen Frauen, mag ihr dabei geholfen haben. Als Erbinnen, die eigenverantwortlich Herrin in ihrem Hause waren, waren die Baskinnen berühmt für ihre »Dreistigkeit« und später berüchtigt als Hexen.[8]

Just in dem Augenblick, als sich zwischen Bertrande, nun selbst Mutter eines Sohnes, und ihrer Schwiegermutter eine neue Art von Beziehung bildete, verschwand Martin Guerre spurlos. Eine Katastrophe! Selbst Bauern, die für eine gute Klatschgeschichte immer zu haben sind, brachte das unerwartete Verschwinden eines wichtigen Dorfgenossen durcheinander, da dadurch eine beängstigende Lücke in den Rängen der Jungen entstand. Für die Guerre aus dem Baskenland war dies ein weiterer Skandal, mit dem sie fertigwerden mußten. Martins Eltern starben, ohne von ihrem Sohn noch einmal Nachricht erhalten zu haben. Der Vater verzieh ihm am Ende und hinterließ ein Testament, in dem Martin als Erbe beider Güter, in Hendaye und in Artigat, genannt wurde. Die örtlichen Notare wußten also, was bei Abwesenheit des Universalerben zu tun war: »Im Falle seines Todes oder seiner dauernden Abwesenheit«, so lautete die Formel, treten andere an seine Stelle. In der Zwischenzeit sollte Pierre Guerre den Besitz seines Bruders verwalten, und er wurde auch zum Vormund von Martins unverheirateten Schwestern bestimmt.[9]

Irgendwann in diesen Jahren – wahrscheinlich um 1550, nach dem Tode des alten Sanxi – unternahm Pierre Guerre den Versuch, die Beziehungen zwischen den Guerre und den Rols zu retten und Martins verlassener Frau zu helfen. Als Witwer mit eigenen Töchtern heiratete er Bertrandes verwitwete Mutter.* Ihr Ehevertrag war wohl von der besonderen

---

* Coras macht keine Angaben über das Datum der Eheschließung zwischen Pierre Guerre und Bertrandes Mutter (S. 67f.), aber dieser Zeitpunkt scheint am einleuchtendsten. Pierres Töchter werden niemals als

Art, wie sie bei der Zusammenlegung von zwei Haushalten geschlossen wurden. Sicherlich brachte Bertrandes Mutter mit in die Ehe, was ihr Mann ihr an Geld oder Gut für den Fall einer Wiederheirat vermacht hatte. Pierre wird versprochen haben, für Bertrande und deren Sohn Sanxi zu sorgen; schließlich werden sie festgelegt haben, wie der Zugewinn zu verteilen sei. Das Nachbarhaus, in dem der alte und der junge Hausherr gelebt hatten, wurde vermutlich vorübergehend vermietet – niemand wird der jungen Bertrande zugetraut haben, es unter diesen Umständen unterhalten zu können –, und Pierre Guerre wurde Oberhaupt einer Familie, die im wesentlichen aus Frauen bestand, und dies auf seinem eigenen Land.

Infolge all dieser Ereignisse war Bertrandes Stellung sehr geschwächt. Weder Ehefrau noch Witwe, lebte sie nun wieder mit ihrer Mutter unter einem Dach. Weder Ehefrau noch Witwe, so mußte sie den anderen Frauen des Dorfes gegenübertreten, ob in der Mühle, am Brunnen, in der Ziegelei oder bei der Ernte. Und das Gesetz ließ hier kaum einen Ausweg. Seit dem Ende des Pontifikats Alexanders III. im 12. Jahrhundert hatten die Doctores verfügt, daß eine Frau bei Abwesenheit ihres Mannes nicht wieder heiraten durfte, gleichgültig, wie viele Jahre vergangen waren, es sei denn, sie hatte gesicherte Beweise für seinen Tod. Von den beiden konkurrierenden Traditionen im Zivilrecht hatte sich die strengere, die des Justinian, durchgesetzt, auf die sich noch im Jahre 1557 das Parlament von Toulouse in einem Urteil berief: »Während der Abwesenheit des Ehemannes kann sich die Frau nicht wieder verheiraten, es sei denn, sie hätte den

---

Schwestern oder Halbschwestern Bertrandes bezeichnet, sie müssen also aus einer ersten Ehe stammen. Welche wirtschaftlichen Verfügungen ihr Mann auch immer in seinem Testament getroffen hatte, Bertrandes Mutter sah sich wegen der heiklen Stellung ihrer Tochter veranlaßt, wieder zu heiraten.

Beweis für seinen Tod... Nicht einmal dann, wenn er seit zwanzig oder mehr Jahren abwesend geblieben wäre... Und der Tod muß durch Zeugen beglaubigt werden, die mit Gewißheit darüber aussagen können, oder durch starke und überzeugende Vermutungen.«[10]

Natürlich konnten die Bauern versuchen, das Gesetz zu umgehen – von dieser Möglichkeit wurde immer wieder Gebrauch gemacht –, und Nachrichten über einen Tod durch Ertrinken oder auf dem Schlachtfeld fingieren. Man konnte es auch einfach ignorieren, sofern es im Dorf einen verständnisvollen Priester gab. Aber Bertrande zog es vor, nicht so zu handeln. Ihr materielles Interesse hielt sie bei ihrem Sohn und bei dessen zukünftigem Erbe; überdies achtete sie streng auf ihre persönliche Würde und auf ihren guten Ruf. Die schöne junge Frau blieb gleichgültig gegenüber Avancen und auffordernden Gesten, wie in der Folge alle bezeugten, und lebte »ehrbar und tugendsam«.[11] Sie war im Haus und auf den Feldern beschäftigt, zog ihren Sohn groß und wartete. Vielleicht standen der einsamen jungen Frau die vier Schwägerinnen zur Seite und die weise Alte, die ihr damals, bei ihrer »Verhexung«, Ratschläge gegeben hatte. Die Pfarrer der Kirche von Artigat, die Jacques Boëri im Amt gefolgt waren, stammten nicht mehr aus ortsansässigen Familien und hielten sich nicht ständig im Kirchensprengel auf; Bertrande mag wohl ihren Kummer nur der heiligen Katharina anvertraut haben, deren Kapelle sich auf dem Kirchhof befand.[12] Sicherlich dachte sie jedenfalls über ihr Leben nach, das sie in drei Teile gliederte, wie sie später vor dem Richter in Rieux darlegte: die neun oder zehn Jahre ihrer Kindheit, die neun oder zehn Jahre ihrer Ehe und schließlich die acht oder neun Jahre des Wartens.[13] Nach einem Leben als junge Frau, die, wenn überhaupt, nur eine kurze Zeit sexueller Erfüllung gekannt hatte, nach einer Ehe mit einem Mann, der sie kaum verstand, möglicherweise sogar fürchtete, auf jeden Fall verlassen hatte, träumte Bertrande von einem Mann und Liebhaber, der zurückkommen würde und ganz anders wäre. Da erschien im Sommer 1556 ein Mann und stellte sich ihr als der lange vermißte Martin Guerre vor. Dieser Mann war vorher bekannt gewesen unter dem Namen Arnaud du Tilh, genannt Pansette.

DIE GESICHTER DES ARNAUD DU TILH

Du Tilh war ein geläufiger Name in der Gascogne und im Languedoc, und man hörte ihn häufig in der Diözese Lombez, in der Arnaud geboren wurde. Sein Vater Arnaud Guilhem du Tilh stammte aus dem Dorf Sajas; seine Mutter, eine geborene Barrau, kam aus dem Nachbardorf Le Pin. Diese Ortschaften lagen nordwestlich der Diözese Rieux, ein gutes Stück jenseits der Garonne; Sajas war einen guten Tagesritt von Artigat entfernt.

Die Zeitgenossen Arnauds nannten diese Gegend Comminges. »Reich an Weizen«, schrieb sein Landsmann François de Belleforest über diesen Landstrich, »reich an Wein, Früchten, Heu, Walnußöl, Hirse und anderen lebenswichtigen Dingen. Im Comminges herrscht Überfluß an Männern, und jene sind über die Maßen tapfere Krieger... es besitzt zahllose große Ortschaften, reiche Dörfer und alte Burgen und einen Adel, der mindestens ebenso zahlreich ist wie in jeder anderen Gegend Frankreichs«.[1]

Arnaud du Tilh hätte sein Land wahrscheinlich in weniger glühenden Farben geschildert. Sajas hatte seinen Feudalherrn, Jean de Vize, und nach ihm dessen Sohn Séverie; das mächtige alte Geschlecht der Comminges-Péguilhan besaß die Gutsherrschaft über Le Pin. Dies bedeutete über die üblichen Abgaben hinaus, daß auf die Belange der Dorfbewohner Einfluß genommen wurde, wie zum Beispiel in Mane, wo die Feudalherrn bestrebt waren, die Rechte der Bewohner einzuschränken, indem sie beispielsweise den Betrieb einer Schänke oder einer Metzgerei zu verhindern suchten. Der »Überfluß an Männern« bedeutete nicht nur eine größere Zahl von Arbeitskräften für die Feldarbeit, sondern auch einen erhöhten Druck auf das verfügbare Land: Die Notare der Diözese Lombez hatten häufig mit dem Aufsetzen von Pachtverträgen zu tun.[2]

Jedenfalls handelte es sich um eine wirtschaftlich rührige Gegend im Raum von Toulouse. Bauern aus Sajas und Le Pin kamen nach Rieumes und sogar bis nach Isle-en-Dodon, Lombez, Gimont und Toulouse, um Weizen, Wein, Tuch oder Holz zu kaufen oder zu verkaufen, um Schafe, Ziegen und Rinder in *gasailhe* zu nehmen oder um Rohwolle und Felle abzuliefern. Sajas selbst gehörte zu den kleineren Dörfern im Umkreis von Rieumes. Auf seinen Hügeln und Hängen lebten verstreut ungefähr dreißig bis vierzig Familien. Die meisten waren Bauern oder Hirten, einige Leinenweber, einige wenige übten andere ländliche Gewerbe aus. Le Pin war größer, eher etwa wie Artigat, und bot ein breiteres Spektrum von Berufen, wenngleich sich der erste Notar vermutlich erst im 17. Jahrhundert dort niederließ.[3]

Die du Tilh und die Barrau waren ganz und gar durchschnittliche Familien innerhalb dieser ländlichen Gesellschaft. Im Jahre 1551, anläßlich einer Überprüfung der Diözese, werden sie nicht unter den *consuls* und *bassiniers*, den Gemeindevertretern, ihrer jeweiligen Dörfer aufgeführt, nicht zusammen mit den Debeyat, den Dauban, den de Sole und Saint-Andrieu erwähnt, die über lokale Fragen entschieden und die Einnahmen der Kirchengemeinde verwalteten. Vielmehr gehörten sie zur bäuerlichen Mittelschicht und hatten genug Felder und Weinberge, so daß Arnaud, als sein Vater Arnaud Guilhem starb und seinen Besitz zu gleichen Teilen an seine Söhne vererbte (diese Praxis der Erbteilung war in Sajas, Le Pin und in Artigat die gleiche), ein kleines Stück Land erhielt.[4]

Das einzig Bemerkenswerte an den du Tilh war ihr Sohn Arnaud. Seine Jugendzeit war völlig anders verlaufen als die von Martin Guerre. Er wuchs auf unter lauter Jungen, mit denen er sich gut verstand. Er war eher klein und gedrungen und tat sich bei den dörflichen Wettkämpfen nicht gerade hervor. Hingegen konnte er glänzend reden und besaß ein Gedächtnis, um das ihn jeder Schauspieler beneidet hätte. Er gehörte zu der Art von Jungen, die den Vikaren von Sajas, den einzigen im Dorf, die mit ihrem Namen unterschreiben konnten, auffielen und die sie zur Schule schickten als zukünftige Priester.[5]

Wenn sie es mit Arnaud versucht haben, dürften sie wohl eine herbe Enttäuschung erlebt haben. Arnaud du Tilh machte sich einen Namen als »Wüstling«, als Jüngling »mit liederlichem Lebenswandel«, »in allen Lastern bewandert«. Das hieß: Er trank und hatte erotische Abenteuer, vielleicht in den Wirtshäusern von Rieumes, vielleicht in den Bordellen von Toulouse. Man gab ihm den Spitznamen »Pansette«, das ist »Bäuchlein«, wegen seines großen Appetits, und er muß versessen gewesen sein auf Karnevalsfeiern, Maskenfeste, Tanzvergnügungen und all die Spiele der *abbayes de jeunesse* (einer Art Jugendgruppe), die im Dorfleben in der Gascogne eine so große Rolle spielten. Er war aufbrausend und schnell bei der Hand mit Schwüren bei Kopf, Leib, Blut und Wunden Christi, was vielleicht etwas weniger blasphemisch war, als bei der Jungfrau Maria zu schwören, aber doch schlimm genug, daß man ihn mit Streithähnen, Kartenspielern und Herumtreibern in Verbindung brachte. So geschickt war Pansette, daß er bald der Zauberei verdächtigt wurde, was beinahe einem Kompliment gleichkam, wenn man bedenkt, daß sich dieser Verdacht nicht gegen irgendeinen alten Kauz, sondern gegen einen jungen Mann von zwanzig Jahren richtete.[6]

Auf seine Art lehnte sich Arnaud du Tilh genauso gegen Familie und bäuerliches Besitzdenken auf wie Martin Guerre in Artigat. Wenngleich ihn sein Tatendrang bis nach Pouy-de-Touges und sogar bis nach Toulouse führte, so brannte er doch darauf, Dinge kennenzulernen, die jenseits des Herrschaftsbereichs von Sajas, jenseits der Hügel von Lombez lagen. Immerhin bot sich die Möglichkeit, sich als Infanterist in der königlichen Truppe anwerben zu lassen, als einer jener »Abenteurer«, von denen die Gascogner einen Großteil stellten. Die Notare von Gimont hatten häufig Testamente aufzusetzen für Soldaten, die das Land verließen, um in den Krieg zu ziehen. Nach einer Reihe kleinerer Diebereien verließ Pansette sein Heimatdorf, um Henri II. auf den Schlachtfeldern der Picardie zu dienen.[7]

Haben sich die beiden Ausreißer getroffen, bevor Arnaud du Tilh beschloß, in die Haut des Martin Guerre zu schlüpfen? Bertrande de Rols sagte vor dem Richter in Rieux aus, daß sich die beiden als Kriegskameraden gekannt haben könnten: »Und besagter du Tilh hat, wie es scheint, besagten Martin in den Krieg begleitet und unter Vorspiegelung von Freundschaft einige persönliche und besondere Dinge über ihn und seine Frau erfahren« – eine Bemerkung, die Coras zu einer Abhandlung über betrogene Freundschaft veranlaßte. Ein Punkt in Arnauds Zeugenaussage in Rieux könnte die Annahme einer früheren Begegnung zwischen den beiden bestätigen, und zwar die Aufzählung der Orte und Personen, die Martin Guerre in Frankreich und Spanien während seiner Abwesenheit aufgesucht hatte und die alle vom Gericht überprüft worden sind. Diese Informationen könnte er von Martin selbst oder von anderen, die ihn kannten, erhalten haben, aber es ist kaum denkbar, daß sie in der Armee hätten befreundet sein können, denn schließlich kämpfte Martin für den Feind des Königs von Frankreich, den spanischen König, und Arnaud war vermutlich bereits aus der Picardie zurückgekehrt, bevor Martin Burgos überhaupt verlassen hatte.[8]

Immerhin können sich die beiden jungen Männer auf ihren Streifzügen in der Gegend oder anderswo begegnet sein. Als reine Gedankenspielerei wollen wir uns einmal vorstellen, was sich hätte abspielen können, wenn der Erbe aus Artigat und der redegewandte Bauer aus Sajas miteinander Freundschaft geschlossen hätten. Sie bemerken, daß sie einander ähnlich sehen, wenngleich Martin ein wenig größer, dünner und dunkler ist als Arnaud. Diese Ähnlichkeit fällt freilich eher anderen Leuten auf als ihnen selbst, denn im 16. Jahrhundert hatten Leute vom Dorf nicht die Möglichkeit, sich durch häufigen Blick in den Spiegel eine Vorstellung von ihrem Gesicht zu verschaffen (Spiegel gab es im bäuerlichen Haushalt nicht). Diese Entdeckung ist umwerfend und faszinierend, und da es eine Menge volkstümlicher Redensarten gibt über den Zusammenhang zwischen dem Schnitt der Augen oder der Linie des Kinns und bestimmten Charakterzügen,[9] so fragen sie sich, ob diese Ähnlichkeit sich wirklich nur auf das Äußere bezieht. Sie reden miteinander über vertrauliche Dinge. Martin macht mehrdeutige Äußerungen über sein Erbe und über seine Frau, vielleicht vermittelt er seinem Doppelgänger unterschwellig: »Nimm sie.« Und Pansette denkt: »Warum eigentlich nicht?« Auf jeden Fall macht Arnaud später während seiner Zeit in Artigat einem Bekannten aus Sajas gegenüber folgende vertrauliche Mitteilung: »Martin Guerre ist tot, er hat mir sein Hab und Gut vermacht.«[10]

So etwas ist zwar denkbar, es entspricht jedoch nicht dem, was Arnaud du Tilh am Ende gestand. Er behauptete, Martin Guerre vor seiner Ankunft in Artigat nie getroffen zu haben. Wenn er die Wahrheit gesagt hat, so macht das die Annahme der fremden Identität noch verblüffender (»wunderbarer«, »mirabilis magis«, wie Le Sueur später sagt) und psychologisch wahrscheinlicher: Hier liegt der Unterschied zwischen der Anverwandlung eines fremden Lebens und dessen simpler Imitation. Arnaud war um 1553 aus dem Heerlager in der

Picardie zurückgekommen, zweifellos nach den Schlachten von Thérouanne, Hesdin und Valenciennes. Als er eines Tages durch Mane kam, traf er zwei Freunde von Martin, den Herren Dominique Pujol und den Gastwirt Pierre de Guilhet, die ihn für den Verschollenen von Artigat hielten.[11]

In diesem Augenblick erwachte in Pansette der Spieler. Er zog so unauffällig wie möglich Erkundungen ein über Martin Guerre, seine Verhältnisse, seine Familie und was er zu sagen oder zu tun pflegte. Er horchte Pujol, Guilhet und andere »vertraute Freunde und Nachbarn« der Guerre aus, und die ersten beiden könnten gut seine Komplizen geworden sein.[12] In dieser betriebsamen Welt konnte er über die Kanäle des Klatsches an Informationen gelangen, ohne daß er nach Artigat zu gehen brauchte, und er wurde reichlich fündig, selbst Einzelheiten aus dem häuslichen Leben wurden ihm zugetragen: So erfuhr er zum Beispiel von dem Aufbewahrungsort der weißen Strümpfe, die Martin vor seinem Verschwinden in einer bestimmten Truhe verwahrt hatte. Er erfuhr die Namen vieler Dorfbewohner und hörte manches über Martins Beziehungen zu ihnen. Er erwarb ein paar Kenntnisse über den Labourd und schnappte ein paar Brocken Baskisch auf. Es dauerte offenbar viele Monate, bis Arnaud seine Rolle einstudiert hatte, denn er tauchte erst im Jahre 1556 in Artigat auf. (Wo Arnaud diese Vorbereitungszeit verbracht hatte, ist unbekannt. Sicher kehrte er nicht nach Sajas zurück, um sein altes »zügellosen Leben« wiederaufzunehmen.)

War es denn damals für die Leute in den Dörfern so ungewöhnlich, daß ein Mann seinen Namen änderte und eine neue Identität annahm? So etwas kam doch alle Tage vor. Die Daguerre verließen Hendaye, wurden zu Guerre und änderten ihre Lebensweise. Jeder Bauer, der wegzog und sich in einiger Entfernung von seinem Heimatort niederließ, tat dasselbe. Und ob man nun wegzog oder nicht, auf jeden

Fall konnte man einen Beinamen bekommen. In Artigat bezog er sich häufig auf den Besitz, in Sajas auf die Person selbst: einer von Arnauds Kameraden wurde »Tambourin«[13], kleine Trommel, genannt, so wie er selbst eben Pansette war.

Wie stand es aber mit einem, der eine falsche Identität annahm? Beim Karneval und an anderen Festtagen konnte sich ein junger Bauer als Tier oder als Person eines anderen Standes oder anderen Geschlechts verkleiden und sich im Schutze dieser Vermummung frei äußern. In einem Charivari durfte er sogar einen anderen darstellen, an die Stelle dessen treten, der wegen seiner Mißheirat oder seiner Eheprobleme verspottet wurde. Dies waren jedoch nur vorübergehende Maskierungen, und sie dienten letztlich dem Gemeinwohl.

Es gab freilich auch Verkleidungen, die weniger uneigennützige Absichten verfolgten: kerngesunde Bettler, die vorgaben, lahm oder blind zu sein, oder Leute, die sich einen falschen Namen zulegten, um sich eine Erbschaft zu erschleichen oder in den Genuß anderer wirtschaftlicher Vorteile zu gelangen. Oft wiedererzählt wurde die Geschichte von den drei Brüdern: Zwei Betrüger versuchen, die Erbschaft des wahren Sohnes an sich zu bringen; der Prinz findet den rechten Erben, indem er die drei auf eine Probe stellt: er befiehlt ihnen, mit Pfeil und Bogen auf den toten Vater zu schießen. Auch in Wirklichkeit kamen ähnliche Fälle vor. Zum Beispiel kam im Jahre 1557 ein gewisser Aurelio Chitracha aus Damaskus nach Lyon und benutzte den Namen des verstorbenen Vallier Trony, um bei dessen Schuldnern Geld einzutreiben, bis die Nonnen, denen Tronys Erbe zugesprochen worden war, den Betrug aufdeckten und ihn festnehmen ließen. Im selben Jahr und nur wenige Straßen weiter behaupteten Antoine Ferlaz und Jean Fontanel, sie seien Michel Mure; jeder nahm sich einen Notar, verschickte Zahlungsbescheinigungen und kassierte auf den Namen Mure, bis dieser den beiden auf die Schliche kam.[14]

Gewiß hatte auch Arnaud du Tilh etwas zu gewinnen durch seinen Wechsel von Sajas nach Artigat, denn Martin Guerres Erbe war erheblich attraktiver als sein eigenes. Es steht jedoch fest, daß Pansette, der seinen Auftritt so sorgfältig vorbereitete, der Erkundigungen einzog und seine Rolle genau einstudierte – sie vielleicht sogar schon vorher probte –, nicht zuletzt deshalb hinter der Maske des Karnevalspielers agierte und als Erbschleicher auftrat, um sich eine neue Identität zu schaffen, um am Ufer der Lèze ein neues Leben zu beginnen.

DIE ERFUNDENE EHE

Der neue Martin ging nicht sofort nach Artigat. Wie Le Sueur berichtet, quartierte er sich zunächst im Gasthaus eines Nachbarortes ein, vermutlich in Pailhès. Dort erzählte er dem Gastwirt, er sei Martin Guerre, und begann zu weinen, als die Rede auf seine Frau und seine Familie kam. Die Nachricht von seiner Ankunft kam auch seinen vier Schwestern zu Ohren, die sich spornstreichs zu der Herberge aufmachten, ihn voller Freude begrüßten und zu Bertrande zurückeilten. Als diese ihn jedoch erblickte, schrak sie überrascht zurück. Erst als er liebevoll mit ihr gesprochen und ihr ins Gedächtnis zurückgerufen hatte, was sie gemeinsam getan und worüber sie zusammen gesprochen hatten – wobei er insbesondere die weißen Strümpfe in der Truhe erwähnte –, fiel sie ihm um den Hals und küßte ihn; sein Bart war schuld daran, daß sie ihn nicht gleich erkannt hatte. Auch Pierre Guerre musterte ihn aufmerksam und wollte nicht glauben, daß dies sein Neffe sei, bis Arnaud Erinnerungen an frühere gemeinsame Unternehmungen wachrief. Schließlich schloß er ihn in die Arme und dankte Gott für seine Rückkehr.

Aber auch jetzt ging der neue Martin noch nicht nach Artigat, sondern blieb in dem Gasthaus, um sich von den Strapazen der Reise und von einer Krankheit zu erholen. (Le Sueur behauptet, er habe »die venerische Krankheit« gehabt und eigenartige Gewissensbisse an den Tag gelegt, als er Bertrandes Körper zwar vor der Syphilis schützte, sich jedoch gleichzeitig anschickte, ihre Seele und ihr eheliches Bett zu besudeln.) Dies gab Bertrande die Gelegenheit, ihn zu pflegen und sich langsam an ihn zu gewöhnen. Arnaud dagegen konnte auf diese Weise weitere Einzelheiten aus der Vergangenheit von Martin Guerre in Erfahrung bringen. Als es ihm besser ging, nahm sie ihn mit nach Hause, empfing ihn als ihren Ehemann und half ihm, mit den übrigen Dorfbewohnern wieder vertraut zu werden.

Seine Aufnahme im Dorf spielte sich im wesentlichen in derselben Weise ab. Er begrüßte die Leute mit ihrem Namen, und wenn sie ihn nicht wiederzuerkennen schienen, erinnerte er sie an Dinge, die sie vor zehn oder fünfzehn Jahren gemeinsam getan hatten. Er erklärte jedem, daß er in der Armee des französischen Königs gedient und einige Monate in Spanien verbracht habe; nun habe er den dringenden Wunsch, wieder in seinem Dorf, unter seinen Verwandten, mit seinem Sohn Sanxi und vor allem bei seiner Frau Bertrande zu leben.[1]

Wir können wohl seine anfängliche Aufnahme durch die Familie und die Nachbarn erklären, ohne die Zauberei zu bemühen, deren Arnaud später bezichtigt wurde, ein Vorwurf, gegen den er sich stets zur Wehr setzte. Vor allen Dingen wünschte man in Artigat seine Rückkehr, ein Wunsch, der vielleicht ambivalent war, denn der Heimkehrer zerschlägt immer irgendwelche Hoffnungen und stört das Gleichgewicht der Kräfte; aber insgesamt war seine Rückkehr eher erwünscht als befürchtet. Der Erbe und das Familienoberhaupt Martin Guerre hatte seinen Platz wieder eingenommen. Zum zweiten war seine Rückkehr angekündigt, Artigat war also darauf vorbereitet, in ihm Martin Guerre zu erkennen.[2] Dieses Erkennen wurde bestärkt durch seine überzeugenden Worte und sein exaktes Gedächtnis. Zwar sah er nicht genauso aus wie der Martin Guerre, der damals verschwunden war, aber die Guerre besaßen kein Porträt, mit dem sie ihn hätten vergleichen können, und es schien nur natürlich, daß ein Mann mit den Jahren fülliger wurde und daß jahrelanges Soldatenleben einen Bauern veränderte. Daher behielten die Leute von Artigat ihre etwaigen Zweifel für sich oder schoben sie für einige Zeit beiseite und ermöglichten so dem neuen Martin, in seine Rolle hineinzuwachsen.

Und Bertrande de Rols? Wußte sie, daß der neue Martin nicht der Mann war, der sie vor acht Jahren verlassen hatte? Vielleicht nicht sofort, als er mit allen seinen »Kennzeichen« und Beweisen ankam. Aber die eigensinnige und ehrbare Bertrande scheint keine Frau gewesen zu sein, die sich leicht hereinlegen ließ, nicht einmal von einem Charmeur wie Pansette. Spätestens als sie ihn in ihrem Bett empfing, muß sie den Unterschied bemerkt haben; alle Frauen von Artigat wären sich in diesem Punkt einig gewesen: »Die Berührung des Mannes kann keine Frau täuschen«.[3] Durch ausdrückliche oder auch stillschweigende Übereinkunft half sie ihm, ihr Mann zu werden. Was Bertrande in dem neuen Martin fand, das war die Verwirklichung ihres Traumes: einen Mann, mit dem sie in Frieden und Freundschaft (nach dem Ideal des 16. Jahrhunderts) und in Liebe zusammenleben konnte.

Es war eine erfundene Ehe, keine arrangierte wie ihre eigene vor achtzehn Jahren und auch keine Vernunftehe wie die ihrer Mutter mit Pierre Guerre. Sie begann mit einer Lüge, aber sie lebten zusammen »als wahrhafte Eheleute, die gemeinsam essen, trinken und schlafen, wie es sich für solche gehört«, sagte Bertrande später. Le Sueur berichtet, daß der »Pseudo Martinus« mit Bertrande in Frieden lebte, »ohne sich mit ihr zu streiten, und er betrug sich ihr gegenüber so untadelig, daß niemand irgendeinen Betrug vermutete«. Im Ehebett der schönen Bertrande klappte es nun. In drei Jahren wurden ihnen zwei Mädchen geboren, von denen eines, Bernarde, am Leben blieb.[4]

Bäuerliches Paar aus dem Roussillon südlich von Artigat

Wie eng die Beziehung zwischen dem neuen Martin und Bertrande war, beweisen aber nicht diese drei glücklichen Jahre, sondern die langen Monate, als die erfundene Ehe in Zweifel gezogen wurde. Alles deutet darauf hin, daß er sich in die Frau, der er anfangs etwas vorgespielt hatte, verliebt hat und daß sie sich tief dem Manne verbunden fühlt, der sie überrumpelt hatte. Als er zwischen den beiden Prozessen aus dem Gefängnis freikommt, gibt sie ihm ein weißes Hemd, wäscht ihm die Füße und läßt ihn bei sich schlafen. Als ein Mordanschlag auf ihn verübt wird, wirft sie sich zwischen ihn und die Angreifer. Vor Gericht spricht er »liebevoll« mir ihr; er legt sein Leben in ihre Hände, als er sagt, er sei bereit, »tausend grausame Tode« zu sterben, wenn sie schwören würde, er sei nicht ihr Ehemann.[5]

In glücklicheren Tagen sprachen sie viel miteinander. »Im gemeinsamen Gespräch bei Tag und bei Nacht« vervollständigte der neue Martin seine Kenntnisse über Bertrande, die Familie Guerre und Artigat. Solch ein intimer Gedankenaustausch zwischen Mann und Frau war im 16. Jahrhundert das Ideal der christlichen Humanisten und der protestantischen Moralisten, das allenfalls in weit höher gestellten Familien als denen von Artigat erfüllt wurde. Freilich drückte sich, wie es Le Roy Ladurie für eine frühere Zeit gezeigt hat, die Freude der Okzitanier am Gespräch nicht nur in gemeinsamen Feierabendunterhaltungen unter Nachbarn aus, sondern auch in der Zwiesprache von Verliebten.[6] Der neue Martin hatte außer über die Ernte, das Vieh und die Kinder gewiß noch über andere Dinge mit Bertrande zu reden. Vermutlich beschlossen sie unter anderem, ihre erfundene Ehe auf Dauer einzurichten.

Ein solches Unterfangen ließ sich damals um so eher rechtfertigen, als die Bauern seit Jahrhunderten volkstümliche Rituale mit katholischem Eherecht zu vereinbaren wußten. Vom Ende des 12. Jahrhunderts bis zum Jahre 1564 war nach kanonischem Recht einzig und allein das gegenseitige Einverständnis ausschlaggebend für die Gültigkeit einer Ehe; wenn beide Partner sich gegenseitig *de verba presenti* zu Mann und Frau erklärten, wenn sie, selbst ohne Priester oder Zeugen, das Pfand ihrer Einwilligung tauschten, und vor allem, wenn sie geschlechtlichen Verkehr miteinander hatten, so waren sie in einer unauflösbaren Ehe miteinander verbunden. Die Kirche mißbilligte diesen »heimlichen« Weg zur Ehe*, aber es gab immer noch Leute, insbesondere auf dem Land, die ihn aus bestimmten Gründen wählten: Minderjährige, deren Eltern gegen die Heirat waren; Blutsverwandte, die keinen Dispens erlangen konnten; Paare, die miteinander Verkehr haben wollten, was für sie nur auf diesem Wege möglich war; Partner, von denen einer bereits anderweitig verheiratet war.[7]

Diese traditionelle Praxis bot dem Paar in Artigat keinen bequemen Ausweg aus seiner besonders prekären Lage. Der neue Martin hatte ja eine heimliche Identität; und Bertrande hatte wohl Schwierigkeiten damit, ihr Ehrgefühl mit einer möglichen Bigamie in Einklang zu bringen, ganz zu schweigen von ihrem Gewissen. Aber sie gab ihnen die Möglich-

---

* »Die Kasuisten und Rechtsgelehrten bezeichneten die heimliche Ehe als Sünde und als ein Übel«, schreibt Beatrice Gottlieb (»The Meaning of Clandestine Marriage«, in R. Wheaton und T. K. Haraven, Hrsg., *Family and Sexuality in French History*. Philadelphia 1980, S. 52). Sie war deshalb ein Übel, weil es zu zahlreichen Klagen wegen Bruchs des Treueversprechens oder wegen Bigamie kam, die vor den geistlichen Gerichten verhandelt wurden, und ohne Zeugen war eine Beweisführung kaum möglich. Auf der letzten Sitzungsperiode des Konzils von Trient im Jahre 1564 setzte die Kirche fest, daß eine Eheschließung in Zukunft nur dann Gültigkeit erlangte, wenn eine Verlesung des Aufgebots vorausging und die Ehe durch einen Priester geschlossen wurde. Der Klerus hatte lange zu kämpfen, um der früheren Praxis ein Ende zu setzen. In Frankreich war der Haupteinwand gegen die heimliche Ehe der, daß sie Kindern ermöglichte, eine gültige und unauflösliche Ehe ohne die Einwilligung ihrer Eltern zu schließen. Im Februar 1557 erließ Henri III. ein Edikt über die heimliche Ehe, das Jean de Coras zum Gegenstand einer Abhandlung machte.

keit, sich ihre Ehe als etwas *vorzustellen*, was einzig und allein von ihrem Willen abhing.

Worüber sie bei aller Vorstellungskraft nicht verfügen konnten, war nach katholischer Lehre ihre Seele. Wenn sie auch vielleicht beide ihr Verhalten als schuldhaft betrachteten, so ist es doch unwahrscheinlich, daß sie je ihre Sünden in vollem Umfang dem Priester von Artigat oder von Bajou gebeichtet hätten. In allen Berichten werden sie während der ruhigen Jahre ihrer Ehe als achtbares Paar beschrieben; jeder Priester, der in der Osterbeichte erfahren hätte, daß der neue Martin früher Pansette gewesen war, hätte sie als Ehebrecher exkommuniziert, es sei denn, sie hätten sich auf der Stelle getrennt. Das führt uns zu der Frage nach dem Protestantismus in Artigat. Es ist möglich und sogar wahrscheinlich, daß sich der neue Martin und Bertrande de Rols für den neuen Glauben interessierten, und sei es auch nur, um für ihr eigenes Leben irgendeine Rechtfertigung darin zu finden.

Protestantische Proselyten verbreiteten um das Jahr 1536 die neue Lehre in der Grafschaft Foix, und die Bekehrten verließen im Jahr 1551 Pamiers und Le Mas-d'Azil, um sich in Genf niederzulassen. Nach 1557 wurde die Bewegung stärker, und 1561 erklärte sich Le Mas, ermutigt durch das Beispiel seiner protestantischen Gräfin Jeanne d'Albret, zur reformierten Stadt. Le Carla, das noch näher bei Artigat lag, wurde zu einer Hochburg der reformierten Kirche. Auch die Dörfer und Weiler entlang der Lèze wurden von der Bewegung erfaßt. Der Erzkatholik Jacques de Villemur, Herr von Pailhès, hatte seine Bauern fest an der Kandare, aber 1563 gab es in Le Fossat eine ganze Reihe Familien, die »des neuen Glaubens verdächtig« waren. Im Jahre 1568 fand in der Kirche von Artigat ein Bildersturm statt, und der Altar wurde zertrümmert; daran waren nicht nur die reformierten Soldaten, sondern auch Neubekehrte aus dem Ort beteiligt. Bei einer späteren Visite der Diözesanverwaltung wurde auf dieses Ereignis Bezug genommen und von einer Zeit gesprochen, in der »die Bewohner des besagten Ortes Artigat Hugenotten waren«.[8]

Eine Bewegung dieses Ausmaßes kann nicht aus dem Nichts entstehen. Immerhin waren schon ein Jahrzehnt vorher auf den Handelsstraßen zwischen Artigat und Pamiers, Le Fossat, Saint-Ybars, Le Carla und Le Mas-d'Azil, zusammen mit Wolle, Weizen und Wein auch protestantische Ideen im Umlauf; immerhin kam auch der Genfer Pfarrer Antoine Caffer, der im Jahre 1556 auf dem Kirchhof von Saint-Vincent in Foix predigte, nach Artigat; immerhin besaß irgendeiner im Dorf ein reformiertes Neues Testament oder ein protestantisches Traktat in französischer Sprache, das er seinen Nachbarn mit lauter Stimme auf *langue d'oc* vorlas. Selbst wenn die Kinder weiterhin katholisch getauft wurden, hoffte mancher, der den Worten des Priesters zuhörte, auf den Tag, da ein protestantischer Pastor dessen Platz einnehmen würde. Der örtliche Klerus jedoch besaß keine Möglichkeit, sich dagegen zu wehren. Als Messire Pierre Laurens du Caylar um 1553 Rektor von Artigat wurde, mußte er dies gerichtlich gegen einen Konkurrenten durchfechten: erst das Parlament von Toulouse entschied den Fall. (Ebenso erging es Dominique de Claveria im Jahr 1540 und Jacques Boëri 1530). Der Gemeindepriester von Bajou, einer der Brüder Drot, stammte aus einer bescheidenen Familie und konnte sich im Dorf nicht durchsetzen.[9]

Welche Beweise haben wir dafür, daß unser »erfundenes« Ehepaar mit dem neuen Glauben in Berührung gekommen ist? Da ist zunächst die Tatsache, daß die Familie Rols protestantisch wurde: Sie gaben ihren Kindern alttestamentliche Namen wie Abraham, und im 17. Jahrhundert, als fast ganz Artigat gut katholisch war, gingen manche der Rols noch immer nach Le Carla in den reformierten Gottesdienst.[10] Was den neuen Martin anbelangt, so glaube ich nicht, daß er bereits bei seiner Ankunft in Artigat von dem neuen Evangelium durchdrungen war. Antoine Olivier, der Bischof von Lombez, galt als Sympathisant der Protestanten, und es gab eine starke protestantische Bewegung in Arnauds Diözese,[11] doch der ehemalige Soldat Arnaud du Tilh hatte zwischen 1553 und 1556 andere Dinge im Kopf und wohnte damals vielleicht gar nicht in Sajas. Ich vermute eher, daß er sich den neuen Ideen erst in Artigat zuwandte, wo das Leben, das er sich aufgebaut hatte, gleichsam eine Bekehrung bewirkte, indem es ihm den Gotteslästerer, den jungen Mann »von üblem Lebenswandel«, wenn nicht gar den Schwindler überhaupt austrieb.

Wie dem auch sei, es ist jedenfalls bezeichnend, daß weder ein Priester aus Artigat noch aus Bajou in den Prozessen gegen den neuen Martin in Rieux und Toulouse eine nennenswerte Rolle spielte. Vielleicht war einer bei den hundertachtzig Zeugen dabei, die im Verlauf der Verhandlungen angehört wurden, aber solche Aussagen werden im offiziellen Bericht von Coras nirgends erwähnt, in dem sonst alle wesentlichen Tatbestände aufgeführt sind. Aufschlußreich ist auch der Respekt, den der neue Martin den beiden Richtern Jean de Coras und François de Ferrières bezeugte, die mit seiner Vernehmung beauftragt waren. Beide standen bereits 1560 dem Protestantismus nahe und wurden später seine standhaftesten Verfechter im Parlament von Toulouse. Er bat, vor diesen beiden seine letzte Beichte ablegen zu dürfen, in der auf keine katholische Formel, keinen einzigen Heiligen Bezug genommen wird, in der er nur um die Gnade Gottes für die Sünder fleht, die ihre Hoffnung in Christo am Kreuz setzen.[12]

Welche Hoffnungen mochte die protestantische Botschaft dem neuen Martin und Bertrande während der Jahre geboten haben, in denen sie »als wahrhafte Eheleute« zusammenlebten? Die Hoffnung, ihre Geschichte Gott allein erzählen zu können, ohne irgendeinen irdischen Vermittler. Die Hoffnung, daß das Leben, welches sie nach eigenem Willen aufgebaut hatten, Teil der göttlichen Vorsehung war. Vielleicht war ihnen auch etwas von den neuen Ehebestimmungen zu Ohren gekommen, die nach 1545 im reformierten Genf verkündet worden waren. Dort war die Ehe kein Sakrament mehr, und eine Frau, die von ihrem Mann verlassen worden war, »ohne daß besagte Frau hierzu Anlaß geboten hätte oder in sonst einer Weise daran schuldig gewesen wäre«, konnte nach einjährigen Nachforschungen vom Konsistorium die Scheidung und die Erlaubnis zur Wiederheirat erlangen.[13]

Aber selbst wenn sie sich solche Gedanken zu eigen gemacht und sie auf ihren Fall angewendet hatten, so mußte ihnen doch klar sein, daß dies für sie keinen geeigneten Ausweg bot. Wie wollten sie einem reformierten Konsistorium die Auferstehung Arnauds du Tilh als Martin Guerre erklären? Der neue Martin hatte Bertrande de Rols, zumindest für eine gewisse Zeit, als Komplizin gewonnen, aber konnte ein Betrüger auf die anderen Leute von Artigat zählen?

STREITIGKEITEN

Der neue Martin Guerre war nicht nur Ehemann, sondern auch Erbe, Neffe und Großbauer in Artigat, und damit fingen schließlich auch die Schereien an.

Das Haus, das früher dem alten Sanxi Guerre gehört hatte, ging nun in den Besitz des neuen Martin über. Seine beiden unverheirateten Schwestern zogen wahrscheinlich zu ihm, jedenfalls war dies baskischer Brauch. Von hier aus nahmen er und Bertrande an jenem bäuerlichen Leben teil, das aus Gastfreundschaft, Patenschaften und persönlichen Beziehungen bestand; man traf sich mit Pierre Guerre und seiner Frau, Bertrandes Mutter, mit Martin Guerres verheirateten Schwestern, mit Bertrandes Bruder sowie mit Nachbarn und Freunden, die alle später über die Identität des neuen Martin aussagen sollten. Catherine Boëri, die vor Jahren den wirkungslosen Trank an Bertrandes Hochzeitsbett gebracht hatte, die Loze aus Pailhès, die Familie Del Pech, Sattler aus Le Carla, James Delhure und seine Frau Bernarde Arzel aus Pamiers und Artigat (Bernarde war vielleicht Patin der kleinen Bernarde Guerre), sie alle gehörten zu diesem Kreis wohlhabender Bauernfamilien.[1]

Der neue Martin hatte auch keine Schwierigkeiten, sich mit der Landwirtschaft in Artigat vertraut zu machen; Weizen, Hirse, Wein und Schafe, das kannte er alles aus der Diözese Lombez. Auch Ziegeleien gab es in der Nähe von Sajas, da aber Ziegel in den Verzeichnissen der geschäftlichen Transaktionen des neuen Martin nicht auftauchen, ist anzunehmen, daß Pierre Guerre die Leitung dieses Familienbetriebs nicht aus der Hand gab. Beeindruckend war jedoch, wie der neue Martin die Guerresche Landwirtschaft in kommerzielle Bahnen lenkte: Er handelte mit seinen Erzeugnissen wie Jean Banquels, kaufte und verkaufte Weizen, Wein und Wolle im Tal der Lèze und darüber hinaus. In Artigat war es schwierig, Pachtverwalter einer großen Domäne zu werden – im Languedoc der erfolgreichste Weg, ein Agrarkapitalist zu werden –, denn es gab in diesem Gerichtsbezirk weder weltliche noch kirchliche Grundherrschaft. Vielleicht gelang es ihm, in den Kreis derer vorzudringen, die das Recht auf Einzug der Kirchenabgaben von Artigat pachteten (leider fehlen die Bücher für die betreffenden Jahre 1558 und 1559), aber bestimmt hatte er mit Kauf, Verkauf und Pacht von Land zu tun. Das heißt, er versuchte, kommerziellen Nutzen zu ziehen aus den Besitzungen, die Sanxi Guerre mit Bedacht in Artigat erworben und seinem Erben Martin vermacht hatte.[2]

Bertrande de Rols muß über diese Entwicklung der Dinge erfreut gewesen sein, denn die Frau eines Provinzhändlers wurde oft selber Geschäftsfrau. Aber Pierre Guerre begann, sich gegen diese Entwicklung zu sperren. Zunächst war er froh darüber gewesen, seinen Neffen bei sich zu haben, und er hatte vor seinen alten Freunden mit ihm geprahlt, so zum Beispiel vor Jean Loze, *consul* von Pailhès. Dann begann der neue Martin aber, einzelne Parzellen der *propres* zu verkaufen, was, wie wir gesehen haben, im Lèzetal durchaus gängige Praxis war, baskischer Sitte jedoch zuwiderlief. Als er vorschlug, ein Stück angestammten Landes in Hendaye zu verpachten oder gar zu verkaufen, muß Pierre Guerre entsetzt gewesen sein.[3]

Unterdessen verfiel der neue Martin noch auf einen weiteren Gedanken, der Pierre Guerre mächtig in Wallung brachte. Er verlangte von Pierre die Abrechnungen für die Einkünfte aus den Gütern, die Pierre nach dem Tode seines Vaters Sanxi für seinen Neffen verwaltet hatte. Er bat ihn freundlich – »mit schönen Worten«, um die der zungenfertige Pansette nie verlegen war –, doch er hatte Pierre im Verdacht, einen Teil des Erbes zu unterschlagen; jedenfalls wollte er den Reingewinn haben, den Pierre daraus erwirtschaftet hatte. Geraume Zeit blieb es bei einem Geplänkel in scherzhaftem Ton, bis der neue Martin Ende 1558 oder Anfang 1559 gegen Pierre Guerre eine Zivilklage vor dem Gericht in Rieux erhob.*

Solche Streitigkeiten waren unter Bauernfamilien nichts Ungewöhnliches. Nach den Gebräuchen im Labourd hätte man von Pierre erwartet, daß er zu Beginn seiner Geschäftsübernahme eine Inventarliste der Güter seines Neffen angelegt und eine Kaution hinterlegt hätte, als Garantie dafür, daß er sie in ordentlichem Zustand zurückgeben würde. In der Diözese Rieux waren Witwen mit einem Anrecht auf Nießbrauch der Güter des Ehemannes gehalten, ihren volljährigen Kindern die Abrechnungen zu übergeben, es sei denn, der verstorbene Ehemann hätte besondere Vorkehrungen getroffen, »damit sie keinen Verdruß zu haben brauchen«. So wurde in Artigat die gütliche Aushändigung der Abrechnungen durch den Vormund und die Übergabe der Einkünfte aus dem Besitz vor dem Notar getätigt, um Mißverständnisse zu vermeiden.[4]

Aber in den Augen von Pierre Guerre war der neue Martin zu weit gegangen. Mag sein, daß er der Ansicht war, jemand, der unter solchen Umständen verschwunden und dann jahrelang weggeblieben war, sei nicht berechtigt, ir-

---

* Über den Ausgang dieses Prozesses berichtet Coras lediglich, daß der neue Martin »gezwungen war, gegen [Pierre Guerre] gerichtlich vorzugehen, um auf dem Rechtswege sein Hab und Gut einzufordern: von Gewinnen und einer Herausgabe der Abrechnungen wollte der Onkel jedoch nichts wissen« (S. 33 f.). Dies sieht nach einem Vergleich aus, in dem Pierre einwilligte, das restliche Erbe zu übergeben, und der neue Martin seine Forderung nach Rechnungslegung und Rückgabe der Resteinkünfte fallenließ.

gendwelche Ansprüche zu erheben. Vielleicht hielt er es auch für unangebracht, daß ein Neffe, den er »von Kindheit an großgezogen« hatte, derartige vertragliche Vereinbarungen verlangte oder gar in einen Rechtsstreit gegen ihn trat. Möglicherweise fühlte sich der alte Patriarch in seiner Autorität bedroht. Wenn er nein sagte, hieß das auch nein. Oder es war einfach »Habsucht« – so die Version des neuen Martin –, der Wunsch, die Güter und Einkünfte für die eigene Familie, die Töchter und die Schwiegersöhne zu behalten.

Soviel ist sicher, das Mißtrauen, das der neue Martin bei seiner Ankunft geschickt zerstreut hatte, erwachte bei Pierre aufs neue und verstärkte sich. Wie kam es, daß Martin so viele baskische Ausdrücke vergessen hatte, die er doch während seiner ganzen Kindheit fast täglich gehört hatte? Warum hatte er kein Interesse mehr am Fechten und am sportlichen Wettkampf? Die stämmige Figur des Mannes, den er als nunmehr erwachsenen Neffen akzeptiert hatte, erschien ihm auf einmal fremd. Wenn er den kleinen Sanxi musterte, so fand er nichts, was dem Mann ähnlich sah, der mit Bertrande das Bett teilte. Und vor allem: »Der Baske ist ehrlich.« Wegen einer Handvoll Korn, die er seinem Vater gestohlen hatte, hatte Martin Guerre sein Erbteil aufgegeben in dem Bewußtsein, seine Ehre verloren zu haben. Jetzt kam ein Betrüger daher, um es schamlos dem richtigen Erben zu stehlen.[5]

Pierre überzeugte seine Frau und seine Schwiegersöhne von der schrecklichen Wahrheit. Bertrandes Mutter war sich vollkommen einig mit ihrem Mann, nicht nur als gehorsames Eheweib, sondern auch als praktisch denkende Frau und gute Mutter, der vor allem die Interessen ihrer Tochter am Herzen lagen. Hatte sie nicht Bertrande in den Jahren, als Martin impotent war, beschworen, sich von ihm zu trennen und eine bessere Verbindung einzugehen? Und mußte sie nicht jetzt ihre Tochter vor Schande und Ehebruch bewahren? Gemeinsam drängten sie Bertrande, einen Prozeß anzustrengen gegen den Mann, mit dem sie zusammenlebte. Bertrande weigerte sich beharrlich.

Während des ganzen folgenden Jahres und länger war die Familie Guerre entzweit, und an der Auseinandersetzung nahm mit der Zeit das ganze Dorf und die Nachbarschaft teil. Pierre Guerre erzählte jedem, der es wissen wollte, daß der neue Martin ein Schwindler sei, der ihn hereingelegt habe. Er schlug seinem Freund Jean Loze vor, gemeinsam mit ihm Geld aufzubringen, um den Betrüger ermorden zu lassen. Loze war entsetzt und lehnte ab. Martin erzählte überall, daß sein Onkel diese Geschichte erfunden habe, weil er von ihm die Abrechnungen verlangt hatte. Der Dorfschuster sagte, wenn es wirklich Martin Guerre sei, wie es sich dann erklären lasse, daß seine Füße im Laufe der Jahre um so vieles kleiner geworden seien? Martins Schwestern blieben dabei, daß der neue Martin sehr wohl ihr Bruder sei (sie zogen ihn wohl ihrem Onkel als Oberhaupt der Familie und Verwalter ihrer Güter vor). Pierres Schwiegersöhne behaupteten, er sei ein Lügner. (Die Position von Bertrandes Bruder ist nicht überliefert.) Bertrande verteidigte ihn verbissen: »Er ist Martin Guerre, mein Mann« – und dann fügt sie seltsamerweise hinzu: »oder ein Teufel, der in seiner Haut steckt. Ich kenne ihn wohl. Wenn jemand so toll ist, das Gegenteil zu behaupten, so bringe ich ihn um.« Und als Pierre Guerre und seine Schwiegersöhne mit einer Stange auf ihn einschlugen, stellte sie sich schützend dazwischen, wie bereits berichtet wurde.[6]

Zweifellos verhandelten die *consuls* von Artigat den Fall auf zahlreichen Sitzungen im Frühjahr und Sommer 1559. Aber das Dorf war in dieser Frage derart gespalten, daß sie niemals zu einer Entscheidung hätten gelangen können. Für etliche war der neue Martin ein tüchtiger Familienvater, Ehemann und Händler, der von einem habgierigen Onkel verleumdet wurde; für andere war er ein aalglatter Blender, der eine anständige Familie in Verruf brachte. Wieder andere waren unschlüssig. In beiden Lagern wurden die Wertvorstellungen der ländlichen Familie hochgehalten; während jedoch auf der einen Seite die Bedürfnisse der jüngeren Generation, ihre Lust zu reisen und etwas von der Welt zu sehen, ihr Wunsch, selbst zu entscheiden, wie sie ihren Besitz verwendet, mehr ins Gewicht fallen, betont die andere Seite stärker die Entscheidungen der Älteren und die bruchlose Kontinuität familiären Lebens.

Es wäre interessant zu wissen, ob diese Divergenzen anderen Fronten innerhalb der Dorfgemeinschaft entsprachen. Coras berichtet, daß sich in Artigat und Umgebung ebenso viele Anhänger des neuen Martin wie des Pierre Guerre fanden, aber abgesehen von der Familie Guerre erläutert er die verschiedenen Standpunkte nur in drei Fällen: Catherine Boëri und Jean Loze unterstützten den neuen Martin, der Dorfschuster war für Pierre Guerre. Jedenfalls war Artigat nicht streng nach Familienclans gegliedert, so wie Montaillou, das ungefähr zweihundertfünfzig Jahre früher in die Familien Clergue und Azéma und ihren Anhang zerfiel. Vielmehr gab es politische Institutionen, die Verbindungen zwischen den führenden Familien Artigats und denen der Nachbardörfer begünstigten. Die Banquels, die Loze, die Boëri hatten jeweils ihre Parteigänger und ihre eigenen Kreise, aber aus den Notarsakten ist ersichtlich, daß sie sich überschnitten. Wenn Streitigkeiten ausbrachen, so wie hier, blieben sie nicht immer streng nach Familien abgegrenzt.[7] Ich würde für den Fall Martin Guerre die Hypothese wagen, daß die ortsansässigen Anhänger des Protestantismus mehr dazu neigten, dem neuen Martin Glauben zu schenken, während die Katholiken mehr zu Pierre tendierten.

Wie dem auch sei, im Spätsommer und Herbst 1559 ereigneten sich zwei Dinge, die die Lage von Martin und Bertrande wesentlich verschlimmerten. Ein durchreisender Soldat aus Rochefort erklärte vor Zeugen, nachdem er den strittigen Mann gesehen hatte, dieser sei ein Betrüger. Martin Guerre habe in Flandern gekämpft und habe vor zwei Jahren bei der Belagerung von Saint-Quentin ein Bein eingebüßt. Der wahre Martin Guerre habe ein Holzbein, sagte der Soldat. Dann zog er seiner Wege.[8]

Elf Jahre nach seinem Verschwinden war also der echte Martin Guerre vielleicht noch am Leben, und es häuften sich die Beweise dafür, daß der neue Martin ein Betrüger war. Es schien immer wahrscheinlicher, daß Pierre Guerre einen Weg finden würde, den Schwindler vor Gericht zu bringen. Das Paar mußte sich also darauf vorbereiten, seine Argumente zu entkräften, und jetzt entwarfen sie vermutlich auch die Strategie, die sie vor Gericht einschlagen wollten. Er mußte so vollständig wie irgend möglich über jeden Aspekt aus Martins Leben von der Zeit im Labourd an aussagen können, und seine Angaben mußten mit Bertrandes Aussagen übereinstimmen; dabei mußten intime Details vorgebracht werden, die niemand widerlegen könnte. Vielleicht würde ihn dann das Gericht zum wahren Martin Guerre erklären, und Bertrandes Stiefvater wäre zum Schweigen gebracht.

So begannen also Pansettes »Theaterproben« aufs neue. Das frühere Leben wurde noch einmal durchgegangen, die Hochzeit, die Feste, die Impotenz, die Lösung des Zaubers noch einmal nachvollzogen. Bertrande durchforschte ihr Gedächtnis nach einer Episode aus ihren intimen Beziehungen – vielleicht schmückte sie diese kräftig aus –, mit der sie das Gericht verblüffen konnten. (Coras sagte von dieser Aussage später, daß es »viel leichter« gewesen sei, »sie zu vernehmen, als anständig, sie zu berichten oder niederzuschreiben«.[9])

Da traf sie ein neuer Schlag. Eine Scheuer, die Jean d'Escornebeuf, dem Herrn von Lanoux, gehörte, brannte nieder, und dieser beschuldigte den neuen Martin der Brandstiftung und ließ ihn durch den Seneschall von Toulouse festnehmen. Die Escornebeuf gehörten zum niederen Adel im Lèzetal, und Jeans Landbesitz im Sprengel lag westlich von Artigat. Er hatte jedenfalls in Artigat selbst Land aufgekauft, und im Jahre 1550 gehörte er zu denen, die mit Antoine Banquels und anderen das Recht auf Einzug der Kirchenabgaben gepachtet hatten. Vielleicht war das Gebäude wirklich von ein paar Bauern aus Artigat in Brand gesteckt worden, die es übelnahmen, daß ein Grundherr in ihr Dorf hereindrängte, das so stolz auf seine Unabhängigkeit war. Aber Escornebeuf nahm sich den skandalumwitterten Emporkömmling, den Bauern und Kaufmann Martin Guerre, zur Zielscheibe, und in seiner Klage erklärt er – offensichtlich auf Drängen von Pierre Guerre –, daß der Gefangene »sich widerrechtlich ins Ehebett eines anderen Mannes eingeschlichen hatte«.[10]

Bertrande war verzweifelt. Sie sah sich gezwungen, ihren Haushalt aufs neue unter das Dach ihrer Mutter und ihres Stiefvaters zu verlegen.[11] Sie reiste nach Toulouse (vielleicht zum erstenmal in ihrem Leben), brachte Martin Geld und andere Dinge, die er brauchte, ins Gefängnis und erklärte, daß dieser Mann ihr Ehemann sei und daß Pierre Guerre und seine Frau versuchten, sie zu nötigen, ihn fälschlich anzuklagen. Escornebeufs Beweise gegen Martin waren nicht sehr überzeugend. Wäre er der Grundherr von Artigat gewesen, wäre er vermutlich mit seiner Anklage durchgekommen, vor dem Seneschall von Toulouse aber mußte er die Anklage wegen Brandstiftung fallenlassen, und der Gefangene wurde auf freien Fuß gesetzt.[12]

Pierre Guerre hatte mittlerweile Schritte unternommen, um die wahre Identität des Betrügers in Erfahrung zu bringen. Es ist erstaunlich, daß er nicht schon früher auf irgend etwas gestoßen ist, wo doch in dieser Gegend ein reges

Kommen und Gehen herrschte und der Klatsch blühte. Der neue Martin hatte sogar selbst auf seinem Weg manche Spur hinterlassen. So war er in Pouy-de-Touges, einem Dorf südlich von Sajas in der Diözese Rieux, vom Gastwirt als Arnaud du Tilh erkannt worden; er hatte ihn allerdings gebeten, Stillschweigen zu bewahren, denn: »Martin Guerre ist tot, er hat mir sein Hab und Gut überlassen.« Ein gewisser Pelegrin de Liberos hatte ihn ebenfalls als Pansette erkannt. Auch ihn hatte der neue Martin um Stillschweigen gebeten, aber er war unvorsichtig genug, aus seiner Rolle zu fallen und ihm zwei Taschentücher für seinen Bruder Jean du Tilh anzuvertrauen.[13]

Solcherlei Geschichten kamen Pierre Guerre zu Ohren, und nun konnte er den Verräter in ihrer Mitte beim Namen nennen: Arnaud du Tilh, genannt Pansette, ein übel beleumundeter Bursche aus Sajas. Um den Lügner zu stellen, mußte er selbst zur Lüge greifen. Er gab sich vor dem Richter von Rieux als Vertreter der Bertrande de Rols aus. (Möglicherweise verfügte er über eine notariell beglaubigte Vollmacht, denn wenn Maître Jean Pegulha von Le Fossat nach Artigat kam, benutzte er häufig Pierre Guerres Haus als Kanzlei.) In Bertrandes Namen erreichte er, daß gegen den Mann, der sich selbst Martin Guerre nannte, ein förmliches Untersuchungsverfahren eingeleitet und daß jener unverzüglich von Bewaffneten verhaftet werden würde. Nach dem Gesetz war dies möglich in besonderen Fällen, in denen Fluchtgefahr bestand und der Angeklagte »übel beleumundet und mehrerer schlimmer Vergehen bezichtigt« war.[14]

Als der neue Martin im Januar 1560 aus dem Gefängnis von Toulouse entlassen wurde, stand Pierre Guerre schon bereit. Bertrande empfing Martin zärtlich, wusch ihm die Füße und nahm ihn mit in ihr Bett. Im Morgengrauen ergriffen ihn Pierre und dessen Schwiegersöhne, sämtlich bewaffnet, in Bertrandes Namen und ließen ihn ins Gefängnis von Rieux schaffen.[15]

Halten wir hier einen Augenblick inne und fragen uns, ob eine solche Entwicklung der Dinge unvermeidlich war. Oder anders gefragt, hätte sich Arnaud du Tilh, wenn der wahre Martin Guerre nicht wiederaufgetaucht wäre, aus der Affäre ziehen können? Einige meiner pragmatischen Historikerkollegen sind der Ansicht, daß der Betrüger über Jahre hinweg unbehelligt Martin Guerre hätte spielen können, wenn er die Abrechnungen nicht verlangt und die Vorstellungen des Onkels im Hinblick auf den Familienbesitz mehr respektiert hätte. Als ich andererseits jedoch mit den Leuten von Artigat über Bertrande und Arnaud sprach – und sie kannten diese alte Geschichte noch sehr genau –, lächelten sie, zuckten mit den Achseln und sagten: »Das ist alles schön und gut, aber dieser Teufelskerl hat eben doch gelogen.«

Ich glaube, daß die Leute von Artigat dem Kern der Sache näherkommen. Es geht nicht darum, ob Arnaud du Tilh mit mehr Klugheit und Voraussicht nicht hätte ein anderes Szenario für sich entwerfen können. Er war ja auch nicht der einzige Lügner in Artigat: Eben haben wir Pierre Guerre bei einem Betrug ertappt, und wir werden im weiteren Verlauf noch von anderen hören. Aber eine faustdicke Lüge – besonders wenn sie von einem einzelnen allen anderen zugemutet wird – hat fatale Folgen sowohl für das persönliche Empfinden als auch für die sozialen Beziehungen.[16]

Arnaud verlangte im Grunde von den Dorfbewohnern und von der Familie Guerre, die in gewissem Umfang seine Lüge billigen mußten, dauernde Komplizenschaft. Er war zwar kein ländlicher Jago, der tückisch die Leute gegeneinander aufbrachte. Als er aber unter dem Namen eines anderen ein tüchtiger Haushaltsvorstand und Familienvater geworden war, konnte er seine Lüge nicht mehr eingestehen und ihnen so auch keine Gelegenheit mehr geben, ihm zu verzeihen. Also hätte unvermeidlich ein tiefes Unbehagen, große Unsicherheit und Mißtrauen im Dorf und unter den Familien um sich gegriffen. Als die Leute begannen, in der Öffentlichkeit seine Identität anzuzweifeln, fingen sie auch wieder an, ihn der Zauberei zu verdächtigen. Und diesmal steckte sehr viel mehr Angst hinter dieser Behauptung als damals in seiner Jugend.

Arnauds Lüge hat vermutlich eine beunruhigende innere Distanz zwischen ihm und den übrigen Dorfbewohnern geschaffen. Ich habe zu zeigen versucht, daß er nicht einfach ein Gauner war, der Martin Guerres Geld an sich zu bringen versuchte, um sich anschließend aus dem Staub zu machen. Vieles, was der Baske Pierre Guerre an dem neuen Martin mißbilligte, daß er Parzellen der *propres* verkaufte und die Abrechnungen von ihm verlangte, kann auch anders interpretiert werden – und muß von seinen Anhängern in Artigat ja auch anders gesehen worden sein –, nämlich als eine durchaus annehmbare innovative Form bäuerlicher Lebensweise im Languedoc. Der neue Martin wollte für immer bleiben, wollte immer wieder in Bertrandes Arme zurückkehren, wie er es nach jeder seiner Reisen tat. Daß er die Abrechnungen verlangte zeigt, wie sicher er sich in seiner Rolle gefühlt hat. Aber innerlich muß er doch stets einen gewissen Abstand gespürt haben, nicht den Abstand, der eine schöpferische Erholung von den Mitmenschen schafft und Wiedereingliederung zuläßt (»Ich bin Christ und stehe über all dem«) oder wenigstens Einsicht und Überleben ermöglicht (»Ich bin Baske, und dies ist nicht wirklich meine Heimat), sondern einen Abstand aus Schamgefühl (»Ich habe keine wirkliche Verpflichtung diesen Menschen gegenüber«).

Für Bertrande, die die Wahrheit kannte, erwuchsen aus dieser Lüge noch ganz andere Folgen. Sie hatte versucht, ihr

Leben so gut sie irgend konnte einzurichten, und dazu hatte sie all ihre weibliche Vorstellungskraft eingesetzt und allen Spielraum genutzt, der einer Frau zur Verfügung stand. Sie war aber auch stolz auf ihre Ehrbarkeit und ihre Tugend, und sie war gottesfürchtig, wie sie später vor Gericht aussagen sollte. Sie wollte als gute Mutter und Hausfrau, eingebettet in die dörfliche Gesellschaft, leben. Sie wollte ihrem Sohn das Erbe erhalten. Würde Gott sie nicht für die Lüge strafen? Und wenn ihre Ehe nur eine Erfindung war, war sie dann in den Augen ihrer Mutter und der anderen Frauen des Dorfes nicht eine schändliche Ehebrecherin? Und wäre also ihre Tochter Bernarde befleckt, da doch geschrieben stand, daß ein Kind, das im ehebrecherischen Bett empfangen wurde, mit den Sünden der Eltern behaftet ist?[17] Sie liebte den neuen Martin, aber er hatte sie schon einmal getäuscht; konnte er sie da nicht wieder betrügen? Und wenn der andere Martin Guerre zurückkam, was dann?

Nachdem der neue Martin ins Gefängnis von Rieux gebracht worden war, war Bertrande den ganzen Tag über großem Druck von seiten ihrer Mutter und ihres Stiefvaters ausgesetzt. Sie drohten sogar, sie aus dem Haus zu werfen, wenn sie Pierres Vorgehen nicht ausdrücklich billigte. Die eigensinnige Frau rechnete sich ihre Chancen aus und schmiedete Pläne. Sie nahm sich vor, gegen den Betrüger gerichtlich vorzugehen, in der Hoffnung, den Prozeß zu verlieren. Sie wollte die Strategie verfolgen, die sie sich zusammen mit dem neuen Martin für ihre Zeugenaussage zurechtgelegt hatte, immer in der Hoffnung, daß die Richter ihn zu ihrem Mann erklären würden. Aber bei all ihren Zweifeln und angesichts der bedrohlichen Vorfälle der vergangenen Monate mußte sie auch darauf gefaßt sein, den Prozeß zu gewinnen, wie entsetzlich auch immer die Folgen für den neuen Martin sein mochten. Im Lauf des Tages sandte sie dem Gefangenen Kleidung und Geld nach Rieux. Am selben Abend nach Einbruch der Dunkelheit gab sie ihre Zustimmung zu den Schritten, die Pierre Guerre in ihrem Namen unternommen hatte, und trat vor dem Richter von Rieux als Klägerin gegen den Mann auf, der sich die Identität des Martin Guerre, ihres wahren Gatten, angemaßt hatte.[18]

DER PROZESS IN RIEUX

Das Gericht von Rieux war den Familien von Artigat sicher nicht unbekannt. Immer wieder kam es zu Streitigkeiten, die vor Ort nicht beigelegt werden konnten, sondern dort in einem Prozeß endeten: Jehanard Loze verklagte den Bischof von Rieux in Abwesenheit auf Zahlung einer jährlichen Pension, die er der Gemeinde schuldete; Bauern verklagten sich gegenseitig wegen eines Grundstücks; Jeanne de Banquels führte in Rieux einen Rechtsstreit gegen eine andere Erbin.[1] Als der Fall Martin Guerre zur Verhandlung kam, hatten also viele der Zeugen eine ungefähre Vorstellung von den Kosten und den Risiken, aber auch von den möglichen Vorteilen der königlichen Rechtsprechung.

Der Richter selbst bezog nur ein bescheidenes Einkommen verglichen mit den Gehältern der Magistratsbeamten, die dem Parlament von Toulouse unterstanden. Aber in der kleinen Welt von Rieux spielte er eine wichtige Rolle, und er übertraf die örtlichen Herren an Prestige und Macht. Im Jahre 1560 hatte vermutlich Firmin Vayssière diese Stelle bereits inne. Als Lizentiat der Rechte und strenger Katholik wurde er später mit der Aufklärung hugenottischer Angriffe auf Kirchengut in der Diözese betraut.[2] Zusammen mit dem königlichen Staatsanwalt in Rieux und den Juristen des Gerichtshofes hatte der Richter hier einen der kompliziertesten Fälle seiner Laufbahn vor sich.

Die Annahme einer fremden Identität in betrügerischer Absicht wurde im Frankreich des 16. Jahrhunderts als schweres Vergehen betrachtet. Es gab zwar kein festgelegtes Strafmaß dafür, aber sobald der königliche Staatsanwalt einmal die Klage der »Zivilpartei« – wie Bertrande de Rols genannt wurde – übernommen hatte, drohte dem Angeklagten mehr als nur eine Geldstrafe. Sollte er für schuldig befunden werden, konnte er zu körperlichen Strafen, ja zum Tode verurteilt werden. In diesem Fall, in dem die Ehre und das Leben eines Mannes auf dem Spiel standen, mußten die Beweise »sicher, unzweifelhaft und klarer als der lichte Tag« sein.[3] In einer Zeit jedoch, in der es noch keine Photographie gab und Porträts selten waren, in einer Zeit, die weder Tonbänder, noch das Abnehmen von Fingerabdrücken*, weder Personalausweise noch Geburtsurkunden kannte, in der die Kirchenregister noch unregelmäßig, wenn überhaupt geführt wurden – wie ließ sich da die Identität einer Person zweifelsfrei feststellen? Man konnte das Erinnerungsvermögen des Mannes prüfen. Allerdings bestand dabei immer die Möglichkeit, daß er präpariert war. Man konnte Zeugen auffordern, ihn zu identifizieren, in der Hoffnung, daß sie zuverlässig beobachteten und aufrichtig waren. Man konnte die besonderen Kennnzeichen in seinem Gesicht und auf seinem Körper untersuchen, aber Aussagekraft gewannen sie nur, wenn Zeugen sich genau an die frühere Person erinnerten. Man konnte prüfen, ob er anderen Familienmitgliedern ähnlich sah. Man konnte einen Schriftprobenvergleich anstellen, aber eben nur, wenn beide schreiben konnten und Schriftproben der verschwundenen Person existierten. Aus solchen Beweismitteln hatte das Gericht von Rieux die Wahrheit herauszufinden, und fortan sollten die Aussagen der Dorfbewohner über Martin Guerre diesem Zweck dienen.

Der erste Schritt war die Anhörung der von der Zivilpar-

---

* Selbst wenn es Fingerabdrücke gibt, kann die Sache noch strittig bleiben, wie der berühmte Fall Giulio Canella zeigt, der 1927–1931 in Turin verhandelt wurde. Die Fingerabdrücke wiesen den fraglichen Mann als den Drukker Mario Bruneri aus, und trotzdem behauptete die Frau von Professor Canella steif und fest, er sei ihr Mann. (Leonardo Sciascia, *Il teatro della memoria.* Turin 1981).

tei benannten Zeugen. Die Liste war zweifellos von Bertrande und von Pierre aufgestellt worden.[4] (Pierre hat wohl Personen benannt, von denen er sich eine Unterstützung seiner Klage erhoffte, Bertrande eher solche, von denen sie annahm, sie würden Zweifel säen.) Um die Kosten möglichst gering zu halten, die die Zivilpartei aus eigener Tasche zu zahlen hatte, wurden die meisten Zeugen vermutlich eher in oder in der Nähe von Artigat als in Rieux einvernommen. Man kann sich gut die allgemeine Aufregung vorstellen, wenn der Richter oder sein Stellvertreter auf dem Schauplatz erschien und ihm die verschiedenen Meinungen von rechts und von links durch die örtlichen Notare und Maître Dominique Boëri, Bakkalaureus des Rechts in Le Fossat, vorgetragen wurden. Die Zeugen mußten schwören, die Wahrheit zu sagen, und nachdem sie ihre Aussage beendet hatten, las der Untersuchungsrichter Wort für Wort noch einmal vor, was sie gesagt hatten (zumindest gehörte das zu seinen Amtspflichten), damit sie Gelegenheit hatten, noch etwas zu ändern oder hinzuzufügen. Dann unterschrieben sie mit Namen, sofern sie dazu imstande waren, ansonsten mit ihrem Zeichen.

Sobald der königliche Staatsanwalt genügend Zeit gehabt hatte, um all die Zeugenaussagen zu sichten und sich ein Urteil zu bilden, eröffnete der Richter in Rieux das Hauptverfahren. Er rief den Angeklagten auf und befragte ihn über die Anklagepunkte und über das Leben des Martin Guerre, und er hörte sich an, was jener zu seiner Verteidigung vorzubringen hatte. Dann nahm er Bertrande de Rols ins Verhör, worauf er nochmals den Angeklagten vernahm, um festzustellen, ob er ihre Aussagen bestätigen konnte. Zu diesem Zeitpunkt nahm der Richter die Behauptung des Angeklagten, Pierre Guerre habe Bertrande gegen ihren Willen gezwungen, die Klage einzureichen, sehr ernst. Diese Behauptung wurde im übrigen auch von Zeugen bestätigt, die von der Zivilpartei

Gegenüberstellung von Angeklagtem und einem Zeugen

benannt worden waren. Daraufhin verfügte der Richter, daß sie Pierres Haus zu verlassen habe und anderswo untergebracht werde.*

Dann folgte die Vernehmung der Zeugen und ihre Gegenüberstellung mit dem Angeklagten. (Noch immer haftet die Zivilpartei für die Kosten.) Der Richter vergewissert sich, daß die Zeugen ihre zuvor gemachten Aussagen bestätigen; dann hat der Angeklagte das Wort. Dieser beginnt mit der »Verwerfung« der Zeugen, das heißt, er erhebt Einwände gegen den Zeugen und beurteilt seine Glaubwürdigkeit, und zwar bevor er weiß, was über ihn ausgesagt wurde. Das ist für ihn die einzige Möglichkeit, Zweifel am Charakter seiner Ankläger zu wecken, und dies muß er nach Kräften tun. Danach wird die Zeugenaussage laut verlesen, und der Angeklagte ficht sie an, wo immer es ihm geboten scheint, indem er Alibis nachweist und Fragen an den Zeugen stellt.

Etliche Prozesse endeten bereits nach den Gegenüberstellungen, da Schuld oder Unschuld des Angeklagten für den königlichen Staatsanwalt offen zutage lagen. Nicht so im Verfahren gegen Martin Guerre. Der Angeklagte hatte Zeugen benannt, die die Aussagen bestätigen konnten, die er im Laufe seiner Verhöre und der Gegenüberstellungen gemacht hatte. Bertrande hatte die Anklage gegen ihn immer

---

* Laut Coras verlangte der Verteidiger, daß Bertrande »in ein Haus von ehrbaren Leuten« verbracht werde, was auch geschah (S. 37–45). Er fügt hinzu, daß »früher« Frauen in ein Nonnenkloster überstellt werden konnten (S. 38). Die Diözese Rieux verfügte nur über vier Frauenklöster, alle recht aristokratisch und keines zwischen Artigat und Rieux gelegen: die Abtei von Salenques bei Le Mas-d'Azil und Prioreien in Longages, La Grace-Dieu und Sainte-Croix-Volvestre (L. H. Cottineau, *Répertoire topo-bibliographique des Abbayes et Prieurés* [Mâcon, 1935–1939] cols. 1315, 1643, 2183, 2932). Außerdem gab es ein Haus der Klarissinnen in Pamiers. Keines dieser Häuser eignete sich zur Unterbringung von Bertrande, und so wurde sie vermutlich bei einer vertrauenswürdigen Familie in Artigat und während ihrer Zeugenaussage bei einer Familie in Rieux einquartiert.

noch nicht zurückgezogen, und er war sicher, den Beweis liefern zu können, daß sie dazu angestiftet worden war. Überdies befand der Richter die Zeugenaussagen noch nicht als ausreichend; er wollte mehr über diese rätselhafte Bauersfrau aus Artigat wissen, mehr über die Reputation der anderen Zeugen und über die Identität des Angeklagten. Der königliche Staatsanwalt hatte die Zeugen für den Angeklagten vorgeladen (die Kosten hatte jetzt er zu tragen, und zwar mußte er das Geld vorab hinterlegen). Von den Kanzeln in Artigat, Sajas und Umgebung wurde feierlich ein Mahnbrief verlesen, in dem jeder, der in dieser Sache die Wahrheit kannte, bei Androhung der Exkommunizierung dringend ermahnt wurde, dem Richter darüber Meldung zu erstatten. Sogar die Protestanten müssen dies ernstgenommen haben, so sehr sie auch an der Macht des Priesters zweifelten.[5]

Einhundertfünfzig Personen kamen im Verlauf des Prozesses als Zeugen nach Rieux. In jedem Dorf in zwei Diözesen fragten sich die Leute, wie man eigentlich feststellen sollte, wer jemand war – wenn dieser Jemand aus dem vertrauten Umfeld der Arbeit und der Familie herausgerissen und nun vor dem Gericht in Rieux zur Schau gestellt war. Nur in einem einzigen Punkt waren sich die Zeugen aus Artigat einig: Als der Gefangene bei ihnen aufgetaucht war, hatte er jeden bei seinem Namen begrüßt und ihnen Dinge detailliert ins Gedächtnis zurückgerufen, die sie vor Jahren unter genau bezeichneten Umständen zusammen getan hatten. In allem anderen gingen ihre Meinungen auseinander, ebenso wie bei den Zeugen aus anderen Dörfern. Fünfundvierzig Personen oder mehr sagten aus, daß der Gefangene Arnaud du Tilh alias Pansette, jedenfalls aber nicht Martin Guerre sei, hatten sie doch mit dem einen oder dem anderen seit ihrer Kindheit gemeinsam gegessen und getrunken. Unter jenen befanden sich auch Carbon Barrau, Arnaud du Tilhs Onkel mütterlicherseits aus Le Pin, sowie Leute, mit denen Pansette einst Verträge geschlossen hatte, und schließlich drei Männer, die den Gefangenen sogar in der Zeit, als er mit Bertrande zusammenlebte, als du Tilh erkannt hatten. Ungefähr dreißig oder vierzig Zeugen erklärten mit Bestimmtheit, daß der Angeklagte Martin Guerre sei; sie hatten ihn von klein auf gekannt. Zu diesen zählten Martins vier Schwestern, sein Schwager und Catherine Boëri, die aus einer der angesehensten Familien des Ortes stammte.

Die Zeugen, die Martin Guerre vor seinem Verschwinden aus Artigat gekannt hatten, strengten ihr Gedächtnis an, um sich an Dinge zu erinnern, die immerhin zwölf Jahre zurücklagen. Man würde bei Bauern ein gutes visuelles Gedächtnis erwarten, müssen sie doch zahllose Landschaften, Formen und Farben speichern, doch auch hier gingen die Meinungen wieder auseinander. Einige Zeugen behaupteten, Martin sei schlanker, größer und dunkler als der Angeklagte gewesen, er habe eine plattere Nase und eine stärker vorspringende Unterlippe sowie eine Narbe über der Augenbraue besessen, die bei diesem Betrüger nicht festzustellen war. Der Schuster brachte seine Geschichte von den unterschiedlichen Schuhgrößen vor: Martins Füße seien größer gewesen als die des Gefangenen. Andere Zeugen bestanden darauf, daß Martin Guerre einige Zähne zuviel, eine Narbe auf der Stirn und drei Warzen auf der rechten Hand gehabt habe; alle genannten Kennzeichen aber wies der Gefangene auf.

Eine große Gruppe von ungefähr sechzig Zeugen schließlich weigerte sich, den Gefangenen als den einen oder den anderen zu identifizieren. Vielleicht befürchteten sie unangenehme Folgen, wenn sie eine Position bezogen, eine Verleumdungsklage durch den Angeklagten, falls dieser freigesprochen würde, oder Ärger mit Pierre Guerre. Untereinander äußerten sie sich allerdings freimütiger: Trotz aller Aussagen über seine Lippen, seine Brauen und seine Nase sah der Angeklagte Martin Guerre tatsächlich ähnlich. Sie waren sich über seine Identität unsicher, und wie konnten sie es in einem Fall von solcher Tragweite wagen, ein Urteil abzugeben?[6]

Diese Wochen waren für die Frau, die ein Urteil begehrte, eine harte und einsame Prüfung. Sie lebte in einer fremden Umgebung, weit weg von dem neuen Martin, der Anlaß hatte, an ihrer Treue zu zweifeln. Ihre Mutter und ihr Stiefvater hofften auf ein Todesurteil oder zumindest die Galeere für den Betrüger; ihre Schwägerinnen fragten sich zweifellos, warum sie überhaupt Klage erhoben hatte. Die Ehre der Bertrande de Rols war Gegenstand eines Mahnbriefs geworden, der von den Kanzeln im ganzen Lèzetal und darüber hinaus verlesen wurde. Und bei ihrer Zeugenaussage mußte sie auf der Hut sein; sie durfte lediglich Dinge erwähnen, die der Angeklagte vorher über Martin Guerre in Erfahrung gebracht hatte, so daß er bei seinen Antworten nicht bei einem Fehler ertappt werden konnte; sie durfte aber auch nichts sagen, was sie des Ehebruchs verdächtig gemacht hätte. Vor Gericht hatte sie die leichtgläubige Frau darzustellen, eine Rolle, die Frauen vor Justizbeamten häufig spielten, wann immer sie sich einen Vorteil davon versprachen.[7]

Möglicherweise bot sich Bertrande die Gelegenheit, vor den Zeugenbefragungen in Rieux einen Anwalt zu sprechen, aber vor dem Richter, dem Gerichtsschreiber und dem königlichen Staatsanwalt war sie auf sich selbst gestellt. Selbst für eine Frau, die erhobenen Hauptes durchs Dorf ging und mit ihrer Meinung nicht hinter dem Berg hielt, war es schwer, sich in dieser Männerwelt zu behaupten. Aber sie beantwortete die Fragen des Richters über das Leben des Martin Guerre, angefangen von der verfrühten Heirat bis zum Verschwinden des jungen Mannes, und dann fügte sie von sich aus noch einige bis dahin unbekannte Einzelheiten hinzu. Der Gerichtshof mußte sich ihren Bericht über Martin Guerres Impotenz anhören und wie diese überwunden wurde, sowie die Schilderung einer noch intimeren Episode. Sie waren vor langer Zeit zu einer Hochzeit eingeladen gewesen, und da es an Ehebetten mangelte, war Bertrande gezwungen, die Nacht mit einer Base zu verbringen; mit ihrem Einverständnis stahl sich Martin in ihr Bett, nachdem die andere junge Frau eingeschlafen war. (Le Sueur beendet an dieser Stelle seinen Bericht – nicht so Bertrande, die fortfuhr zu erzählen, was sie »vor, nach und während des heimlichen Aktes unter Eheleuten« gesprochen hatten.)[8]

Bis zur Gegenüberstellung mit dem Gefangenen spielte Bertrande ihre Doppelrolle perfekt. Auch für ihn war dies eine heikle Situation, und er mußte vorsichtig Einwände gegen ihre Glaubwürdigkeit erheben: Sie war »eine achtbare und anständige Frau«, die die Wahrheit sagte, ausgenommen dann, wenn sie ihn als Betrüger bezeichnete; in diesem Punkt war sie von Pierre Guerre zum Lügen gezwungen worden. Dann stellte er ihre Liebe auf die Probe und bekundete die seine, indem er dem Richter erklärte, daß er, falls Bertrande an Eides Statt erklären sollte, er sei nicht ihr Mann Martin Guerre, jede Todesart anzunehmen bereit sei, die das Gericht über ihn verhängen würde. Und Bertrande schwieg.[9]

Während die Frau des Martin Guerre gespalten war, schien der neue Martin nie so eins mit sich wie im Verlauf des Prozesses. Er stand im Rampenlicht, alle seine Geisteskräfte waren darauf gerichtet, zu beweisen, wer er war, und es unterlief ihm kein einziger Patzer, ob er nun die Kleidung jedes einzelnen Gastes auf Martin Guerres Hochzeit beschrieb oder erzählte, wie er im Dunkel der Nacht zu Bertrande und ihrer Base ins Bett geschlüpft war. Er sprudelte über von Einzelheiten aus seiner Zeit in Frankreich und Spanien nach seinem Weggang aus Artigat und benannte zahlreiche Leute, die seinen Bericht bezeugen könnten (das Gericht überprüfte diese Angaben und fand sie bestätigt.) Seine Verwerfung der Zeugen bei den Gegenüberstellungen muß außergewöhnlich geschickt gewesen sein – »klar und triftig«, so bewertete Coras später die Art, wie er Carbon Barrau und andere Zeugen verworfen hatte, »die gegen besagten Gefangenen so ausführlich so genaue Tatsachen darlegten«.[10] Was er im einzelnen gesagt hat, müssen wir uns wohl so vorstellen: »Ich habe diesen Mann noch nie im Leben gesehen. Und wenn er wirklich mein Onkel ist, warum kann er dann nicht andere Familienmitglieder beibringen, die seine Angaben bestätigen?« sagte er vielleicht zu Carbon Barrau, und zum Schuhmacher: »Dieser Mann ist ein Zechkumpan von Pierre Guerre. Soll er doch seine Eintragungen über meine Schuhgröße vorweisen. Und wer sonst kann seine Lüge bekräftigen?«

Der Angeklagte scheint seine Verteidigung ohne Rechtsbeistand bewerkstelligt zu haben. Die Rechtsverordnung von Villars-Cotteret aus dem Jahr 1539 ließ es zu, daß dem Angeklagten in einem Strafprozeß das Recht auf einen Anwalt verweigert wurde, allerdings zeigen jüngste Untersuchungen, daß davon nicht oft Gebrauch gemacht worden ist.[11] Ein Anwalt wäre als Rechtsberater des neuen Martin in seinem Element gewesen, denn sein Fall strotzte nur so von Rechtsproblemen, von Streitpunkten, wo er hätte Verfahrensfehler enthüllen und Einspruch erheben können, angefangen bei der bewaffneten Festnahme im Morgengrauen. Aber der Prozeß dauerte nur wenige Monate, trotz des Mahnschreibens und der vielen Zeugen. Man kann vermuten, daß der Gefangene mit seiner Geschicklichkeit und seiner raschen Auffassungsgabe sofort die Art von Argumenten herausfand, die auf juristisch geschulte Leute Eindruck machen mußten. Der Angeklagte richtete seine Verteidigung auf einen Punkt aus: Pierre Guerre hasse ihn, weil er ihn wegen des Besitzes verklagt habe. Da sein Mordanschlag fehlgeschlagen sei, habe er mit seinen Schwiegersöhnen dieses Komplott gegen ihn geschmiedet und ihm ein Verbrechen angehängt: den Betrug. »Wenn je ein Gatte von seinen nahen Verwandten schlecht behandelt wurde, dann gewiß er, und zu Unrecht!«[12] Er müsse freigelassen und Pierre Guerre statt dessen als Verleumder bestraft werden, und zwar mit derselben harten Strafe, die gegen ihn, Martin, wegen Betruges verhängt werden würde.*

Nachdem die letzte Zeugengruppe gehört worden war, drängte der königliche Staatsanwalt auf einen Urteilsspruch. Das Ergebnis der Beweisaufnahme war schwierig zu beurteilen, und das Ersuchen des Richters, die Ähnlichkeit des Angeklagten mit den Schwestern und dem Sohn des Martin Guerre festzustellen, brachte auch keine Klarheit. Dem kleinen Sanxi ähnelte der Gefangene nicht, wohl aber den Schwestern. Der Schriftvergleich konnte nicht angewandt werden, denn wenn auch zufällig der Angeklagte jetzt seinen Namen schreiben konnte, so waren doch weder Pansette noch Martin Guerre früher dazu imstande gewesen (im Grunde genommen waren die wenigen Händler, neben den Notaren und den Priestern, die einzigen im Dorf, die ihre Schriftstücke namentlich unterzeichnen konnten).

Das Gericht mag erwogen haben, den Angeklagten der Folter zu unterziehen, um auf diese Weise eventuell ein Geständnis zu erlangen: Dafür verlangte das Gesetz jedoch überzeugende Beweise seiner Schuld durch die Aussage eines unbescholtenen Zeugen oder Indizienbeweise, die von

---

* Coras rechtfertigt dieses Gesetz der Vergeltung in seiner Anmerkung (S. 35), der Strafrichter Jean Imbert dagegen erklärt in seinem zeitgenössischen Handbuch der Gerichtspraxis, daß es nicht mehr in Kraft sei. Wer als Verleumder überführt war, mußte gewöhnlich öffentlich Abbitte leisten und eine Geldbuße entrichten. Angesichts der Häufigkeit von Verleumdungen wünschte sich Imbert zuweilen, daß das Gesetz der Vergeltung wieder in Kraft trete (Jean Imbert, *Institutions Forenses, ou pratique iudiciaire*. Poitiers 1563, S. 446, 498).

zwei Zeugen beigebracht wurden. Der Richter von Rieux aber ging diesen Weg nicht. Vielleicht fürchtete er einen Mißerfolg (und neue Untersuchungen über das Parlament von Paris zeigen, daß Folterung nur selten ein Schuldbekenntnis einbrachte). Vielleicht hielt er sein Beweismaterial auch ohne Geständnis für gut genug und fürchtete, daß dieser Angeklagte gegen die Verurteilung zur Folter beim Parlament von Toulouse Einspruch erheben würde.[13]

Wie dem auch sei, der Richter erklärte den Angeklagten für schuldig, Namen und Person des Martin Guerre usurpiert und Bertrande de Rols mißbraucht zu haben. Die Zivilpartei hatte verlangt, daß er Bertrande öffentlich Abbitte leiste und ihr zweitausend Pfund sowie die Gerichtskosten bezahle. Der Staatsanwalt forderte ein Todesurteil, was Bertrandes Antrag hinfällig machte. Das war nicht einmal überraschend: Die beiden Männer, die, wie berichtet, ein paar Monate lang unter dem Namen eines anderen falsche Verträge abgeschlossen hatten, waren im Jahre 1557 von der Sénéchaussée von Lyon zum Tode durch den Strang verurteilt worden. Der Richter von Rieux verurteilte den Gefangenen zur Enthauptung und Vierteilung – eine merkwürdige Auszeichnung, wenn man bedenkt, daß die Enthauptung normalerweise Adligen vorbehalten war.[14]

Der Verurteilte legte sofort beim Parlament von Toulouse Berufung ein und erklärte seine Unschuld. Kurz darauf wurde er unter Bewachung auf eigene Kosten dorthin verbracht. Der Aktenberg, der sich im Laufe des Prozesses angesammelt hatte, wurde mitgeschickt. Die Kosten trug Bertrande. Am 30. April 1560 eröffnete die Strafkammer des Parlaments das Verfahren im Fall »Martin Guerre, Gefangener in der Conciergerie«.[15]

DER PROZESS IN TOULOUSE

Das Parlament von Toulouse bestand seit einhundertsiebzehn Jahren, seine Gebäude waren gerade renoviert worden, und die Anzahl seiner Mitglieder stieg ständig. Die Macht dieser Körperschaft im Languedoc war in der Tat groß. Im Jahre 1560 entschied es nicht nur in Berufungsverfahren oder auch in erster Instanz in Zivil- und Strafprozessen und wachte über die Aktivitäten der niedrigeren Gerichtsbarkeit in seinem Bereich, es entschied vielmehr auch, wie beispielsweise mit den antikatholischen Bilderstürmern in Toulouse zu verfahren sei; es sandte Kommissare aus, die illegale Versammlungen, ungesetzliches Waffentragen, Häresie und Morde in der Diözese Lombez aufspüren und untersuchen sollten. Seine Präsidenten und Richter bildeten eine wohlhabende, gebildete Elite. Sie besaßen prächtige Häuser in Toulouse sowie Güter auf dem Land und erwarben auf die eine oder andere Weise Adelstitel. Ihre Richterroben wurden immer prunkvoller, und sie wurden mit Titeln angeredet, die von Respekt und Ehrerbietung zeugten: »*integerrimus, amplissimus, meritissimus*«, nennt Jean de Coras einen von ihnen in einer Widmung, die er geschrieben hatte, bevor er selbst in ihre Reihen aufgenommen wurde, »*eruditissimus et aequissimus*« nennt er einen anderen. Das ganze Parlament belegt er mit dem Titel »*gravissimus sanctissimusque Senatus.*«[1]

La Tournelle, wie die Strafkammer genannt wurde, war eine der fünf Kammern des Parlaments; sie war mit zehn bis elf Richtern und zwei oder drei Präsidenten besetzt, die abwechselnd Dienst taten. Unter denen, die an der Reihe waren, als die Berufungsverhandlung des »Martin Guerre« begann, befanden sich einige Kapazitäten des Gerichtshofs. Da war der Gelehrte Jean de Coras, Verfasser zahlreicher juristischer Veröffentlichungen. Dann Michel du Faur, vormals Richter in der Sénéchaussée und jetzt Parlamentspräsident; er stammte aus einer berühmten Juristenfamilie und war verheiratet mit einer Bernuy, deren Mitgift aus Gewinnen stammte, die auf dem Toulouser Pastellfarbenmarkt erzielt worden waren. Für die letzten Tage des Prozesses kam Jean de Mansencal, erster Präsident des Parlaments, persönlich von der Hauptkammer herbei. Er besaß ein prächtiges Renaissancepalais in der Stadt und hatte auch Landbesitz in der Diözese Lombez, nicht weit von Arnaud du Tilhs Geburtsort.

Die Männer, aus denen sich im Jahre 1560 die Strafkammer La Tournelle zusammensetzte, waren einander durch ihre Arbeit und sogar durch Heirat verbunden (die Tochter des Richters Etienne de Bonald war im Begriff, Mansencals Sohn zu heiraten), begannen aber auch, sich großer Differenzen bewußt zu werden, die sie trennten. Drei von den Richtern – Jean de Coras, François de Ferrières und Pierre Robert – entpuppten sich bald als standhafte Protestanten, und einige andere, wie zum Beispiel Michel du Faur, sympathisierten zumindest mit den Reformierten. Mansencal dagegen war ein loyaler Katholik, und die kompromißloseren Präsidenten Jean Daffis und Nicholas Latomy nutzten später jedes ihnen zur Verfügung stehende Mittel, um die Häresie auszumerzen.[2]

Dennoch konnten sich für kurze Zeit ihre Interessen in diesem merkwürdigen Fall treffen, der ihnen vom Gericht in Rieux überwiesen worden war. Alle verfügten sie über jahrelange Erfahrung im Parlament – der alte Simon Reynier hatte schon vierzig Jahre lang Prozessen beigewohnt, und Jean de Coras, der als letzter von ihnen ernannt worden war, war schon seit 1553 Richter. Aber hatten sie jemals einen Fall zu entscheiden, wo eine Frau behauptete, sie habe einen anderen Mann mehr als drei Jahre lang irrtümlich für ihren Ehemann gehalten? Ehebruch, Konkubinat, Bigamie, ja, das kannten sie, aber einen »untergeschobenen« Ehemann? Jean de Coras wurde von der Kammer zum Prozeßberichterstatter ernannt: Er war also beauftragt, die Rechtsprobleme genau zu prüfen, dann einen Bericht über alle Argumente vorzulegen und schließlich einen Vorschlag für einen Urteilsspruch zu unterbreiten. François de Ferrières war angewiesen, ihm bei seinen Ermittlungen und bei der Zeugenvernehmung zu helfen. Als erstes wollte das Gericht Bertrande de Rols hören, die darum gebeten hatte, vor Gericht erscheinen zu dürfen, ebenso Pierre Guerre.[3]

Während diese beiden auf dem Weg von Artigat nach Toulouse waren, saß der Mann, der immer noch hartnäckig behauptete, Martin Guerre zu sein, in Fußketten in der Conciergerie. Diese Behandlung war keineswegs ungewöhnlich; die Fluchtrate in der Conciergerie war so hoch gewesen, daß alle Gefangenen außer solchen, die Schulden gemacht oder Geldbußen nicht bezahlt hatten, in Ketten gelegt wurden, es sei denn, sie waren schwer krank. Er durfte mit jedem sprechen, der sich in Hörweite befand, und man kann sich lebhaft vorstellen, wie er mit seinem unermüdlichen Mundwerk die Männer ergötzte, die mit ihm im Gefängnis saßen: ein angeblicher Kindesentführer aus Carcassonne, ein Notar, ein Priester und ein Sporenmacher aus Pamiers, alle der Häresie angeklagt, sowie zwei seltsame Männer, die behaupteten, aus »Astaraps in Klein-Ägypten« zu stammen.

Anfang Mai wurden Bertrande und Pierre vernommen, dann wurden sie vor versammelter Kammer nacheinander dem Angeklagten gegenübergestellt. Es scheint dabei keine Sprachprobleme gegeben zu haben, denn offenbar wurde die Verhandlung in der Mundart der Gegend geführt: Alle Mitglieder des Gerichts stammten aus der Region. Bertrande begann mit einer Erklärung, die darauf abzielte, die Richter davon zu überzeugen, daß sie niemals die Komplizin des Angeklagten gewesen sei; sie sei sich dessen bewußt, daß ihre Ehre beschmutzt sei, alles sei aber nur geschehen, weil andere ein übles Spiel mit ihr getrieben hätten. Sie sprach mit zitternder Stimme, die Augen zu Boden gesenkt (*»defixis in terram oculis satis trepidè«*). Darauf richtete der Gefangene lebhaft (*»alacriori vultu«*) und voller Zuneigung das Wort an sie und sagte, er wolle nicht, daß ihr ein Leid geschehe, und er wisse wohl, daß die ganze Sache von ihrem Onkel inszeniert worden sei. Er zeigte eine »so selbstsichere« Miene, erklärt Coras, »weit mehr als besagte de Rols, so daß nur wenige der anwesenden Richter sich nicht davon überzeugen ließen, daß der Gefangene der wahre Ehemann sei und daß ein Betrug vielmehr auf seiten der Frau und des Onkels vorlag«. Nach den beiden Gegenüberstellungen ließ die Strafkammer Pierre und Bertrande gefangensetzen, Pierre vermutlich nicht zu nahe bei »Martin Guerre« und Bertrande im Frauentrakt der Conciergerie.[5]

Dann wurden wieder und wieder die Einzelheiten aus Martin Guerres Leben aufgezählt. Coras und Ferrières befragten zuerst Bertrande. Wenn sie ihn zu diesem Zeitpunkt hätte verraten wollen, so hätte sie nur eine Geschichte zu erzählen brauchen, die er nicht wiederholen konnte; statt dessen hielt sie sich an den Text, auf den sie sich Monate zuvor geeinigt hatten. Dann befragten sie eingehend den Angeklagten und versuchten vergeblich, ihn in einen Widerspruch zu locken.* Coras berichtet:

»Diese Aussagen, die hier lang und breit beredet wurden,

---

* »Manchmal darf ein Richter zur Lüge greifen, um dadurch die Wahrheit über Vergehen und Verbrechen ans Licht zu bringen«, schrieb später ein Richter des Parlaments von Toulouse (Bernard de La Roche-Flavin, *Treize livres des Parlemens de France*. Genève 1621, Buch 8, Kap. 39).

und die Vielzahl so wahrhafter Zeichen versetzten die Richter in die Lage, sich von der Unschuld des Besagten zu überzeugen und darüber hinaus sein erstaunliches Gedächtnis zu bewundern, das ihn befähigt hatte, zahllose Ereignisse zu berichten, die doch mehr als zwanzig Jahre zurücklagen. Die Kommissare, die mit allen ihnen zur Verfügung stehenden Mitteln versuchten, ihn einer Lüge zu überführen, vermochten indes nichts über ihn, noch konnten sie ihn dazu bringen, anders als wahrheitsgemäß auf alles zu antworten...«.[6]

Zeugen mußten selbstverständlich auch gehört werden, und ungefähr fünfundzwanzig bis dreißig, von denen einige bereits ausgesagt hatten, wurden von den Kommissaren vernommen. Dann folgten erneut Gegenüberstellungen mit dem Angeklagten. Carbon Barrau weinte, als er den Gefangenen in Ketten sah, aber »Martin Guerre« focht seine Aussage genauso an, wie er es bereits zuvor getan hatte. Ende des Monats wurden etwa sieben Zeugen nach Toulouse einberufen, um insbesondere Bertrande gegenübergestellt zu werden. Sie war nun selbst eine Gefangene und mußte in dieser schimpflichen Lage ihrer Schwägerin Jeanne Guerre und bedeutenden Männern aus dem Lèzetal wie Jean Loze und Jean Banquels gegenübertreten, die vermutlich aussagen sollten, ob sie unter Zwang gehandelt hatte oder nicht.[7]

Im Laufe des Sommers 1560 überprüfte Jean de Coras sorgfältig alles Beweismaterial und wählte aus, was er davon in seinem Bericht vorbringen wollte. Sich mit diesem neuen Fall zu beschäftigen, war ihm wohl eine willkommene Abwechslung. Seine bedeutende Abhandlung *De iuris Arte* war bereits erschienen, und er hatte noch nichts Neues in Arbeit. Mittlerweile hatte sich die politische Lage in Frankreich infolge der wenige Monate zuvor fehlgeschlagenen protestantischen Verschwörung von Amboise verschärft, und Toulouse selbst wurde erschüttert von Zusammenstößen zwischen Anhängern des neuen und Anhängern des alten Glaubens.

An manchen Tagen, wenn Häretiker abgeurteilt wurden, blieb er der Kammer fern.[8] Er wußte, auf welcher Seite hier die Wahrheit lag, war aber noch nicht so weit, sein ganzes Gewicht für die Sache des neuen Glaubens in die Waagschale zu werfen. Im Augenblick war es leichter, die Wahrheit über die Identität eines Mannes herauszufinden.

Die zusätzlichen Zeugenaussagen brachten auch nicht mehr Licht in die Sache: Neun oder zehn waren sicher, daß der Gefangene Martin Guerre war, sieben oder acht sagten aus, er sei Arnaud du Tilh, der Rest konnte sich nicht entscheiden. Coras machte sich an die systematische Untersuchung der Zeugen und ihrer Aussagen; dies muß er im Urteil von Rieux vermißt haben. Das Argument der Zahl sprach in beiden Prozessen gegen den Angeklagten. Was jedoch zählte, war nicht die Anzahl der Zeugenaussagen, sondern die Qualität der Zeugen – ob es integre Leute waren, denen es um die Wahrheit zu tun war, oder ob sie lediglich von Leidenschaft, Furcht oder persönlichen Interessen geleitet waren – und die Wahrscheinlichkeit ihrer Aussage. In diesem besonderen Fall maß Coras der Aussage naher Verwandter den größten Wert bei.* Sie mußten eigentlich am ehesten in der Lage sein, einen Menschen zu erkennen, »wegen der Verwandtschaft des Blutes« und weil sie mit ihm aufgewachsen waren. Aber in diesem Falle gab es Verwandte, die ihn als Martin, und andere, die ihn als Arnaud identifizierten.

Um jemanden verurteilen zu können, mußte ein Gericht den Beweis haben, daß das Verbrechen wirklich begangen worden und der Angeklagte tatsächlich der Täter war. Nicht einmal ein Geständnis genügte, wenn keine Zeugenaussagen vorlagen, denn der Angeklagte sagte ja nicht unbedingt die Wahrheit, ob er nun der Folter unterzogen worden war oder nicht. Hier lag jedenfalls kein Geständnis vor. Konnte also

---

* Zum Problem der Aussage naher Verwandter in einem Strafverfahren und über die Brüder des Arnaud du Tilh vgl. S. 110.

die Beweisfeststellung nach der traditionellen Regel vorgenommen werden, wonach die Aussage zweier glaubwürdiger Zeugen über beobachtete Vorgänge erforderlich waren? Coras verfügte zwar über einige präzis beglaubigte Aussagen, doch überall stieß er auf Schwierigkeiten. Pelegrin de Liberos zum Beispiel beschwor, daß der Angeklagte auf den Namen Arnaud du Tilh reagiert und ihm zwei Taschentücher für seinen Bruder Jean gegeben habe; er war aber der einzige, der dies bezeugte, und er war außerdem vom Angeklagten erfolgreich verworfen worden. Zwei Leute sagten aus, sie hätten den Soldaten aus Rochefort berichten hören, daß Martin Guerre in der Schlacht von Saint-Quentin ein Bein verloren habe; da es sich dabei aber nur um ein Gerücht handelte, konnte man dieser Aussage nicht viel Gewicht beimessen.

Der Beweis des Augenscheins, der im 16. Jahrhundert in Strafprozessen Anwendung fand, wenngleich er nicht Bestandteil der mittelalterlichen Theorie der Beweisfeststellung war, brachte ebenfalls keine eindeutige Antwort. Das meiste beruhte auf Aussagen von Zeugen, die berichteten, wie Martin Guerre ausgesehen habe, und diese konnten gelogen haben oder waren einfach von ihrem Gedächtnis im Stich gelassen worden. Diejenigen, die behaupteten, der Gefangene weise dieselben Kennzeichen und Narben wie Martin Guerre auf, bezogen sich jeweils auf eine andere Warze oder einen anderen Fingernagel; es gab keine zwei Aussagen, die übereinstimmten. Wenn andererseits richtig war, daß der junge Martin Guerre dünnere Beine gehabt hatte als der Angeklagte, so lehrte doch die Erfahrung, daß Leute, die in ihrer Jugend schlank gewesen waren, mit zunehmendem Alter oft dicker wurden. Daß der Angeklagte das Baskische fast überhaupt nicht beherrschte, konnte bedeuten, daß er nicht Martin Guerre war, weil es unwahrscheinlich war, »daß ein gebürtiger Baske sich nicht in seiner eigenen Sprache ausdrükken konnte«, es konnte aber auch einfach heißen, daß er die Muttersprache seiner Eltern nie wirklich gelernt hatte, da er den Labourd bereits als kleiner Junge verlassen hatte.[9]

Coras befand sich in »großer Ratlosigkeit«, als Berichterstatter mußte er aber eine Empfehlung formulieren. Je mehr er über die Beweismittel nachdachte, desto wahrscheinlicher schien es ihm, daß der Angeklagte der war, für den er sich ausgab, und daß das Urteil des Richters von Rieux revidiert werden mußte.

Zunächst machte er sich Gedanken über die Glaubwürdigkeit von Bertrande als Zeugin. Sie war eine Frau, die »tugendsam und ehrbar« gelebt hatte, wie in dem Mahnbrief bestätigt worden war. Sie hatte mehr als drei Jahre lang mit dem Angeklagten das Bett geteilt und »angesichts dieses langen Zeitraums ist es unwahrscheinlich, daß die besagte de Rols ihn nicht als Fremden erkannt hätte, wenn der Gefangene nicht der wahre Martin Guerre gewesen wäre«. Monatelang hatte sie gegenüber ihrem Stiefvater und ihrer Mutter standhaft behauptet, daß er ihr Ehemann sei, hatte ihn sogar mit ihrem eigenen Körper vor Unbill geschützt und ihn noch wenige Stunden, bevor sie die Klage unterzeichnete, in ihrem Bett empfangen. Dann hatte sie sich vor dem Richter in Rieux geweigert, zu schwören, daß er nicht Martin Guerre sei. Dies trug zwar in keiner Weise zur Wahrheitsfindung bei, denn in Strafprozessen ist »der Eid als Beweis nicht zulässig«, es war jedoch bezeichnend für ihren Gefühlszustand, und der Eindruck, den sie erweckte, wurde noch verstärkt durch ihr unsicheres Auftreten und ihre Nervosität während ihrer Gegenüberstellung mit dem Angeklagten vor der Strafkammer im Mai desselben Jahres. Es schien einleuchtend, daß Bertrande, wie man sie früher selbst hatte behaupten hören, zu einer falschen Anklage gezwungen worden war.[10]

Dann nahm er sich Pierre Guerre vor. Man fragt sich,

was sich abspielte, als der Jurist aus Réalmont den alten Ziegelbrenner aus Artigat mit dem baskischen Akzent verhörte. Wie drückte der Onkel seinen Zorn und seinen Groll gegen den Betrüger aus und wie beeinflußte dies die Empfehlung von Coras, der das »Betragen« eines Zeugen als Gradmesser der Vertrauenswürdigkeit ansah, Pierre Guerre in Ketten zu legen? Auf jeden Fall warf die Zeugenaussage, die er vor sich liegen hatte, nicht das beste Licht auf diesen Mann. Der Rechtsstreit um die Abrechnungen und seine Folgen befand sich in der Akte und lieferte ein handfestes Motiv für eine Verleumdung. Pierre selbst hatte gestanden, daß er fälschlich als Bertrandes Bevollmächtigter vor dem Richter in Rieux aufgetreten war. Der Mordanschlag, den er zusammen mit seiner Frau und seinen Schwiegersöhnen ausgeheckt hatte, war »von verschiedenen Zeugen« bestätigt worden, darunter auch von dem ehrenwerten Jean Loze. Dies war ein hinreichender Beweis, der dazu berechtigte, Pierre Guerre der Folter unterziehen zu lassen, um ihn zu einem Geständnis des versuchten Mordes, der verleumderischen Anklage und der Anstiftung zum Meineid zu bringen. In der Tat behauptet Le Sueur, daß die Strafkammer einen solchen Schritt erwogen habe, doch es kam nicht so weit. Coras jedenfalls betrachtete falsche Anklage als ein schweres und zu häufig begangenes Verbrechen, und in dem vorsätzlichen Plan, seinem Nächsten Schaden zuzufügen, sah er einen Verstoß gegen Gottes achtes Gebot.[11]

Schließlich blieb noch der Angeklagte. Viele Beweise sprachen zu seinen Gunsten. Coras betrachtete die vier Schwestern des Martin Guerre als außergewöhnlich gute Zeugen, »gute und ehrbare Frauen wie nur irgendeine in der Gascogne, die stets bei der Aussage blieben, daß der Gefangene mit Sicherheit ihr Bruder Martin sei«. (Ihre Unterstützung des Martin Guerre mag Coras besonders uneigennützig erschienen sein, denn sie hätten sogar geringere Chancen gehabt, etwas vom Besitz der Guerre zu erben, falls Martin noch einen weiteren Sohn bekommen hätte.) Seine Ähnlichkeit mit ihnen schien aussagekräftiger als die mangelnde Ähnlichkeit mit Sanxi, sagte Coras, denn der Altersunterschied zwischen ihnen war relativ gering, während Sanxi erst ein Junge von dreizehn Jahren war. Außerdem war da die nachgeprüfte Tatsache, daß sich der Gefangene mit Bestimmtheit an alle Einzelheiten aus dem Leben des Martin Guerre erinnerte, einschließlich der intimen Details, die die Klägerin selbst angegeben hatte. Die Berichte, daß Arnaud du Tilh ein liederlicher Bursche gewesen sei, »jeder Art von Ausschweifung ergeben«, schadete dem Gefangenen nicht, eher im Gegenteil, denn er wirkte überhaupt nicht wie der so beschriebene Mann.

Eine Entscheidung zugunsten des Angeklagten würde dem römischen Rechtsgrundsatz entsprechen, »daß es besser ist, einen Schuldigen unbestraft ziehen zu lassen, als einen Unschuldigen zu verurteilen«. Und was noch wichtiger war: Eine solche Entscheidung würde einer Tendenz im Zivilrecht Rechnung tragen, die von den französischen Gerichten im 16. Jahrhundert sehr ernst genommen wurde; sie würde nämlich die Ehe und die daraus hervorgegangenen Kinder begünstigen. »In Zweifelsfällen«, sagte Coras, »gibt der Vorteil für die Ehe oder die Kinder den Ausschlag«. Bertrande hätte einen Ehemann, Sanxi und Bernarde hätten einen Vater.[12]

Die Strafkammer war im Begriff, den Fall abzuschließen, da die Meinungen »mehr zugunsten des Gefangenen neigten und gegen besagten Pierre Guerre und de Rols«,[13] als ein Mann mit einem Holzbein im Gerichtsgebäude von Toulouse erschien. Er sagte, sein Name sei Martin Guerre.

DIE WIEDERKEHR DES MARTIN GUERRE

Nachdem ihm in der Schlacht von Saint-Quentin ein Bein abgeschossen worden war, hatte Martin Guerre zweifach Glück im Unglück: Er starb nicht an seiner Wunde, sondern überlebte die Behandlung des Feldschers und konnte schließlich auf einem Holzbein herumhumpeln. Dann hatte er ein zweites Mal Glück, als sein Herr Pedro de Mendoza oder dessen Bruder, der Kardinal, Philipp II. um Unterstützung für Martin ersuchte, der nun stark behindert war. Als Entschädigung für seine Dienste verschaffte ihm der spanische König eine Lebensstellung als Laienbruder in einem der Häuser des Johanniterordens. Dieser Orden hatte die strengsten Aufnahmebedingungen im Land, nur Ritter mit Adelstitel wurden aufgenommen; die Bankiers von Burgos baten vergebens um eine Lockerung dieser Regel.[1] Martin Guerre war also wie zuvor ein kleines Rädchen in einer Männerwelt, die von Aristokraten beherrscht war.

Warum beschloß er nach einer Abwesenheit von zwölf Jahren, auf seinem Holzbein die Pyrenäen zu überqueren und an sein altes Leben anzuknüpfen? Dies ist das größte Rätsel in der Geschichte des Martin Guerre. Coras sagt nichts über seine Gründe, doch gibt er zu verstehen, daß Martin den Betrug erst nach seiner Rückkehr entdeckte. Le Sueur behauptet, daß er zuerst nach Artigat ging, dort hörte, was geschehen war, und sofort mit Sanxi nach Toulouse aufbrach. Le Sueurs Bericht wirft jedoch eine Reihe von Fragen auf, denn so läßt sich zum Beispiel die Überraschung der Schwestern gegen Ende des Prozesses nur schwer erklären.

Es ist immerhin möglich, daß Martin Guerre durch Zufall im richtigen Augenblick auftauchte. Es kann gut sein, daß er die niedere Stellung eines einfachen Laienbruders innerhalb der Klostermauern leid war und es angesichts seines Gebrechens vorzog, im Schoße seiner Familie eine gewisse Autorität auszuüben. Im Jahr zuvor war der Friede von Câteau-Cambrésis zwischen Spanien, Frankreich und England unterzeichnet worden, und der Kardinal von Burgos war von Philipp II. beauftragt worden, seine Braut Elisabeth de Valois im Dezember 1559 an der französischen Grenze in Empfang zu nehmen. Martin Guerre konnte also hoffen, in dieser Zeit allgemeiner Versöhnung für seine Dienste in spanischem Sold Verzeihung zu erlangen.[2]

Überzeugender scheint mir die Annahme, daß er vor seiner Rückkehr vom Prozeß gehört hat. Pierre Guerre hat womöglich versucht, ausfindig zu machen, ob Martin Guerre noch am Leben war, um ihm eine Nachricht zukommen zu lassen. Der Fall verbreitete sich wie ein Lauffeuer in den Dörfern des Languedoc, und der Richter von Rieux hatte Untersuchungsbeamte bis nach Spanien hinunter geschickt, um die Aussagen des neuen Martin über seinen dortigen Aufenthalt zu überprüfen. Die Bürger von Toulouse und Juristen von überallher sprachen ebenfalls über diese Affäre, obwohl von den Beratungen der Richter vermutlich nichts nach außen dringen durfte und der Prozeß bis auf die Schlußsitzung unter Ausschluß der Öffentlichkeit stattfand. Irgendwelche Gerüchte konnten auch dem echten Martin Guerre zu Ohren gekommen sein über den Johanniterorden, der mehrere Niederlassungen im Languedoc und in der Grafschaft von Foix besaß.[3]

Wer bin ich eigentlich, muß sich Martin Guerre gefragt haben, wenn ein anderer das Leben lebt, das ich aufgegeben habe, wenn er im Begriff ist, als Erbe meines Vaters Sanxi, als Mann meiner Frau und Vater meines Sohnes anerkannt zu werden? Der echte Martin Guerre mag zurückgekehrt sein, um seine Identität, seine Person wieder in Besitz zu nehmen, bevor es zu spät war.

Als er Ende Juli in Toulouse eintraf, wurde er von der Parlamentswache in Gewahrsam genommen; dann begannen die Vernehmungen. »Fremdling«, soll der Angeklagte zu Beginn seiner Gegenüberstellung mit dem Mann aus Spanien ausgerufen haben, »du Lump, du Halunke! Dieser Mann ist für bares Geld gekauft und von Pierre Guerre unterwiesen.« In letzter Minute sei er gekommen, um die heiligen Bande der Ehe zu zerstören. Wenn es ihm nicht gelinge, dem »Herausforderer« die Maske vom Gesicht zu reißen, so wolle er gehenkt werden. Und, seltsam genug, der Mann mit dem Holzbein erinnerte sich weniger gut an die Ereignisse im Hause des Martin Guerre als der Gefangene.[4]

Dies war ein Augenblick des Triumphes für den, der einstmals auf den Namen Pansette gehört hatte. Es wäre falsch, wollte man in seinem Verhalten an diesem Tag und in den folgenden Wochen nur den verzweifelten Versuch eines Mannes sehen, seinen Kopf zu retten. Nicht so sehr Tod oder Leben stand auf dem Spiel: er verteidigte hier die Identität, die er sich geschaffen hatte, gegen einen Fremden.

Coras und Ferrières verhörten die beiden einzeln zehn- oder zwölfmal, stellten dem Neuankömmling Fangfragen zu bisher nicht angesprochenen Vorgängen, überprüften die Antworten und stellten fest, daß der Angeklagte sich genausogut aus der Affäre zog. Der Angeklagte schien mit magischen Kräften im Bunde zu stehen. Präsident de Mansencal versuchte, ihn aus der Fassung zu bringen, indem er ihn frug, auf welche Weise er den bösen Geist angerufen habe, von dem ihm so viel über die Leute von Artigat eingeflüstert worden sei. Coras berichtet, daß er erbleichte und einen Augenblick zögerte, was in den Augen des Richters einem Schuldbekenntnis gleichkam.[5] Ich glaube jedoch, daß diese

Reaktion seinem Gespür für Gefahr entsprang, aber auch dem Zorn darüber, daß seine natürlichen Fähigkeiten so sehr verkannt wurden.

Dann schritt die Strafkammer zu den letzten Gegenüberstellungen. Carbon Barrau wurde noch einmal aufgerufen, und dieses Mal auch die Brüder von Arnaud du Tilh, wobei hier gegen einen mittelalterlichen Rechtsgrundsatz verstoßen wurde, demzufolge Brüder in einem Strafprozeß nicht gegeneinander aussagen durften (was im 16. Jahrhundert jedoch immer häufiger der Fall war). Die Brüder du Tilh zogen es jedoch vor, zu fliehen, statt in Toulouse zu erscheinen.

Für Pierre Guerre, dem die Monate im Gefängnis ziemlich zugesetzt hatten, inszenierten die Kommissare eine theatralische Probe. Der Neuankömmling wurde mitten in eine Gruppe von Männern gestellt, die alle wie er gekleidet waren. Pierre erkannte seinen Neffen, weinte und war froh, daß sich das Blatt zu seinen Gunsten gewendet hatte.

Für die Schwestern wurden die beiden Martins nebeneinander aufgestellt. Als erste wurde Jeanne aufgerufen. Nachdem sie den Einbeinigen eine Weile betrachtet hatte, sagte sie: »Dies ist mein Bruder Martin Guerre.« Sie sei die ganze Zeit von dem Verräter, der ihm so ähnlich sah, irregeführt worden. Sie umarmte Martin, Bruder und Schwester weinten, und dieselbe Szene spielte sich mit den anderen Schwestern ab.

Schließlich kam die Reihe an Bertrande de Rols. War ihre Widerstandskraft erlahmt in den drei Monaten, die sie in der Conciergerie verbracht hatte? Sie war abgemagert und krank, aber immerhin gab es einige Frauen unter ihren Mitgefangenen, die der Ketzerei angeklagt waren, so daß sie wenigstens Gelegenheit hatte, mit ihnen über das Evangelium zu sprechen. Eine von ihnen war eine begüterte Frau, die gleichfalls als Klägerin eingesperrt war. Eine andere Gefangene verschwand für einige Zeit aus dem Gefängnis, um zu entbinden.[7] Es war eine Welt von Frauen, was Bertrande vielleicht an die Zeit erinnerte, als sie auf die Rückkehr von Martin Guerre gewartet hatte. Sie war hinreichend gewappnet, wie immer auch ihre Sache ausgehen sollte: Als sie vor der Strafkammer zu erscheinen hatte, war sie demnach in der Lage, ihre Rolle recht gut zu spielen.

Als sie jedoch den Neuankömmling erblickte, begann sie zu zittern und brach in Tränen aus (so jedenfalls Coras, der es als guter Richter für seine Pflicht hielt, jede Äußerung der Zeugen festzuhalten). Sie lief auf ihn zu, umarmte ihn und bat um Verzeihung für ihre Verfehlung, die sie begangen habe aus Unvernunft und weil sie den Schlichen und den Verführungskünsten Arnaud du Tilhs erlegen sei. Und hervor sprudelten all die Entschuldigungen, die sie vorbereitet hatte: Eure Schwestern glaubten ihm allzu bereitwillig; Euer Onkel hat ihn als seinen Neffen erkannt; die Sehnsucht, meinen Mann wiederzufinden, war so stark, daß ich ihm geglaubt habe, um so mehr, als er intime Kenntnisse über mich hatte; als ich begriff, daß er ein Betrüger war, wünschte ich mir den Tod, und ich hätte mich umgebracht, hätte es mir nicht die Gottesfurcht verboten; als mir klar wurde, daß meine Ehre geschändet war, habe ich Klage gegen ihn erhoben.

Martin Guerre zeigte keinerlei Rührung angesichts der Tränen von Bertrande de Rols, und mit steinerner Miene (vielleicht erinnerte er sich an die spanischen Kanzelprediger, die er erlebt hatte) sagte er zu ihr: »Laßt diese Tränen... Und entschuldigt Euch nicht mit meinen Schwestern noch mit meinem Oheim: denn weder Vater noch Mutter, weder Oheim, Schwester noch Bruder müssen ihren Sohn, Neffen oder Bruder besser kennen, als die Frau ihren Mann kennen muß. Und niemand anderes hat Schuld als Ihr am Unheil, das über unser Haus gekommen ist.« Coras und Ferrières erinnerten ihn daran, daß auch er einen Teil der Schuld trug, hatte er doch Bertrande verlassen; er aber blieb unerbittlich.[8]

Nun war bewiesen, wer der richtige Martin Guerre war. Auch ohne Geständnis besaß das Gericht genügend Beweise, um einen endgültigen Spruch zu fällen. Jean de Coras schrieb seinen Bericht neu und verfaßte ein Urteil; die Strafkammer einigte sich auf folgenden Text: Arnaud du Tilh alias Pansette wurde für schuldig erkannt »des Betruges und der falschen Annahme von Namen und Person und des Ehebruchs«.[9] Der Verdacht auf Magie und Anrufung des Teufels, der in den letzten Wochen des Prozesses auf ihm gelastet hatte, wurde im Urteil nicht erwähnt. Du Tilh wurde dazu verurteilt, in Artigat *amende honorable*, öffentliche Abbitte, zu leisten und dann ebendort hingerichtet zu werden.

Das Todesurteil gab zweifellos einigen Anlaß zu Debatten unter den Richtern. Eine Freiheitsstrafe kam für Arnaud du Tilh natürlich nicht in Betracht, denn das Gefängnis war Delinquenten, die auf ihren Prozeß warteten, und verurteilten Schuldnern vorbehalten. Man hatte die Wahl zwischen Geldstrafen, verschiedenen Körperstrafen (Auspeitschung, Brandmarkung, Verstümmelung), Verbannung, Galeere und Tod. Im vorliegenden Fall konnte sich Coras praktisch auf keinen einzigen französischen Gesetzestext stützen, denn die »Annahme von Namen und Person« war, abgesehen vom speziellen Fall der Unterschriftenfälschung, ein kaum behandeltes Thema in der juristischen Literatur. Die alten Texte divergierten erheblich, einige betrachteten diese Art von Betrug als Spiel, das keine Bestrafung verdiene, andere sahen eine milde Strafe vor, wieder andere plädierten für Verbannung und nur ganz wenige für die Todesstrafe. Ein königliches Edikt aus dem Jahre 1532 erklärte die Todesstrafe für zulässig bei den überhandnehmenden Fällen von Vertragsfälschung und Meineid, aber die Praxis der Rechtsprechung

Erste Darstellung des Falls im Bild. Die Kleidung des Paares zeigt allerdings einen höheren Rang an, als es der Wirklichkeit entsprach

war uneinheitlich. Coras hat sicher gewußt, was 1557 in der Berufungsverhandlung gegen die beiden Betrüger aus Lyon mit dem Todesurteil, das die Sénéchaussée von Lyon verhängt hatte, geschehen war: Das Parlament von Paris hob das Urteil auf und setzte das Strafmaß auf Auspeitschung und neun Jahre Galeere herab. Als die Sénéchaussée das nächste Mal einen Betrüger abzuurteilen hatte, den Griechen Citracha, der die einem Toten geschuldeten Gelder eingetrieben hatte, verurteilte sie ihn zur Rückerstattung aller zu Unrecht eingezogenen Gelder, zur Zahlung von fünfhundert Pfund an den König und zur Verbannung aus Frankreich.[10]

Das Verbrechen des Arnaud du Tilh war indes schwerwiegender. Es umfaßte auch Erbschleicherei, was vergleichbar war mit der Unterschiebung eines außerehelichen Kindes durch die Ehefrau, das damit erbberechtigt werden sollte. Ja mehr noch, er hatte Ehebruch begangen, ein Verbrechen, das nach Coras strenger und konsequenter geahndet werden sollte. Das Parlament von Toulouse verhängte Todesurteile über Ehebrecher nur dann, wenn Standesgrenzen eklatant verletzt worden waren, so zum Beispiel im Jahre 1553, als ein Anwaltsgehilfe zum Tode durch den Strang verurteilt worden war, weil er mit der Frau seines Herrn geschlafen hatte, und im Jahre 1556, als eine Gutsbesitzersgattin des Ehebruchs mit einem ihrer Pächter überführt worden war (beide wurden gehängt).[11]

Aus diesen Erwägungen heraus kam es zum Todesurteil für Arnaud, einer Entscheidung, deretwegen zumindest einer der Juristen später das Gericht tadelte. Er sollte allerdings nicht enthauptet werden, wie es der Richter von Rieux verfügt hatte, sondern gehenkt, wie es einem gewöhnlichen Bürger, der hinterhältiger Schurkerei überführt war, zukam. Das Gericht wollte zwar nicht so weit gehen, ihn bei lebendigem Leibe verbrennen zu lassen, aber wegen seines verabscheuungswürdigen Verbrechens sollte sein Leichnam verbrannt werden, »damit das Andenken eines so unseligen und elenden Schurken gänzlich ausgelöscht werde und vergehe«.

In mehrfacher Hinsicht hatte die Strafkammer die Interessen des Arnaud du Tilh berücksichtigt. Dieses Vorgehen erleichterte die Sache für Martin Guerre und Bertrande de Rols, aber gleichzeitig zeugte es vom uneingestandenen Respekt der Richter für den Mann, der sie mit seiner Verteidigung geblendet hatte. Seine Tochter Bernarde wurde für legitim erklärt, denn das Gericht beschloß, Bertrandes Behauptung Glauben zu schenken, sie sei fest davon überzeugt gewesen, mit Martin Guerre Verkehr gehabt zu haben, als sie das Kind empfangen hatte. Hierfür gab es zahlreiche Präzedenzfälle. Ein Kind war nur dann wirklich ein Bastard, wenn sich beide Elternteile der Umstände bewußt waren; so wurden beispielsweise die Kinder einer Frau, die nichtsahnend einen Priester geheiratet hatte, für ehelich erklärt.

Ungewöhnlich war hingegen, daß das Gericht den Besitz und die Güter des Arnaud du Tilh in der Diözese Lombez nicht konfiszierte und dem König übereignete, was fast stets geschah, wenn ein Verbrecher zum Tode verurteilt war. Statt dessen wurde der Besitz nach Abzug der Gerichtskosten, die Bertrande zurückzuerstatten waren, ihrem gemeinsamen Kind Bernarde zugesprochen.[12]

Darüber hinaus wurde dem Verurteilten die sogenannte *question préalable* erspart, die vor einer Hinrichtung übliche Folter, deren Zweck es war, die Namen der Komplizen zu erfahren. Coras empfahl in gewissen Fällen die Folter; im selben Jahr hatte er mit dem Präsidenten Daffis ein Urteil unterschrieben, das vorsah, daß ein gewisser Jean Thomas alias Le Provincial »der peinlichen Befragung unterworfen wird, um aus seinem Munde die Wahrheit über die ihm zur Last gelegten Ausschweifungen, Verbrechen und Hexenwerke zu vernehmen«.[13] Das Gericht mag im Falle du Tilh der Ansicht gewesen sein, daß der Widerstand dieses erstaunlichen Mannes wahrscheinlich nicht zu brechen war – und wenn doch, so wollten die Richter sicher nicht, daß er noch in letzter Minute Bertrande de Rols als Komplizin angab.

Die Kammer hatte nämlich zu entscheiden, wie mit der Gefangenen zu verfahren war. Was konnte man über diese schöne Frau sagen, die so leicht zu täuschen war und so hartnäckig auf ihrem Irrtum beharrte? Nach langen Debatten gestanden ihr die Richter zu, in gutem Glauben gehandelt zu haben; schließlich war ja das weibliche Geschlecht schwach. Sie wurde also nicht wegen Betrugs, Bigamie oder Ehebruchs zur Rechenschaft gezogen (für letzteres wäre sie unter diesen Umständen vermutlich ins Kloster gesteckt worden, bis ihr Ehemann bereit war, sie wieder aufzunehmen), und ihre Tochter wurde für legitim erklärt.

Was Martin Guerre anlangt, so überlegte das Gericht reiflich, ob gegen ihn Vorwürfe erhoben werden mußten, weil er seine Familie so viele Jahre lang alleingelassen und auf seiten der Feinde Frankreichs gekämpft hatte. Sie entschieden schließlich, daß sein Verschwinden seiner Jugend zugute gehalten werden konnte, »der Hitze und dem Leichtsinn der Jugend, die damals sein Blut in Wallung brachten«, und daß seine Dienste für Philipp II. eher seinen Herren zum Vorwurf gemacht werden mußte, denen zu gehorchen er als Lakai verpflichtet war, als daß es dem Bedürfnis entsprang, »sich an seinem natürlichen Fürsten zu vergehen«. Wenn man berücksichtigte, was mit seinem Bein, seinem Hab und Gut und seiner Frau geschehen war, so war er schon gestraft genug.

Auch Pierre Guerre wurde weder für sein unrechtmäßiges Auftreten als Bertrandes Bevollmächtigter noch für seinen Anschlag auf das Leben von Arnaud du Tilh belangt. Er hatte ja schon Gut und Leben aufs Spiel gesetzt, als er den Prozeß gegen den Betrüger vorantrieb: Hätte er ihn verloren – und er war nahe daran –, so hätte er eine schwere Strafe wegen falscher Anklage zu gewärtigen gehabt.¹⁴

Das Schlußurteil war ganz den Kriterien entsprechend angelegt, die Coras zuvor geleitet hatten, als er ein Urteil zugunsten des neuen Martin vorschlagen wollte: Es stärkte die Institution der Ehe und trat für die aus ihr hervorgegangenen Kinder ein. Am 11. September wurden Bertrande de Rols, Martin Guerre und Arnaud du Tilh vom Präsidenten de Mansencal vor das versammelte Gericht vorgeladen. Pansette beharrte immer noch darauf, er sei Martin Guerre, unbeeindruckt von allem, was der Präsident vorbrachte. Mansencal bemühte sich, Bertrande und Martin zu versöhnen; er erteilte ihnen einen scharfen Verweis wegen ihrer Verfehlungen und suchte sie zu bewegen, die Vergangenheit ruhen zu lassen. Mehrfach wurde er vom Angeklagten unterbrochen, der gegen jedes seiner Worte Einspruch erhob.

Dies war der jämmerlichste Auftritt des neuen Martin – vielleicht aber auch sein aufrichtigster; er hatte das Spiel verloren, und der eifersüchtige Ehemann war nun er. Dem Gericht kam er jetzt dreist und ausfallend, und dieses Verhalten führte in letzter Minute zu einer Abänderung des Urteils.¹⁵ Es war beabsichtigt, ihn zu zweimaliger öffentlicher Abbitte zu verurteilen, einmal vor der Kammer und einmal in Artigat. Nun wurde die erste gestrichen; denn wer konnte wissen, was er vor dem Gericht noch alles sagen würde?*

* Coras' Bericht ist in diesem Punkt höchst eigenartig. Warum wollte man Arnaud du Tilhs ausfälliges Verhalten mit der Aufhebung einer der beiden Abbitten bestrafen? Wäre es nicht angemessener gewesen, die Abbitte vor Gericht in eine noch demütigendere in Artigat umzuwandeln? Entweder stellt Coras hier die Ereignisse ungenau dar, oder wir haben es mit einem weiteren Beispiel für die gemischten Gefühle der Richter gegenüber dem bemerkenswerten Arnaud du Tilh zu tun.

Am 12. September, dem Tag der Urteilsverkündung, öffnete das Parlament dem Publikum seine Tore. Eine ungeheure Menschenmenge strömte in den Gerichtssaal; darunter befand sich offenbar auch der junge Michel de Montaigne, der seit kurzem Parlamentsrat in Bordeaux war.[16] Mansencal verkündete das Urteil: Martin Guerre, Bertrande de Rols und Pierre Guerre wurden freigesprochen, die Berufung von Arnaud du Tilh alias Pansette, der »sich selber Martin Guerre nennt«, wurde verworfen. Er wurde dazu verurteilt, vor der Kirche von Artigat seine öffentliche Abbitte zu leisten, von da aus sollte er durch die Straßen des Dorfes geführt und anschließend vor dem Hause des Martin Guerre aufgehängt werden. Mit der Vollstreckung des Urteils wurde der Richter von Rieux beauftragt. Was sich in den Gesichtern von Bertrande de Rols und Arnaud du Tilh abspielte, darüber schweigt Coras.

Vier Tage darauf wurde der Galgen errichtet vor dem Haus, in dem zweiundzwanzig Jahre zuvor das Hochzeitsbett für Bertrande de Rols bereitet worden war. Die Familie war wieder vollzählig aus Toulouse zurück, und aus etlichen Meilen im Umkreis waren die Leute gekommen, um den Betrüger zu sehen und seine Hinrichtung mitzuerleben. Über ein Jahr war das Dorf gespalten gewesen, nun waren die Dinge wieder im Lot. Der Lügner war entlarvt, und nun sollte das Ritual seiner Demütigung, seiner Reue und seiner Ächtung seinen Lauf nehmen.

Pansette tat sein Bestes, um ein denkwürdiges Ereignis daraus zu machen. Als erstes nahm er seinen richtigen Namen wieder an. Dann legte er freiwillig vor dem Richter von Rieux sein Geständnis ab und begann damit, wie er von den beiden Männern in Mane als Martin Guerre begrüßt worden war. Alles war mit natürlichen Dingen zugegangen, sowohl was ihn als auch seine Komplizen betraf, deren Namen er jetzt angab.* Nichts hatte etwas mit Zauberei zu tun. Bertrandes Rolle verschwieg er ganz. Coras zufolge (nicht aber nach Le Sueur) gestand er außerdem noch einige kleinere Diebereien aus seiner Jugendzeit.

Dann machte er wie jeder gute Bauer und Familienvater sein Testament. Er führte alle seine Schuldner und Gläubiger auf, denen er oder die ihm Geld, Wolle, Weizen, Wein oder Hirse schuldeten, und verfügte, daß letztere aus den Gütern bezahlt werden sollten, die er von Arnaud Guilhem du Tilh und anderen geerbt hatte; über diese Güter verfügte derzeit Carbon Barrau, und um sicherzustellen, daß sein Onkel tatsächlich bezahlte, erhob er vorsorglich Zivilklage gegen ihn in der Hoffnung, daß sie von seinen Testamentsvollstreckern verfolgt würde. Seine Tochter Bernarde – jetzt Bernarde du Tilh – setzte er als Universalerbin ein; seinen Bruder Jean du Tilh aus Le Pin und einen gewissen Dominique Rebendaire aus Toulouse ernannte er zu ihren Vormündern und zu Testamentsvollstreckern.

Die *amende honorable* begann damit, daß der Verurteilte vor der Kirche auf Knien lag: im weißen Büßerhemd, barfüßig und barhäuptig, eine Fackel in der Hand. Er bat Gott, den König, das Gericht, Martin Guerre und Bertrande de Rols und Pierre Guerre um Verzeihung. Als er, den Strick um den Hals, durchs Dorf geführt wurde, wandte sich der zungenfertige Bauer an die gaffende Menge: Er sei Arnaud du Tilh, der schamlos und hinterhältig eines anderen Hab und Gut und dessen Frau die Ehre geraubt habe. Er pries die Richter von Toulouse für ihre untadelige Untersuchung und wünschte, daß die ehrenwerten Herren Jean de Coras und

* Coras sagt lediglich, daß er gestand, »einige Leute hätten ihm bestimmte Auskünfte und Hinweise gegeben« (S. 83). Le Sueur schreibt, er habe »zwei Personen angegeben, die ihm geholfen hatten« (*Admiranda historia de Pseudo-Martino*. Lyon 1561, S. 22). Vielleicht handelt es sich um die beiden Freunde des Verschwundenen, die ihn als erste mit Martin Guerre verwechselt hatten.

François de Ferrières ihn jetzt hören könnten. Sogar auf den Stufen zum Schafott sprach er noch und bat den Mann, der nun seinen Platz einnahm, mit Bertrande nicht hart umzugehen. Sie sei eine ehrbare, tugendhafte und treue Frau, er könne dies bezeugen. Sobald sie gegen ihn Verdacht geschöpft habe, habe sie ihn zurückgewiesen. Es habe viel Mut und Hochherzigkeit dazu gehört, zu tun, was sie getan hatte. Bertrande bat er um Verzeihung, sonst nichts. Er starb mit der Bitte, Gott möge sich seiner erbarmen durch seinen Sohn Jesus Christus.[17]

DER ERZÄHLER

Kurz nach der Urteilsverkündung in der Sache Arnaud du Tilh machte das Parlament wie jedes Jahr im September für zwei Monate Gerichtsferien. Jean de Coras fuhr nicht sofort zu seinem Landhaus in Réalmont. Statt dessen begab er sich in seine Kanzlei in Toulouse und begann die Geschichte des Mannes niederzuschreiben, dessen Körper verbrannt worden war, damit sein Andenken für immer ausgelöscht werde. Am ersten Oktober 1560 hatte er einen ersten Entwurf weitgehend abgeschlossen.[1] Zur gleichen Zeit zeichnete ein junger Mann namens Guillaume Le Sueur seine Version derselben Ereignisse auf. An dieser Geschichte war etwas, das ihr eigenes Leben betraf, etwas Verwirrendes und Unbegreifliches, das erzählt werden mußte.

Es ist nicht leicht herauszufinden, was Guillaume Le Sueur an diesem Fall so gefesselt hat, denn über ihn ist wenig bekannt. Er war der Sohn eines begüterten Kaufmanns aus Boulogne-sur-Mer in der Picardie, und man hatte ihn zum Studium des Zivilrechts nach Toulouse geschickt. Sein Bruder Pierre wurde Finanzbeamter der Krone und stellte Ende 1561 sein Haus in Boulogne für »Versammlungen und Andachten nach dem neuen Glauben« zur Verfügung. Guillaume scheint seine religiösen Überzeugungen geteilt zu haben und gehörte einige Zeit zum Anhang des protestantischen Fürsten von Condé. Im Jahre 1566 war er Rechtsanwalt an der Sénéchaussée im Boulonnais und einige Jahre später ebendort Amtsvorstand der Forst- und Wasserverwaltung. Im Jahre 1596 schrieb er an der ersten Geschichte seiner Heimatstadt, eine durchaus verdienstvolle Arbeit. Kurz zuvor war La Croix du Maine auf ihn aufmerksam geworden und bezeichnete ihn in seiner *Bibliothèque* von 1584 als »lateinischen und französischen Dichter«. Er konnte auch Griechisch und übersetzte 1566 die griechische Fassung des dritten Buches der Makkabäer in lateinische Verse.

Verdienste erworben hatte er sich auch mit der *Wunderbaren Geschichte des falschen Martin von Toulouse*, die er in lateinischer Sprache verfaßte und die kurz nach dem Prozeß in Toulouse in Umlauf war. Er widmete sie Michel du Faur, dem vierten Präsidenten des Parlaments und Mitglied der Strafkammer La Tournelle während des ganzen Prozesses. Wie Le Sueur später in einer Widmung an den Kanzler Michel de l'Hôpital sagte, war er »in die Familie und den Kreis der du Faur aufgenommen worden, ein Haus, das an außergewöhnlicher Gelehrsamkeit, an Rechtschaffenheit, Glanz und Ehre alle anderen im weiten Umkreis übertraf«. Seine Kenntnisse über den Prozeß stammen vermutlich aus dem Munde des Präsidenten und aus dessen Akten – er selber sagt, er habe die Geschichte »aufgelesen« *(»colligebat«)* –, vielleicht war er aber auch am Prozeß in einer untergeordneten Funktion beteiligt. Gewiß machte er sich damals Hoffnungen auf eine Karriere auf dem Gebiet der Rechte und der juristischen Rhetorik, und außerdem hatte er Interesse an klassischer Literatur.[2]

Über Jean de Coras wissen wir weit mehr. Er war »*illuster*«, »*clarissimus*«, wie ihn seine Verleger teilweise auf den Titelseiten seiner Werke bezeichneten. Im Jahr des Prozesses war seine eigene *Vita* erschienen, die einer seiner ehemaligen Schüler, Antoine Usilis, als Vorwort zu Coras' *De iuris Arte* verfaßt hatte. Er kam um 1515 in Réalmont im Albigensischen zur Welt als ältester von vier Söhnen und war in Toulouse aufgewachsen, wo sein Vater Jean Coras als Lizentiat der Rechte im Parlament eine Stellung als Advokat bekleidete. Bereits im Alter von dreizehn Jahren hielt der junge Jean in Toulouse Vorlesungen über Zivilrecht (zumindest geht so die Sage), und in den darauffolgenden Jahren, als er in Anger, Orléans und Paris Zivilrecht und kanonisches Recht studierte, wurde er häufig aufgefordert, zu lehren. Dann ging er nach Padua, machte dort hundert Themenvorschläge für seine Dissertation und erhielt großen Beifall für seine treffenden Antworten. Im Jahre 1536, im Alter von einundzwanzig Jahren, wurde ihm von Philippus Decius, »einer großen Leuchte des Rechts«, der Doktorhut verliehen. (Coras sagte später, Decius sei damals bereits dermaßen altersschwach gewesen, daß er die Rechtswissenschaften schon weitgehend vergessen und eine Viertelstunde gebraucht habe, um den ersten Satz seiner Vorlesung herauszubringen. Schließlich mußte ihm der Doktorgrad von jemand anderem verliehen werden. Die Anekdote zeigt, daß sich Coras als Wunderkind nicht übermäßig ernst nahm.)

Nach seiner Rückkehr nach Toulouse wurde Coras Mitglied der Universitätsverwaltung, und er wurde berühmt für seine Vorlesungen über Zivilrecht. Er selbst spricht vom Beifall seiner Hörer, Usilis aber sagt, daß niemand sich an einen Professor erinnern konnte, der solche Massen angezogen habe. Er war persönlich dabeigewesen, als Coras zweitausend Zuhörer mit seiner glänzenden Redekunst, mit seiner »eindringlichen, fließenden, klaren und wohlklingenden Stimme« in seinen Bann schlug. Dies ist um so beeindruckender, wenn man bedenkt, daß juristische Vorlesungen in Toulouse oft von fünf bis zehn Uhr morgens gehalten wurden.[3]

Während dieser Jahre des frühen Ruhms hatte Coras noch eine ganz andere Beziehung zum Recht, die Usilis nicht erwähnt: Er strengte selbst einen Prozeß an. Seine Mutter, Jeanne de Termes, starb in Réalmont und hinterließ ihm ihr gesamtes Vermögen. Der Vater Jean Coras hintertrieb die Testamentsvollstreckung, und Maître Jean de Coras, der Sohn, verklagte ihn. Der Prozeß wurde schließlich 1544 durch das Parlament von Toulouse entschieden. Das Erbrecht des Sohnes wurde bestätigt, der Vater wurde aufgefordert, ihm die Anlage eines Inventars zu ermöglichen, doch zugleich wurde dem alten Coras der Nießbrauch an Geld und Landbesitz auf Lebenszeit zugesprochen. Die beiden Männer versöhnten sich nach einiger Zeit wieder (Coras widmete jedenfalls 1549 eines seiner Werke dem Vater), doch zeigt dieser Prozeß – wie schon die komische Darstellung der Verleihung des Doktorgrades – eine gewisse Ambivalenz in seiner Haltung gegenüber Rangordnung und Autorität.[4]

Mittlerweile war Coras selbst Ehemann und Vater geworden – zu seiner großen Freude. »Eine glückliche Ehe«, sagte er in seiner Abhandlung *De ritu nuptiarium* und fügte mitten in seinem Kommentar einen Abschnitt über seine Frau Catherine Boysonné, Tochter eines Toulouser Kaufmanns, ein. Bald bekam das Paar Kinder, eine Tochter namens Jeanne und dann einen Sohn, den sie Jacques nannten und der ebenfalls mitten in einer juristischen Erörterung Erwähnung fand: »Gestern, am dreizehnten April 1546, ist mir die unsägliche Freude widerfahren, durch unsere blühende Catherine Vater eines Söhnchens zu werden.«[5]

Als Coras auf einen Lehrstuhl berufen wurde, zog er mit seiner Familie nach Valence. Von 1545 bis 1549 hielt er hier Seminare über Zivilrecht. Danach lehrte er zwei Jahre in Ferrara. Die ganze Zeit über schrieb und veröffentlichte er auf lateinisch Kommentare zum römischen Recht; seine Themen reichten vom Eherecht über Verträge bis hin zu juristischen Verfahrensfragen und zu Fragen der Verfassung des Staates. Spätestens von 1541 an hatte er seine Manuskripte verschiedenen Verlegern geschickt, insbesondere nach Lyon, dem Zentrum für juristische Publikationen. Und die Studenten der Rechte liebten seine Bücher: »Corasissima«, notierte einer am Rand zu einem besonders gelungenen Satz über das Erbrecht von Minderjährigen.

Die Veröffentlichungen zeigen zwei interessante Aspekte der Persönlichkeit Coras': Erstens seine Bereitschaft, eine Sache weiterzuentwickeln, noch einmal zu durchdenken, neu zu interpretieren. Oft erklärte er beispielsweise seinen Lesern: Ich habe an diesem Thema zum erstenmal in dem und dem Jahr in Toulouse gearbeitet, ich überarbeite es nun in Ferrara. Zweitens einen feinen Sinn dafür, wie er seine Karriere vorantreiben konnte. Seine frühesten Bücher sind dem Ersten Präsidenten des Parlaments von Paris und Mansencal, dem Ersten Präsidenten des Parlaments von Toulouse, gewidmet. Den Kardinälen von Châtillon und Lorraine werden zu gegebener Zeit geeignete Werke zugesandt.[6]

Diese Taktik zahlte sich aus im Januar 1553, als im Parlament von Toulouse ein Sitz vakant wurde. Coras war aus traurigem Anlaß von Ferrara nach Toulouse zurückgekehrt: Seine Frau war gestorben, und er verbrachte die Trauerzeit in Frankreich. Henri II. nutzte seine Anwesenheit, um sich bei seinen Verhandlungen mit dem Herzog und dem Kardinal von Ferrara beraten zu lassen, und berief ihn dann auf den begehrten Posten des Verhandlungsführers. Im Februar 1553 wurde Jean de Coras als Richter beziehungsweise als *conseiller* vereidigt, in demselben Parlament, an dem sein Vater lange Jahre Advokat gewesen war.[7]

In den sieben Jahren zwischen der Übernahme des neuen Amtes und dem Fall Martin Guerre nahm Coras' Leben erneut eine andere Wendung. Er heiratete zum zweitenmal; immer mehr interessierte er sich für die Sache des Protestantismus und begann, sich neue Ziele für seine Veröffentlichungen zu stecken. Jacquette de Bussi, seine zweite Frau, war eine verwitwete Cousine von ihm und Nichte eines hohen königlichen Beamten. Sie war in erster Ehe kinderlos geblieben und blieb es auch in der zweiten, doch vertrat sie Mutterstelle bei Jacques de Coras, den sie stets als ihren Sohn bezeichnete. Was wir über die Beziehung des Paares wissen, stammt größtenteils aus Briefen, die sie einander zwar erst mehrere Jahre nach dem Prozeß schrieben, die aber dennoch Aufschluß auch über die früheren Ehejahre geben.[8]

In seinen Briefen äußert Coras seine Zuneigung zu Jacquette de Bussi unumwunden, er liebt sie leidenschaftlich, ja beinahe abgöttisch. »Niemals wurde eine Frau, ob anwesend oder abwesend, so von ihrem Manne verehrt und geliebt, wie Ihr es seid und immer sein werdet.« »Ich bitte Euch zu glauben, daß ich Tag und Nacht, zu jeder Stunde, in jedem Augenblick an Euch denke, daß ich Euch erwarte, Euch begehre und Euch so sehr liebe, daß ich ohne Euch nicht lebe.« Er schickt ihr Lesestoff, »ein gewagtes Kleid« und »zwei wohlgespitzte und geschlitzte Federn, die ganz nach meinem Geschmack sind, so wie Ihr«. Er schreibt ihr, wenn es in Réalmont kalt ist: »Schlaft allein, aber nehmt dafür einen Mönch« (*moine*, Mönch, ist zugleich ein alter französischer Ausdruck für »Bettflasche«). Er entwickelt vor ihr seine politischen Ansichten und berichtet ihr das Neueste über den Stand der Reformation. Er unterrichtet sie, wie sie wichtige Besuche zu empfangen und Nachrichten an ihn zu übermitteln habe. Er sorgt sich um ihre Gesundheit und fragt sich, ob sie seine Gefühle auch erwidere. Wenn er ohne Nachricht von ihr bleibt, schreibt er: »Dies bringt mich gegen meinen Willen zu der Ansicht, daß ich nicht so tief in Eurem Herzen eingegraben bin, wie ich mir immer gewünscht habe.«

In der Tat ist Jacquette etwas zurückhaltend ihrem Gatten gegenüber. Nach den Spielregeln ihrer Ehe ist er der Verfolger, und sie entzieht sich ihm. Er unterschreibt seine Briefe mit »Euer Euer Euer und tausendmal Euer Jean de Coras«; sie unterzeichnet die ihren mit »Eure untertänigste und gehorsamste Frau«. Er holt beflissen ihre Meinung darüber ein, ob er einen wichtigen Posten annehmen soll; sie antwortet ihm: »Euer Wille geschehe«, was ihr einen verletzten Antwortbrief einträgt mit einer Unterschriftsformel, die so sachlich ist, als gehe es um einen Erlaß. In dieser Zeit verwaltet sie trotz ihrer angegriffenen Gesundheit sehr sachkundig ihren Landbesitz: Sie verpachtet Land, läßt die Umfriedung reparieren, prüft die Buchführung über den Holzeinschlag und gibt Anweisung, welche Felder mit Hirse oder Hafer eingesät werden sollen. Sie schickt ihm Nachrichten und Bücher, die sie gelesen hat, mit eigener Hand bestickte Strumpfbänder, Kapaune und Heilwasser für seine Augen. Sie wünscht ihm, er möge »zufrieden und froh« sein.[9]

Die Eheleute waren einander durch ihre Einstellung zu dem neuen Glauben besonders verbunden. Jean de Coras konnte über viele Kanäle vom Protestantismus gehört haben, zum Beispiel über Leute aus dem Umkreis der Herzogin Renée von Ferrara, dem Zentrum für französische Glaubensflüchtlinge. Als 1548 sein bedeutendes Werk über das kanonische Recht, die *Paraphrasis in universum sacerdotiorum materiam*, erschien, war er gewiß noch nicht konvertiert: Er anerkennt die Legitimität des Papsttums und verlangt lediglich, daß der Papst stets ein treuer Seelenhirt und kein Tyrann sein solle. Um 1557 befindet er sich jedenfalls in seiner Abhandlung gegen die heimliche Eheschließung in Übereinstimmung mit protestantischen Haltungen mit seiner Kritik am kanonischen Recht, mit seiner Vorahnung, man werde ihn mit »boshaften Verleumdungen ... unter religiösem Vorwand« angreifen, und mit der Versicherung, daß alle seine Argumente »dem Worte Gottes« entsprächen.[10]

Der *Petit discours ... Des mariages clandestinement et irreveremment contractes* markiert eine erneute Wende in Coras' Leben. Es ist sein erstes Werk in der Landessprache. Coras beabsichtigte mit der Verwendung des Gascognischen nicht, wie in der Literatur üblich, die französische Sprache zu bereichern, »für die ich von meiner Natur und mit meinem mühevollen Geplapper wenig begabt bin«. Vielmehr lag ihm daran, auf die öffentliche Meinung Einfluß zu nehmen: Die Zustimmung der Eltern zur Heirat ihrer Kinder ist ein Thema, das »jenen, die keinen Zugang zu den Erkenntnissen der Wissenschaften haben, nicht weniger zukommt als den Fachgelehrten und Gebildeten«. Er widmete sein Buch Henri II., dessen kürzlich ergangenes Edikt über die heimlichen Eheschließungen er unterstützte und der ihm wenig später ein »Privileg« für die Dauer von neun Jahren verlieh, ein Monopol für alle Arbeiten, die er zu veröffentlichen oder neu aufzulegen gedachte. Diese ungewöhnliche Vergünstigung verschaffte Coras eine Kontrolle über den Druck seiner Schriften und die Honorare, wovon die meisten Autoren seiner Zeit nur träumen konnten. Im Jahre 1558 nahm er es in Anspruch für eine französische Übersetzung eines Dialogs zwischen Kaiser Hadrian und dem Philosophen Epiktet, die er dem Dauphin widmete, und ein weiteres Mal im Jahre 1560 für seinen umfassenden Überblick über die Struktur des Gesetzes, *De iuris Arte*, der dem Kanzler von Frankreich gewidmet war.[11]

Als Jean de Coras 1560 sein Amt in der Strafkammer antrat, war er fünfundvierzig Jahre alt und, wie man seinem oben geschilderten Werdegang entnehmen kann, eine eher ambivalente Persönlichkeit mit durchaus widersprüchlichen Zielen. Er hatte sich zwar eine glänzende Karriere gezimmert, gleichzeitig aber fühlte er sich immer stärker dem Protestantismus verpflichtet, was ihn eben diese Karriere oder sogar das Leben kosten konnte. Als Fachmann für römisches Recht glaubte er an die Autorität der Familie und an die Macht des Souveräns (»Die Untertanen haben ihrer Behörde zu gehorchen wie ihren eigenen Eltern«, schrieb er), zugleich war er aber im Begriff, sich in der protestantischen

Jean de Coras, gegen 1568

Wiederstandsbewegung in Toulouse, ja in ganz Frankreich zu engagieren. Er warnte die Familien vor den »unvernünftigen Leidenschaften der Liebe«, aber beim bloßen Gedanken, seine Frau in einem Monat abholen zu können, hat er nichts Eiligeres zu tun, als die Truhe mit ihren Taftröcken zu packen.[12]

Als Jean de Coras mit dem falschen Martin Guerre zusammentraf, erkannte er, daß dieser Mann manches mit ihm gemeinsam hatte. Obwohl nur ein einfacher Bauer, war der Angeklagte sicher im Auftreten, intelligent und vor allen Dingen auffallend redegewandt. »Er schien den Richtern nicht einfach Dinge zu erzählen«, schrieb Le Sueur, »er ließ sie vielmehr vor den Augen der Richter wieder aufleben.« »Ich erinnere mich nicht, je von einem Manne gelesen zu haben, der ein so glückliches Gedächtnis hatte«, schrieb Coras über ihn.[13] Zudem schien er ein Mann aus rechtschaffener Familie zu sein, der seine schöne Frau liebte. Daß er seinen Onkel wegen der Abrechnungen vor Gericht gebracht hatte, war für einen Mann, der seinen Vater wegen einer Erbschaftsgeschichte verklagt hatte, nichts Ehrenrühriges. Wenn ich recht habe mit der Vermutung, daß »Martin Guerre« ein Anhänger des Protestantismus war, dann hatte Coras noch einen weiteren Grund, ihn für glaubwürdig zu halten.

Dann erschien der Mann mit dem Holzbein, »wie ein Wunder«, ein Akt der Vorsehung, ein Beweis der Gnade Gottes, um Pierre Guerre zu schützen und Jean de Coras zu zeigen, daß er sich geirrt hatte.[14] Etwa zwei Jahre zuvor hatte Coras in seiner Übersetzung des Dialogs zwischen Hadrian und Epiktet über die Gefahren der Lüge nachgedacht.

Hadrian: Was ist dem menschlichen Auge verborgen?
Epiktet: Das Herz und die Gedanken der anderen.

Der Richter schreibt dazu: »Und es gibt wahrhaftig nichts Verabscheuungswürdigeres unter den Menschen, als anderen etwas vorzumachen oder zu verhehlen, wenngleich in unserem beklagenswerten Jahrhundert, in allen Ständen, derjenige oft am meisten verehrt wird, der seine Lügen, seine Verstellung und seine Heuchelei am besten vorzubringen weiß.«[15]

Ob Coras je geahnt hat, daß er in solcher Weise zum Narren gehalten würde, und dazu noch von einem, dessen Kunstgriffe ihm Bewunderung abnötigten? Welch ein glänzend inszenierter und langlebiger Betrug – »die tausend notwendigen Lügen« des Arnaud du Tilh! (»Seine Antworten waren so geschickt«, sagte Le Sueur, »es schien für ihn beinahe ein Spiel.«) Juristen, königliche Beamte und Möchtegern-Höflinge, sie alle kannten die Kniffe der Selbstdarstellung (*self-fashioning*, um einen Begriff von Stephen Greenblatt zu gebrauchen) – die gedrechselte Rede, die geschliffenen Manieren, die einstudierte Gestik, die artige Konversation, lauter Dinge, die im 16. Jahrhundert jedem sozialen Aufsteiger geläufig waren. Wo endet die Selbstdarstellung, und wo beginnt die Lüge? Lange bevor Montaigne in seinem selbstkritischen Essay seinen Lesern diese Frage stellte, hatte Pansettes Erfindungsreichtum sie schon den Richtern gestellt.[16]

Coras erste Antwort auf diese Frage war, zu leugnen, daß es sich in diesem Falle um menschliche Erfindung handelte. Arnaud mußte ein Magier sein, dem ein böser Geist beistand. Er war ein hinterhältiger Schwindler, und sein Tod konnte Coras in keiner Weise leid tun, weder vom juristischen noch vom moralischen Standpunkt aus. Coras zweite Antwort war anders: Er erkannte, daß von diesem Arnaud du Tilh etwas höchst Faszinierendes ausging, das seine eigenen widerstreitenden Gefühle ansprach und mit der Situation seiner eigenen Klasse zu tun hatte – und daß an der erfundenen Ehe des neuen Martin Guerre mit Bertrande de Rols nicht nur etwas Grundfalsches, sondern auch etwas zutiefst Richtiges war.

So setzte er sich an seinen Schreibtisch und spitzte seine Federn. Eine Wendung mehr in seinem Leben, eine weitere Veröffentlichung in französischer Sprache. Vor allem aber ermöglichte ihm dieses Buch, noch einmal über diesen Mann zu urteilen, den er soeben hatte hinrichten lassen: ihn noch einmal zu verurteilen, ihm aber auch, oder wenigstens seiner Geschichte, noch eine Chance zu geben.

WUNDERBARE GESCHICHTE, TRAGISCHE GESCHICHTE

Der *Arrest Memorable* ist ein neuartiges Buch, sowohl in seiner Darstellung widersprüchlicher Standpunkte als auch wegen seiner Mischung literarischer Gattungen. Trotz einiger origineller Züge steht Le Sueurs *Admiranda historia* ganz in der Tradition der »wahrhaftigen Geschichten«, die damals, als es noch keine Zeitungen gab, eine so bedeutende Rolle gespielt haben. Diese kleinformatige Schrift erzählt einfach die Geschichte von der Ankunft der Guerre in Artigat bis zur Hinrichtung Arnaud du Tilhs und endet mit einer geeigneten Moral. »Ein Freund« in Toulouse schickte das Manuskript an Jean de Tournes, den berühmten Humanisten, Buchdrucker und Verleger in Lyon, der gelegentlich »wahrhaftige Geschichten« publizierte. Ohne ein königliches Privileg für den Druck des Buches abzuwarten, gab er es umgehend heraus. Eine weitere Abschrift gelangte in die Hände von Vincent Sertenas in Paris. Ende Januar 1561 hatte Sertenas die Arbeit ins Französische übersetzt und eine Druckerlaubnis für die Dauer von sechs Jahren dafür erworben. Er veröffentlichte sie ohne den Namen des Autors unter dem Titel *Histoire Admirable d'un Faux et Supposé Mary, advenue en Languedoc, l'an mil cinq cens soixante* (Wunderbare Geschichte von einem falschen und untergeschobenen Ehemann, wie sie sich zugetragen hat im Languedoc im Jahre 1560). So gelangte die Geschichte dieser Betrugsaffäre in Umlauf und vermehrte noch die bereits stattliche Zahl von Schriften über andere »entsetzliche« und »wundersame« Fälle von Mord, Ehebruch, Feuersbrunst und Flutkatastrophen.[1]

Inzwischen unterzeichnete Jean de Coras am 2. Februar 1561 die Widmung seines Manuskripts und sandte es dem Händler und Verleger Antoine Vincent in Lyon, wobei er ihm seine Rechte im Rahmen seines Neunjahres-Privilegs übertrug. Bis dahin hatte Vincent nur wenige Bücher in der Landessprache herausgebracht; sein Vermögen hatte er erworben mit lateinischen Ausgaben, unter denen sich auch Coras' *De actionibus* (1555) und sein großes Werk *De iuris Arte* (1560) befanden.² Allein der Buchtitel hatte für den Leser von 1561 etwas Verlockendes und Frisches: *Arrest Memorable, du Parlement du Tolose, Contenant une histoire prodigieuse, de nostre temps, avec cent belles, & doctes Annotations, de monsieur maistre Jean de Coras, Conseiller en ladite Cour, & rapporteur du proces. Prononcé es Arrestz Generaulx le xii Septembre MDLX.* (Denkwürdiges Urteil des Parlaments von Toulouse, darin enthalten eine wunderbare Geschichte aus unseren Tagen, mit hundert schönen und gelehrten Anmerkungen versehen von Jean de Coras, Ratsherr an besagtem Gerichtshof und Berichterstatter des Prozesses. Verkündet bei den Arrestz Generaulx am 12. September 1560).

Berichte über Strafprozeßurteile wurden in Frankreich gelegentlich veröffentlicht, so zum Beispiel der Fall jenes Italieners, der 1536 wegen Giftmordes am Dauphin von Frankreich verurteilt worden war. Die ersten Sammlungen straf- und zivilrechtlicher Urteile tauchten auf.³ Aber in Coras' Buch nahm das eigentliche Urteil gerade zwei Seiten von insgesamt hundertsiebzehn ein, und anstatt sich mit einem gelehrten Kommentar über das Strafrecht an seine Fachkollegen zu wenden, zielte er auf ein breites Publikum. Coras ist wohl der erste Jurist in Frankreich, der einen eigenen Kriminalfall für eine Arbeit in der Landessprache auswertete.*

---

* Seit dem Edikt von Villars-Cotteret im Jahre 1539 mußten alle Gerichtsverfahren in französischer Sprache verhandelt werden. Bei zivilrechtlichen

Und dann faszinierten auch die Worte im Titel: »eine wunderbare Geschichte«. Groß in Mode waren damals Sammlungen von »Wundern«, Berichte über seltsame Pflanzen und Tiere, merkwürdige Himmelserscheinungen, monströse Mißgeburten. Ein Jahr zuvor hatte Vincent Sertenas die *Histoires prodigieuses* von Pierre Boaistuau veröffentlicht, und als er das Bändchen von Le Sueur herausgab, war dieser Begriff in das Eröffnungssonett zu der Geschichte des falschen Martin Guerre eingegangen: »Die wunderbarsten Geschichten, die man liest / ob aus der Zeit der Christen oder Heiden... / Die werden Dir, so Du dies Geschriebene liest, wie ein Nichts erscheinen, / nach dem falschen Ehemann...« Coras hatte seinerseits nicht gezögert, den Begriff im Titel zu verwenden, und zwar in derselben Bedeutung wie bei Boaistuau, der früher in Valence bei ihm studiert hatte. Das Wunderbare ist seltsam, außergewöhnlich, aber nicht unbedingt einzigartig. Es ragt heraus aus einer Reihe vergleichbarer Ereignisse. So übertraf dieser unerhörte Betrug alles, was man bis dahin gehört hatte.[4]

Auf den ersten Blick sieht Coras' Buch mit seinem beständigen Wechselspiel von Text und Anmerkung wie ein klassischer juristischer Kommentar aus. Tatsächlich ist aber der Großteil des Textes nicht Zitat eines offiziellen Dokuments, sondern ist eher das, was Coras das »Gewebe des Prozesses« nennt[5] – das Gewebe, das er selbst gesponnen hat –, und die Anmerkungen haben oft nichts mit Rechtsfragen zu tun.

Fällen, zu denen die Öffentlichkeit Zutritt hatte, wurden die Plädoyers manchmal gedruckt, und gegen Ende des 16. Jahrhunderts wurden sie ein beliebtes literarisches Genre (Catherine E. Holmes, *L'Eloquence judiciaire de 1620 à 1660*. Paris 1967). Strafprozesse dagegen fanden bis zur Urteilsverkündung in der Regel unter Ausschluß der Öffentlichkeit statt, und wie im Fall Martin Guerre gab es sicher häufig keine Plädoyers. Bei einer literarischen Bearbeitung war der Autor also weitgehend auf eine Rekonstruktion des Falles angewiesen.

Coras benutzte eine traditionelle Form, um freier mit seinem Gegenstand umgehen zu können, wobei schon die Themen seiner lateinischen Abhandlungen recht weit gespannt waren. Zunächst einmal konnte er so zu den Kernproblemen der zeitgenössischen Rechtspraxis Stellung nehmen: Zeugenaussagen, Beweismittel, Folter und die Beweiswürdigung. Hier lag ein Fall vor, in dem die »besten« Zeugenaussagen sich als falsch herausstellten, das Zeugnis nach Hörensagen sich als wahr erwies und die Richter beinahe getäuscht worden wären. Dies gab ihm außerdem die Gelegenheit, die Ehe und die damit zusammenhängenden Probleme zu erörtern, als da sind: Kinderehen, Impotenz, böswilliges Verlassen und Ehebruch.[6] Da war auch Raum für Betrachtungen über Dinge wie Blasphemie und für den einen oder anderen verdeckten Seitenhieb gegen den Katholizismus. Hostien und besonderes Gebäck als Mittel gegen Impotenz waren »eitel Aberglauben«; Coras empfahl statt dessen Beten und Fasten. Auch seine Anmerkung über die Hexerei läßt seine protestantische Denkart erkennen: Wir sind durch Christi Opfertod erlöst und müssen ihn inständig bitten, daß er »unsere Herzen erhebt und uns seiner Wege führt, auf daß wir durch das Licht seiner Worte alles Blendwerk, allen Zauber und alle Heuchelei aus uns vertreiben, durch welche der Teufel, der allzeit versucht, uns zu verführen, unaufhörlich den Kindern Gottes und seiner Kirche nachstellt«.[7]

Aber sah Coras in der Geschichte des Martin Guerre nicht in einem noch tieferen Sinn eine protestantische Botschaft? Einige Umstände, die ihre Veröffentlichung begleiteten, legen dies nahe. Der Verleger Antoine Vincent war eine der Galionsfiguren der reformierten Kirche in Frankreich; gegen Ende des Jahres 1561 erwarb er das königliche Privileg für die Calvinistischen Psalter, ein Bestseller in französischer Sprache, der noch mehr Erfolg hatte als der *Arrest Memorable*. Coras widmete sein Buch Jean de Monluc, dem Bischof von Valence, dessen Überzeugungen im selben Jahr von der theologischen Fakultät in Paris für ketzerisch befunden wurden. Auch die erste Ausgabe von Le Sueurs Schrift hat einen protestantischen Hintergrund: ein Autor, der im Begriff war, sich dem Protestantismus zuzuwenden; eine Widmung an den Richter Michel du Faur, der ketzerischer Neigungen verdächtig war; ein Drucker, der den neuen Glauben aktiv unterstützte. Coras und Le Sueur mochten sich gefragt haben, ob sich die leidvolle Geschichte der Familie Guerre auch in der reformierten Stadt Genf hätte ereignen können, wo ein neues Gesetz und ein wachsames Konsistorium eine Heirat zwischen so jungen Leuten niemals erlaubt oder Bertrande beizeiten geschieden hätten, wo zumindest aber der Ehebruch rasch aufgedeckt worden wäre. Und war es nicht ein protestantischer Gott, der den Mann mit dem hölzernen Bein gerade im rechten Augenblick zurücksandte, um die eitle Überheblichkeit der Richter zunichte zu machen?[8]

Wenn Coras und Le Sueur solche Ansichten vertraten, so muß doch gesagt werden, daß ihr Text sie dem Leser nicht aufdrängt. Der *Arrest Memorable* konnte gut von Anhängern beider Religionen gelesen werden, und er wurde später auch von katholischen Verlagen in Paris gedruckt. Vincent Sertenas, Le Sueurs Verleger in Paris, war ebenfalls Katholik. Coras Widmung verweist nur auf die unbeschwerte Seite des Buches: In ihm finde sich »ein so schöner, so köstlicher und so ungeheuerlich sonderbarer Stoff«, daß er dem Bischof »Erquickung und Erholung« von seinen Sorgen bereiten müsse.[9]

Wechsel in Ton und Form sind das Hauptmerkmal des *Arrest Memorable*. Es ist ein juristisches Buch, das die Arbeitsweise der Justiz selbst in Frage stellt; ein historischer Rechenschaftsbericht, der seine eigene Wahrheit in Zweifel zieht. Es ist ein Text, der sich zwischen lehrhafter Erzählung, Komödie und Tragödie bewegt. Die Geschichte wird gleichzeitig auf zwei Ebenen erzählt, so daß Helden als Schurken, Schurken als Helden erscheinen.

Die juristische Schreibform ist hierbei ein Mittel, diese Komplexität herzustellen. Der Text ist ähnlich aufgebaut wie Coras' Bericht an die Kammer, in dem er sowohl für als auch gegen den Angeklagten Argumente darlegen mußte. Hier kann er einem Text, in dem vom »Angeklagten«, vom »besagten du Tilh« die Rede ist, Anmerkungen gegenüberstellen, in denen derselbe Mann als »Bauernrüpel«, als »Wüstling«, als »ungeheuerlicher Frechling« bezeichnet wird.

Überdies arbeitet Coras in seinem Bericht mit Übertreibungen und Auslassungen – man könnte beinahe sagen, er lüge. Da macht er zum Beispiel Arnaud du Tilhs Gedächtnis noch außergewöhnlicher, als es in Wirklichkeit war: Le Sueur berichtet, daß er schließlich doch den Namen eines Paten, der bei Martin Guerres Firmung anwesend war, nicht mehr wußte, bei Coras hingegen hat er nie das geringste vergessen. Dann stellte er sich und das Gericht so dar, als seien sie weit weniger von Arnauds Unschuld überzeugt gewesen, als sie es in Wirklichkeit waren. Er erwähnt überhaupt nicht, daß Bertrande und Pierre monatelang im Gefängnis saßen. Von Le Sueur wird dies jedoch angeführt, und vor allem ist es zweifach in den Archiven des Parlaments vermerkt. Der Urteilsspruch vom 12. September 1560 bezeichnet Bertrande de Rols und Pierre Guerre in der Tat als »vormals im Zusammenhang mit diesem Fall Gefangene«, aber in seinem Buch läßt Coras diese Angabe weg und setzt statt dessen ein »etc«.

Diese Auslassung geschah nun aber keineswegs aus Platzgründen, denn Coras fügte dem gedruckten Urteil noch einige Vergehen hinzu, deren Arnaud gar nicht überführt war: »Raub, Gotteslästerung, Entführung, Diebstahl und andere Vergehen, die von besagtem du Tilh begangen worden waren.«[10] Coras' Anmerkung machte diese Verbrechen im

Grunde zu Ausweitungen des betrügerischen Auftretens und des Ehebruchs, aber dadurch konnte er besser vertreten, daß Bertrande unter Zwang gestanden hatte und daß die Todesstrafe berechtigt war.*

All diese Veränderungen, die Übertreibungen wie die Auslassungen, dienten einzig und allein dem Zweck, den *Arrest Memorable* zu einem Apolog aufzuwerten. Arnaud du Tilhs wunderbare Gaben werden im Vergleich mit biblischen, klassischen und Betrügern neueren Datums herausgearbeitet. Die äußere Ähnlichkeit von zwei nicht miteinander verwandten Menschen war an sich schon seltsam genug, aber Coras konnte, wie sehr er auch gesucht haben mag, keinen anderen Fall finden, wo die Ähnlichkeit von Gesicht und Auftreten – die »tausend notwendigen Lügen« – so lange Zeit so erfolgreich die Verwechslung ermöglicht hatte. Der falsche Graf Balduin von Flandern – ein Fall aus dem 13. Jahrhundert – war trotz seiner vielen Beweise von Jeanne, der Tochter des Grafen, immer angezweifelt worden. In diesem Fall hatten die Verwandten den Betrüger anerkannt und, »was noch größere Bewunderung hervorrufen muß«, die eigene Frau hatte mehr als drei Jahre lang aufs engste mit ihm zusammengelebt, »ohne den Betrug zu bemerken, ja ohne je Verdacht zu schöpfen«. Diese Version schreibt Arnaud du Tilh unbegreifliche Verwirrungskünste zu. Damit kann die Anklage der Magie erhoben werden – Coras sagt, daß er sich von dieser Ansicht nicht habe frei machen können, obwohl du Tilh bestritt, irgendwelche Hexenkünste angewandt zu haben –, und dies führt zweifellos zu du Tilhs exemplarischer Hinrichtung. Zugleich wird dadurch Bertrande die

---

* Nur mit dem Diebstahl hatte Coras Schwierigkeiten, denn Justinian hatte dafür nicht die Todesstrafe vorgesehen. Indem er argumentierte, daß du Tilh das ganze Erbe Martin Guerres an sich gebracht hatte und daß Treulosigkeit und die Zerstörung einer Ehe damit verbunden waren, brachte Coras zum Ausdruck, daß er die Todesstrafe für angemessen hielt (S. 126 f.).

Rolle der Betrogenen zugewiesen, was aus der »Schwachheit ihres Geschlechts, das sich leicht durch geschickte Schlauheit und Arglist der Männer täuschen läßt«, zu verstehen ist.[11]

Aber an dieser Version ist etwas Beunruhigendes für Eheleute wie für Liebende. In jenen damals vielgelesenen komischen Geschichten, in denen eine Person im Dunkel der Nacht anstelle einer anderen zu jemandem ins Bett schlüpft, geschieht es selten, daß die überlistete Person den Unterschied bemerkt. (Ich kenne nur ein Gegenbeispiel: Dem alten Ritter in den *Cent Nouvelles nouvelles* fällt der Unterschied zwischen der festen Brust der Magd und den reifen Formen seiner Frau auf.[12]) Aber Bertrandes Geschichte hatte sich wirklich zugetragen, sie war keine prickelnde literarische Konvention, und sie dauerte länger als eine Nacht. War die Schwachheit des Geschlechts wirklich so groß, daß eine Frau den Unterschied zwischen ehelicher Liebe und Ehebruch nicht merken konnte? Der gehörnte Martin Guerre fand das natürlich nicht, wie wir den Worten, die er laut Coras und Le Sueur vor Gericht gesagt haben soll, entnehmen können. Und man kann sich nur schwer vorstellen, daß ein Coras, dessen Verhältnis zu Jacquette de Bussi wir kennen, wirklich glauben konnte, daß Frauen so leicht zu täuschen seien.*

Der Richter ließ noch andere Schlupflöcher in seiner erbaulichen Erzählung, was die Zuordnung zu einem anderen literarischen Genre erlaubt. Wer ist der Held der Geschichte? Eine Beispielerzählung hätte mit dem Auszug des Helden zu beginnen und mit seiner Rückkehr, dem Sieg über den falschen Helden und der Heirat zu enden. Ganz anders

---

* Sein Verhalten gegenüber seiner Tochter Jeanne de Coras läßt ebenfalls vermuten, daß er sie sehr schätzte. Im September 1559 übersetzte er für sie *Les Douze reigles* von Giovanni Pico della Mirandola aus dem Lateinischen ins Französische. Es sollte ihr in Zeiten der Versuchung zum Schutz dienen. Das Buch erschien 1565 in Lyon im Druck, und zwar gleichzeitig mit einer neuen Auflage des *Arrest Memorable*.

aber bei Martin Guerre: Sein Verschwinden wird überwiegend mißbilligt. Seine Rückkehr ist zwar durch die Vorsehung bestimmt, er erweist sich aber als unversöhnlich und zeigt keinerlei Reue. Das Gedächtnisduell mit Pansette gewinnt er nicht, und Coras gibt keinerlei Hinweis darauf, daß die anschließende Wiedervereinigung mit Bertrande glücklich gewesen ist. Le Sueur, der Martin ebenfalls wenig Sympathie entgegenbringt, nimmt immerhin die Szene in seinen Bericht auf, wo der Gerichtspräsident versucht, Martin und Bertrande miteinander zu versöhnen. Coras verschweigt sie.[13]

Noch überraschender ist, daß er in der ersten Ausgabe des *Arrest Memorable* Arnaud du Tilhs Beichte und Hinrichtung wegläßt. Daß eine Beichte stattfand, wird in der Ausgabe von 1561 zweimal beiläufig erwähnt[14] – einem eiligen Leser wird dies wohl entgehen –, das Buch endet dann aber mit der Rücküberstellung des Angeklagten ans Gericht von Rieux. Coras läßt seinen Leser in Zweifel, ob die Strafkammer wirklich den richtigen Mann verurteilt hat.

Erst in der Ausgabe von 1565 räumt Coras jede Zweideutigkeit aus, indem er darlegt, was Arnaud in Artigat gebeichtet hat; die Zweideutigkeit wird jedoch sofort wieder hineingebracht durch eine Anmerkung, in der die ganze Geschichte als »Tragödie« bezeichnet wird:

Text: Als er sieht und bedenkt, daß die engsten und dem besagten Martin Guerre ganz besonders nahe stehenden Freunde in ihm fälschlich jenen erkannten, verfällt er darauf, die Tragödie zu spielen, die Ihr hier zuvor vernommen habt.

Anmerkung CIIII: In der Tat war es eine Tragödie für diesen noblen Bauernburschen: um so mehr, als der Ausgang für ihn höchst unheilvoll und elend war. Doch niemand vermag hier zu sagen, was der Unterschied zwischen Tragödie und Komödie sei.

Der Drucker der Ausgabe von 1572 fügte das Seinige hinzu und machte aus dem Buch eine »Tragikomödie«, ein Begriff, der in die Theorie und Praxis der französischen Literatur des 16. Jahrhunderts Eingang fand.* »Die *Protasis* oder das Vorspiel derselben ist höchst fröhlich, vergnüglich und erquikkend, enthält sie doch die Schliche, Kunstgriffe und Täuschungen eines falschen Ehemannes.« (Der Leser konnte glauben, er halte Boccaccios *Decamerone* oder das *Heptameron* der Marguerite von Navarra oder den pikaresken Roman *Lazarillo de Tormes* in Händen.) »Die *Epitasis* oder der Mittelteil ist ungewiß und zweifelhaft wegen der Debatten und Streitgespräche, die im Verlauf des Prozesses aufkommen. Die *Katastrophe* oder die Moral der Geschichte ist traurig, mitleiderregend und schrecklich.« Auch Le Sueur gibt seiner weit einfacheren Erzählung eine andere Färbung, wenn er sie immer wieder eine Tragödie nennt.[15]

Coras' Auffassung von dieser Bauerngeschichte ist in der Tat höchst originell. Die französische Tragikomödie endete glücklich, und die Hauptpersonen waren durchweg Adlige. Die *Histoires tragiques* des Italieners Bandello, 1559 von Pierre Boaistuau übersetzt, bearbeitet und herausgegeben, verbanden das Tragische mit der »wunderbaren« Leidenschaft – ein Zusammenhang, der auch bei Arnaud und Bertrande vorhanden ist –, aber keine ihrer Personen war bäuerlicher Herkunft. Daß Coras sich »eine Tragödie unter Personen gemeinen und niedrigen Standes« vorstellen konnte, hing damit zusammen, daß er fähig war, sich in gewisser Weise in den Bauernsohn, der sich selbst eine neue Identität geschaffen hatte, hineinzuversetzen.[16]

In der »komisch-tragischen« Version von Coras hat Arnaud

---

* Es ist bemerkenswert, daß der Begriff ›Tragikomödie‹ zum ersten Mal im Prolog zu *Amphitryon* von Plautus verwendet wird, also in einem Stück, das ebenfalls von einer Täuschung handelt; seit dem frühen 16. Jahrhundert gab es davon lateinische und französische Ausgaben.

du Tilh immer noch gewisse wunderbare Gaben. Er wird mit Jupiter verglichen, der als Amphitryon verkleidet dessen Frau verführen will. Er wird auch verglichen mit den großen Gedächtniskünstlern der Antike wie zum Beispiel Senecas Freund Portius Latro – und für besser befunden. Er hatte aber auch Komplizen, und dazu zählte Bertrande, die – keineswegs Opfer einer Täuschung – beschließt, mit ihm eine Ehe aufzubauen. (Diese Bertrande ist in Coras' Text auch zu finden, doch ist dieser Aspekt weniger hervorgehoben als jener der betrogenen Ehefrau. Die Möglichkeit, daß eine ehrbare Frau selbst über ihren Körper verfügt, wie sie es tat, ist weit beunruhigender als die betrügerische Selbstdarstellung eines Pansette. Sie verursacht Alpträume. Coras schreibt an Jacquette über »einen seltsamen Traum, den ich vorgestern geträumt habe: Unter meinen Augen hattet Ihr Euch mit einem anderen verheiratet, und als ich Euch das Unrecht, das Ihr mir antatet, vorhielt, habt Ihr mir als Erwiderung den Rücken gekehrt«.[17]) Im Falle Martin Guerres kann man sich freuen, daß einem zuerst impotenten und dann verschwundenen Ehemann Hörner aufgesetzt werden. Hier wird Arnaud du Tilh eine Art Held, ein echterer Martin Guerre als der hartherzige Mann mit dem Holzbein. Die Tragödie liegt weniger in seinem Betrug als vielmehr in seiner Entlarvung.

VON DEN HINKENDEN

Ich sende Euch meinen *Arrest* in der neuesten, nunmehr fünften Auflage«, schrieb Jean de Coras im Dezember 1567 an seine Frau. Er konnte stolz sein auf den Verkaufserfolg seines Buches, fühlte sich vielleicht sogar geehrt durch die Brüsseler und Pariser Ausgaben von 1565, bei denen allerdings sein Neunjahres-Privileg mißachtet worden war. Das Format war nun kleiner, ein Beweis dafür, daß das Buch billiger wurde und die Verleger sich einen breiteren Absatz erhofften. Anfang 1572 brachten es Pariser Verleger unter einem eigenen königlichen Privileg heraus.[1]

Zu dieser Zeit kam Coras wohl kaum mehr dazu, über seinen *Arrest Memorable* nachzudenken. Nach der calvinistischen Erhebung in Toulouse im Jahre 1562 geriet er mit seinen katholischen Kollegen im Parlament heftig aneinander (Zeugen behaupteten, aus den Fenstern seines Hauses in Toulouse seien Musketen abgefeuert worden, was er jedoch heftig bestritt). Anfang 1568 wurden die protestantischen Richter aus dem Parlament ausgeschlossen und sogar wegen Hochverrats verurteilt und in effigie aufgehängt. Coras trat als Kanzler in die Dienste von Jeanne d'Albret, der hugenottischen Königin von Navarra. Nach seiner Rückkehr nach Toulouse, wo inzwischen wieder Friede herrschte, wurde er zusammen mit François de Ferrières im Zuge der Massaker der Bartholomäusnacht in den Kerker geworfen. Im Oktober 1572 wurden beide in ihren roten Roben vor dem Parlamentsgebäude von einer fanatischen katholischen Menge gelyncht.[2]

Coras' Werke wurden jedoch weiter verbreitet. Während

die Menschen sich um den rechten Glauben und die Blendwerke des Teufels stritten, wurde das Buch über den falschen Ehemann 1579 in Paris neu aufgelegt. 1576 und 1588 erschienen Übersetzungen der Erstausgabe in Frankfurt (ein Exemplar davon gelangte sogar bis nach England), und gegen Ende des Jahrhunderts brachte Barthélemy Vincent in Lyon den Autor seines Vaters neu heraus.[3]

Das Buch wurde vorwiegend von Anwälten und Richtern erworben, die auf dem Vorsatzblatt ihren Besitzervermerk und am Rand ihre Bemerkungen eintrugen. Oft ließen sie Coras' *Paraphraze sur l'Edict des Mariages clandestinement contractez* oder andere Abhandlungen über Eherecht beibinden. Im frühen 17. Jahrhundert wurde der *Arrest de Martin Guerre* unter den grundlegenden Texten aufgeführt, die ein angehender Jurist gelesen haben mußte. Das Werk war jedoch auch geschätzt wegen seiner literarischen Qualitäten; solche Leser ließen es gern mit Le Sueurs *Admiranda historia* zusammenbinden.[4]

Le Sueurs Arbeit machte ihren Weg als immer wieder aufgelegte »wahre Begebenheit« und wurde schließlich zu einer volkstümlichen Legende. Die Vergleiche mit Jupiter, Merkur, Amphitryon und Sosias aus der lateinischen Ausgabe waren in der französischen Erstausgabe verschwunden; Artigat wurde zu »Artigne« und du Tilh zu »Tylie«, Fehler, die in späteren Auflagen nie korrigiert wurden. In einer Ausgabe von 1615 wurde Bertrande im Titel zu einer »Frau von Rang«, und die zeitliche Einordnung verschwand: »In den Wirren jener Zeit« hieß es jetzt, das heißt, es fehlte jeder Hinweis auf die Schlacht von Saint-Quentin und auf Philipp II.[5]

Über die Rezeption der Geschichte geben uns solche Leser einigen Aufschluß, die sie neu schrieben oder kommentierten. Jean Papon, königlicher Richter im Forez, nahm sie in seinen *Recueil d'arrestz notables* (1565) in das Kapitel über Ehebruch auf. Besonders beeindruckte ihn die »Häufung von Verbrechen« des Arnaud du Tilh (eine Häufung, die wohlgemerkt von Coras stammt), und er war der Ansicht, daß nahezu jedes einzelne Verbrechen die Todesstrafe verdient hätte. Für Géraud de Maynard, einen früheren Studenten von Coras, nachmals Parlamentsrat von Toulouse, war die Frage der Legitimität von Bernarde du Tilh und ihr Anrecht auf das Erbe ihres verurteilten Vaters Gegenstand seiner *Notables... Questions du Droit.* Etienne Pasquier stellte den Fall Martin Guerre in seinen *Recherches de la France* als Paradefall eines Prozesses dar, der durch »wunderbare« Beweise gelöst wurde. Der berühmte Pariser Richter meinte – und er konnte sicher mit der Zustimmung der Frauen rechnen –, daß in erster Linie Martin Guerre hätte bestraft werden müssen, weil er seine Frau verlassen hatte.[6]

Kommentatoren, die weniger an solchen Rechtsfragen interessiert waren, fühlten sich von dem Unglaublichen, dem »Wunderbaren« angezogen. Der Gelehrte und Verleger Henri Estienne benutzte den Fall um zu zeigen, daß eine Geschichte von Herodot über einen erfolgreichen Betrug gar nicht so unwahrscheinlich war. Gilbert Cousin und Antoine du Verdier stellten ihn in eine Reihe mit Berichten über Bauernaufstände, Kometenerscheinungen, Flutkatastrophen, Umwandlungen von Frauen in Männer und politische Verschwörungen. François de Belleforest brachte die Geschichte in einem Kapitel über bemerkenswerte Fälle von äußerlicher Ähnlichkeit in seiner Fortsetzung von Boaistuaus *Histoires prodigieuses* unter. (Offenbar befand er sich am Tag der Urteilsverkündung unter der Zuschauermenge.) Man fragt sich, ob Belleforest sich bewußt war, daß Pansette sein Landsmann war, als er behauptete, daß die Ehemänner aus dem Comminges mit ihren Frauen »freundlich umgehen und nicht so roh, wie man es den Gascognern nachsagt«.

Alle diese Autoren, ob sie sich nun aus literarischen oder

DE DEVX GENTILS-
hommes se rapportans tellement de face, voix, parole & gestes qu'il estoit impossible de les discerner en sorte quelconque.

Histoire premiere.

IE n'ignore point qu'entre les grands miracles de la nature on n'aie de tout

Ein Fall von bemerkenswerter Ähnlichkeit

beruflichen Motiven mit der Geschichte beschäftigten, machen übereinstimmend Arnaud du Tilh zur zentralen Figur, die bewundert und gefürchtet, beneidet und abgelehnt wird. Einige erwähnen, daß möglicherweise Hexerei im Spiel gewesen sei, aber ohne großes Gewicht darauf zu legen, denn daß einer den Doppelgänger eines anderen spielte, gehörte nicht zu den Dingen, deren Hexen in zeitgenössischen Prozessen angeklagt wurden.[8] Jene Bertrande, die ihr Leben in ihre eigenen Hände genommen hatte, ist aus diesen Nacherzählungen völlig verschwunden, wie auch jeglicher Zweifel an der Berechtigung des Urteils. Der Vollständigkeit halber muß noch ergänzt werden, daß es bis ins 20. Jahrhundert hinein keine Stellungnahme von Frauen dazu gibt. Jacquette de Bussis Reaktion auf das Buchgeschenk ihres Gatten ist nicht überliefert. Ich bezweifle, daß sie geglaubt hat, Bertrande habe so lange Zeit getäuscht werden können.*

Zwei Ausnahmen gibt es, auf die diese Verallgemeinerungen über Reaktionen von Männern nicht zutreffen. Die eine ist der Dichter Auger Gaillard, Protestant und ehemals Soldat auf seiten der Albigenser, der sich in seinen *Amours prodigieuses* von 1592, die in Französisch und Okzitanisch erschienen, nicht mit dem »abgefeimten Betrüger« (*»le trompeur aguerri«*) identifiziert, sondern mit der getäuschten Frau:

... Im Béarn und in Frankreich
Habe ich manch Mädchen gesehen mit gleichem Aussehen,
So daß sie leicht miteinander tauschen konnten
und ich mühelos hätte betrogen werden können.

---

* Der reizvolle Roman von Janet Lewis *The wife of Martin Guerre* unterscheidet sich von meinem historischen Bericht in vielerlei Hinsicht, aber sie sind sich sehr ähnlich in der Auffassung der Bertrande, die nicht als Betrogene, sondern als eigenständig denkende und handelnde Frau dargestellt wird.

Die Strafe folgt auf einem hölzernen Bein

und er preist sich glücklich, in eine Maurin verliebt zu sein, die er selbst nach hundert Jahren noch wiedererkennen könne.[9]

Die andere Ausnahme ist Montaigne in seinem Essay *Des boyteux* (Von den Hinkenden), der erstmals 1588 erschien.[10] Es wird oft angenommen, daß der Prozeß von Toulouse eher zufällig in diesen Essay Eingang gefunden hat im Rahmen einer Erörterung der These, daß Hexen nicht verbrannt werden sollten. Tatsächlich beschränken sich die von Montaigne aufgeworfenen Fragestellungen jedoch nicht auf das Hexenwesen, und man findet überall Anklänge an Coras und seinen Text. Montaigne unterstreicht, wie schwierig es ist, die Wahrheit über die Dinge zu finden, und was für ein unzuverlässiges Instrument dabei der menschliche Verstand ist. »Wahrheit und Lügen sind sich ähnlich an Gestalt, am Gange, an Geschmack und an Schritten: wir betrachten sie mit einerlei Augen.« Er selbst räumt ein, daß er sich, einmal in Feuer geredet, dazu hinreißen lassen könnte, die schlichte Wahrheit durch die Macht seiner Worte aufzubauschen. Dennoch bestehen wir alle auf unserer Meinung und versuchen, sie anderen »mit Feuer und Schwert« aufzuzwingen. Ist es nicht besser, stets zu zögern, als sich so anmaßend sicher zu sein? Ist es nicht besser, mit sechzig noch ein Schüler zu sein, als mit zehn Jahren schon den Lehrmeister zu spielen?

Genau an dieser Stelle, am Angelpunkt seiner Betrachtungen, spricht Montaigne ganz explizit über den Fall Martin Guerre:

Ich sah in meiner Kindheit einen Rechtshandel über einen sonderbaren Vorfall, welchen Coras, Parlamentsrat von Toulouse, drucken ließ. Zwei Menschen nämlich machten Anspruch darauf, eine Person zu sein. Ich erinnere mich noch (weiter aber erinnere ich mich auch nichts mehr), daß es mir damals so vorkam, derjenige, welcher für strafbar erklärt wurde, habe seinen Betrug so wunderbar, so weit über unsere Einsicht und die Einsicht dessen, welcher Richter war, getrieben, daß ich den Ausspruch sehr gewagt fand, der ihn zum Strange verurteilte.

Montaigne hätte sich eines Urteils enthalten, wie die sechzig Bauern aus Artigat und Sajas, die zwischen Martin Guerre und Arnaud du Tilh keinen Unterschied sahen.*

Laßt uns doch eine Urteilsformel einführen, welche sagt: der Gerichtshof versteht die Sache nicht; alsdann verfahren wir freimütiger und offenherziger als Areopagiten, welche, da man in sie drang, über eine Sache abzuurteilen, die sie nicht zu entwirren vermochten, den Bescheid gaben, die Parteien sollten nach hundert Jahren wieder vorsprechen.

Montaigne betont, wie kümmerlich die Beweise sind für eine so unwiderrufliche Entscheidung wie eine Hexenverbrennung. Um Menschen dem Tod zu überantworten bedarf es einer leuchtenden, scharfen Klarheit, und er zitiert dazu das italienische Sprichwort: »Der kennt nicht die Süßigkeit ganz, die Venus gewähren kann, der noch keiner Hinkenden beigelegen hat.« Manche wenden es genauso auf Männer an und sagen: Was ihnen in den Beinen fehlt, haben sie in den Lenden. Ist dies nicht ein schlagendes Beispiel dafür, wie unser Denken hinkt, wie unsere Phantasie mit uns durchgeht? Montaigne wundert sich über die Kühnheit der Urteilenden; für ihn »gibt es keinen Urteilsspruch als den der Notwendigkeit«.

---

* Es muß daran erinnert werden, daß selbst am Ende des Prozesses, das Montaigne als Augenzeuge erlebte, Arnaud du Tilh immer noch aufrechterhielt, daß er Martin Guerre sei. Zudem mag Montaigne nur die erste Ausgabe von Coras' *Arrest* gelesen haben, in der bekanntlich Arnauds Beichte fehlt.

In *Des boyteux* geht Montaigne mit dem längst verstorbenen Coras zu hart ins Gericht, aber merkwürdigerweise greift er darin eine der entscheidenden Aussagen des *Arrest Memorable* auf. Coras hat den Lehrmeister gespielt, als er wenig mehr als zehn Jahre alt war, und das Motto, das er seinem Buch voranstellt, hieß »*A raison cède*« (Beuge dich der Vernunft); und doch hat er mit fünfundvierzig Jahren erkannt, wie sehr ihn sein Verstand irregeleitet hatte und wie schwierig es für einen Richter war, Wahrheit von Lüge zu scheiden. Coras hatte ein Todesurteil empfohlen, als er Galeere oder Verbannung hätte vorschlagen sollen, aber es war seine eigene vielschichtige Darstellung des Falles, die es Montaigne ermöglichte, ihn zu rügen. Und Montaignes Aufgabe war einfacher: Er schrieb nicht als Richter, sondern »im Zuge einer Abhandlung«, während Coras eine zerstrittene Familie vor sich hatte und ein Dorf, das auf den Beschluß des Gerichts wartete.

Wenn man den *Arrest Memorable* und Montaignes Essay zusammen liest, gewinnen sie beide einen neuen Sinn. Immer wieder kommt Montaigne auf die Beine zurück: die gichtigen Beine des Fürsten, die durch die »wunderwirkenden Taten« eines Priesters angeblich geheilt wurden; die dünnen Beine der Franzosen und die dicken Beine des Germanicus, wobei beides als Folge vielen Reitens erklärt wird; die verkrüppelten Beine der sinnlichen Hinkenden. Er ist selbst verkrüppelt, das heißt schwer zu verstehen: »Ich habe auf dieser Welt kein so auffallendes Ungeheuer noch Wunder gesehen als mich selbst... aber je mehr ich mit mir umgehe und mich kennenlerne, desto mehr erschrecke ich vor meiner Mißgestalt, desto weniger kann ich mich in mich selbst finden.« Auch die Beine von Martin Guerre und Arnaud du Tilh waren zum Gegenstand des Streits geworden. Aber war der Mann, der »von Spanien heraufgekommen war mit einem hölzernen Bein«, ein so sicheres Indiz? Seit Horaz wissen wir, daß die Strafe zwar auf hinkendem Fuße folgt, sie aber dennoch sogar den schnellfüßigsten Verbrecher einholt. Aber das Sprichwort sagt auch: Lügen haben kurze Beine, denn man kommt nicht weit damit.[11] Coras glaubte, den Betrüger entlarvt zu haben, aber letztlich verbirgt sich im *Arrest Memorable* wie bei Montaigne eine beunruhigende Ungewißheit.

EPILOG

Im Jahre 1563, aus dem das nächste Zeugnis über Artigat stammt, befindet sich jeder wieder an seinem Platz, und über die Zweifel ist nach und nach Gras gewachsen. Pierre und Martin Guerre bemühen sich, einen Streit zwischen zwei Nachbarsfamilien zu schlichten; es ist beschlossen, daß A. Rols zu denen gehören wird, die den Streit zu entscheiden haben, und jeder ist bereit, diese Entscheidung anzuerkennen. Pierre hat immer noch mit dem Gericht von Rieux zu tun: Er hat den einflußreichen Kaufmann James Delhure und dessen Frau Bernarde verklagt. Das kann sehr gut ein Versuch gewesen sein, einige der von Arnaud du Tilh verkauften Grundstücke für die Familie Guerre zurückzugewinnen. Coras war der Ansicht gewesen, Martin Guerre habe ein Recht darauf, diese Verträge für nichtig zu erklären, allerdings sollte dem Käufer der Gewinn, den er in der Zwischenzeit aus diesem Grundstück erwirtschaftet hatte, ungeschmälert zustehen.[1]

Über Martin Guerre und Bertrande de Rols haben wir keine unmittelbaren Zeugnisse, aber man kann annehmen, daß eine Grundlage für einen Waffenstillstand zwischen ihnen bestand. Wenn sie eine Ehebrecherin war, dann war er ein Hahnrei. (Auf jeden Fall bestand in der Gegend eine alte Tradition, daß Ehebrecher durch Zahlung einer Geldbuße mit ihren Ehegatten versöhnt wurden.)[2] Sie mußte vergessen machen, daß sie sich so bereitwillig auf den Betrüger eingelassen, er, daß er seine Familie in so verantwortungsloser Weise verlassen hatte. Jetzt hatte Martin erstaunliche Abenteuer aus seinem Leben in der Fremde und mit den Großen der Welt zu erzählen, und als Invalide brauchte er eine Frau, die sich um ihn kümmerte. (Die im Volk herrschende Angst vor Verkrüppelung findet ihren Ausdruck in dem languedocschen Fluch: *Le maulubec vous trouffe!*[3] – Mögen deine Beinwunden dich lahm machen.) Bertrande verfügte jetzt über alle möglichen Fertigkeiten und besaß eine Autorität, die ihr vorher gefehlt hatte, und sie brauchte einen Mann und einen Vater für ihre Kinder.* Einer hat wohl nachgeben müssen, was die Frage der Religion betraf, denn Martin kam aus den Diensten des Kardinals und aus dem Ordenshaus der Johanniter sicher als guter Katholik zurück, während Bertrande möglicherweise inzwischen Protestantin war.

Sogar in Bertrandes Ehebett entfaltete sich neue Aktivität. Das kann man aus der Besitzaufteilung schließen, die 1594 zwischen den Söhnen des mittlerweile verstorbenen Martin Guerre stattfand. Sanxi war nicht mehr am Leben, doch trug ein Patenkind der nächsten Generation, Sanxi Rols, seinen Namen. Die Ziegelei, drei Häuser und zahlreiche Grundstücke auf beiden Seiten der Lèze wurden aufgeteilt zwischen Pierre und Gaspar Guerre, Martins Söhnen, die ihm Bertrande geboren hatte, und dem jüngeren Pierre, seinem Sohn aus zweiter Ehe (der um 1575 zur Welt gekommen war).[4] (Martins Nachkommen leben natürlich eher nach languedocschem als nach baskischem Brauch.) Mitte des 17. Jahrhunderts lebt noch ein Martin Guerre in Artigat, und dieser hat mindestens sechs weitere Verwandte, die den Namen Guerre führen, darunter Maître Dominique, der Notar. Anne de Guerre ist mit einem Banquels verheiratet. Die Guerre und die Rols leben in bestem Einvernehmen miteinander, bitten sich gegenseitig zum Paten für die Kinder,

---

* Bernarde du Tilh blieb offensichtlich bei ihrer Mutter. Arnaud du Tilhs Besitz war ihr zugesprochen worden, »damit Martin nicht für ihre Aussteuer aufkommen mußte« (Le Sueur, *Histoire*, E ii').

besitzen aneinandergrenzende Grundstücke, und manche Felder bewirtschaften sie gemeinsam.[5]

Ging also das Leben weiter, als ob es nie einen Betrug gegeben hätte? Hatten die überlieferten Wertvorstellungen von rechtmäßiger Erbfolge und vertraglich geschlossener Ehe alle Spuren der Erfindung getilgt? Ich glaube nicht. Bertrande kann ihr Leben mit Arnaud du Tilh nicht vergessen haben, und das Dorf muß einen Weg gefunden haben, darüber zu reden, ohne dabei alte Händel zu sehr aufzurühren. Sicherlich erfuhren sie von Coras' Buch – die Notare und die Kaufleute, die nach Rieux kamen, mußten davon gehört haben –, unwahrscheinlich ist jedoch, daß die Leute von Artigat bei ihren abendlichen Zusammenkünften den Wunsch hatten, daß aus dem *Arrest Memorable* vorgelesen wurde. Genauso unwahrscheinlich ist, daß sie sich diese Version eines Außenstehenden zu eigen gemacht hätten. Die im Ort kursierende Geschichte wurde wohl erzählt zusammen mit dem anderen Klatsch über den neuesten Bastard im Dorf oder den letzten Auswanderer aus dem Lèzetal, der sich eine Konkubine genommen und während seines jahrelangen Aufenthalts in Spanien eine zweite Familie gegründet hatte.[6] Aber sie blieb im Gegensatz zu den anderen Anekdoten lebendig, über große soziale Umwälzungen wie die Religionskriege hinweg.

Vor ungefähr achtundzwanzig Jahren beklagte sich eine junge Mutter, die selbst erst vor kurzem aus Französisch-Katalonien nach Artigat gezogen war, während sie den Kinderwagen schob, bei einer Großmutter aus dem Dorf: »In Artigat passiert nie etwas.« »Vielleicht jetzt nicht«, antwortete die alte Frau, »aber im 16. Jahrhundert...« Und sie begann, die Geschichte von Martin Guerre zu erzählen.

Die Geschichte von Martin Guerre wird immer wieder erzählt werden, weil sie uns daran erinnert, daß erstaunliche

Dinge geschehen können. Selbst für den Historiker, der sie entziffert hat, bewahrt sie eine eigensinnige Vitalität. Ich hoffe, ich habe das wahre Gesicht der Vergangenheit gefunden – oder ist es Pansette noch einmal gelungen?

AUSWAHLBIBLIOGRAPHIE DER SCHRIFTEN ÜBER MARTIN GUERRE

Die hier aufgeführten Titel sind chronologisch geordnet nach dem Datum der Erstausgaben. Spätere Auflagen und Übersetzungen sind unter den Angaben zur Erstausgabe vermerkt.

Jean de Coras: *Arrest Memorable, du Parlement de Tolose, Contenant une histoire prodigieuse, de nostre temps, avec cent belles, & doctes Annotations, de monsieur maistre Jean de Coras, Conseiller en ladite Cour, & rapporteur du proces. Prononcé es Arrestz Generaulx le xii Septembre MDLX.* Antoine Vincent, Lyon 1561; mit königlichem Privileg. (Quartformat.)
    Nachdruck Paris 1565; ohne königliches Privileg, ohne Namen des Druckers. (Oktavformat.)
    Nachdruck Hubert Goltz, Brügge 1565.
Ders.: *Arrest Memorable ... avec cent et onze belles, et doctes annotations... Item, Les Douze Reigles du Seigneur Iean Pic de la Mirandole... traduites de Latin en François par ledit de Coras.* Antoine Vincent, Lyon 1565; mit königlichem Privileg. (Oktavformat.)
    Nachdruck Galliot du Pré und Vincent Norment (Ausgabe geteilt), Paris 1572; ohne *Les Douze Reigles*; mit königlichem Privileg.
    Nachdruck Jean Borel und Gabriel Buon (Ausgabe geteilt), Paris 1579.
    Nachdruck Barthélemy Vincent, Lyon 1596, 1605, 1618.
Ders.: *Arrestum sive placitum Parlamenti Tholosani, Continens Historiam (in casu matrimoniali) admodum memorabilem adeoque prodigiosam: unà cum centum elegantissimis atque doctissimis Annotationibus Clariss. I. C. Dn. Ioan. Corasii... Doctiss. Viro Hugone Suraeo Gallo interprete.* Andreas Wechel, Frankfurt 1576.
    Nachdruck Wechel Erben, Claude Marnius und Jean Aubry, Frankfurt 1588.
Ders.: *Processo, et Arresto ò sentenza data dal Parlamento die Tolosa sopra d'un fatto prodigioso et memorabile, tradotto di lingua francese nella favella toscana, per Mag. Gio. Batta Forteguerri Dott^{re} Pistorese, con cento annotationi ornate et aggiunte da lui.* Mit einer Widmung von Forteguerri an Christine de Lorraine, Großherzogin der Toskana, datiert: Pistoia, April 1591. (Manuskript erwähnt von H. P. Kraus, Rare Books and Manuscripts, Liste 203, no. 132). Forteguerri übersetzte die Ausgabe von 1561 des *Arrest Memorable* und fügte den Anmerkungen Coras' seine eigenen hinzu.
Guillaume Le Sueur: *Admiranda historia de Pseudo Martino Tholosae Damnato Idib. Septemb. Anno Domini MDLX Ad Michaelum Fabrum*

ampliss. in supremo Tholosae Senatu Praesidem. Jean de Tournes, Lyon 1561, S. 2: »A Gulielmo Sudario Boloniensi Latinitate donatum«; S. 22: »colligeb. G. le Sueur Bolon«. (Bibliothèque Nationale, F13876.)
Ders.: *Histoire Admirable d'un Faux et Supposé Mary, advenue en Languedoc, l'an mil cinq sens soixante.* Vincent Sertenas, Paris 1561; mit königlichem Privileg.

Zwei Drucke dieser Schrift erschienen im gleichen Jahr, einer davon mit obiger Schreibweise des Titels (Bibliothèque Mazarine, 47214), der andere mit fehlerhafter Schreibweise des Titels: Statt *Histoire* erscheint *Histoite* (Bibliothèque Nationale, Rés. Ln^{27} 9277 bis). Edouard Fourniers Nachdruck dieses Werkes in seinen *Variétés historiques et littéraires* (Paris 1867, Bd. 8, S. 99–118) ist falsch datiert, voll von Irrtümern und editorischen Zusätzen, und es werden vier Seiten des Textes unterschlagen.

Ders.: *Histoire admirable d'Arnaud Tilye, lequel emprunta faussement le nom de Martin Guerre, afin de jouir de sa femme.* Benoît Rigaud, Lyon 1580.
Ders.: *Histoire admirable du faux et supposé mary, arrivée à une femme notable au pays de Languedoc en ces derniers troubles.* Jean Mestais, Paris; ohne Jahr [ca. 1615].
Jean Papon: *Recueil d'Arrests Notables des Courts Souveraines de France ... Nouvellement reveuz et augmentez outre les precedents impressions, de plusieurs arrests.* Nicolaus Chesneau, Paris 1565, 452^v–456^v.
Henri Estienne: *Herodoti Halicarnassei historiae lib. ix... Henr. Stephani pro Herodotu.* Henri Estienne für Ulrich Fugger, Genf 1566.
Ders.: *L'Introduction au traité de la conformité des merveilles anciennes avec les modernes. Ou traité preparatif à L'Apologie pour Herodote.* Henri Estienne, Genf 1566; Au lecteur.
Gilbert Cousin: *Narrationum sylva qua Magna Rerum, partim à casu fortunaque, partim à divina humanaque mente evenientium... Lib VIII.* Henricpetrina, Basel 1567, S. 610–611: »Impostura Arnauldi Tillii.«
François de Belleforest: *Histoires prodigieuses, extraictes de plusieurs fameux Autheurs, Grecs et Latins, sacrez et Prophanes, divisees en deux Tomes. Le premier mis en lumiere par P. Boaistuau... Le second par Claude de Tesserant, et augmenté de dix histoires par François de Belle-Forest Comingeois.* Jean de Bordeaux, Paris 1571, Bd. 2, S. 282^{r-v}: »Faux Martin à Thoulouze.«

Spätere Ausgaben u. a. Paris 1574, Antwerpen 1594 und Paris 1598.
Antoine Du Verdier: *Les Diverses lecons d'Antoine Du Verdier... Contenans plusieurs histoires, discours, et faicts memorables.* Barthélemy Honorat, Lyon 1577, Buch 4, Kap. 26.
Pierre Grégoire: *Syntagma Iuris Universi... Authore Petro Gregorio Tholosano I. V. Doctore et professore publico in Academia Tholosana.* Antoine Gryphius, Lyon 1582, Teil III, Buch 36, Kap. 6: »Über das Verbrechen des Ehebruchs«, S. 669.
Michel de Montaigne: *Essais.* Paris 1588, Buch 3, Kap. 11: »Des boyteux«.

Dt. Übersetzung: *Michael Montaigne's Gedanken und Meinungen über allerley Gegenstände.* Berlin 1795: »Von den Hinkenden«.

Auger Gaillard: *Les Amours prodigieuses d'Augier Gaillard, rodier de Rabastens en Albigeois, mises en vers françois et en langue albigeoise... Imprimé nouvellement.* [Béarn] 1592.

Moderne Ausgabe von Ernest Nègre in den *Oeuvres complètes.* Paris 1970, S. 514, 525 f.

Géraud de Maynard: *Notables et singulieres Questions du Droict Escrit: Decidees et Iugees par Arrests Memorables de la Cour souveraine du Parlement de Tholose.* Paris 1628, S. 500–507; dieses Werk erschien zuerst 1603.

Jacques-Auguste de Thou: *Historiarum sui temporis ab anno Domini 1543 usque ad annum 1607 Libri CXXXVIII.* Pierre de la Roviere, Orléans [Genf] 1620, Bd. I, S. 788.

Die Geschichte von Martin Guerre erschien in der ersten Ausgabe (1604) dieser berühmten Chronik des Parlamentsrats von Paris, de Thou, nicht. Nach der Ausgabe von 1609 schrieb de Thou einen Zusatz über den Fall (der gebunden wurde zwischen die Seiten 288 und 289 des vierten Bandes der Ausgabe von 1609 in den der Öffentlichkeit nicht zugänglichen Beständen der Bibliothèque Nationale); und 1620, nach seinem Tod, wurde dieser Zusatz schließlich als Teil von Buch 26 gedruckt.

Ders.: *Histoire de Monsieur de Thou, Des choses arrivées de son temps. Mise en François par P. du Ryer.* Paris 1659, Bd. 2, S. 177 f.

Estienne Pasquier: *Les Recherches de la France.* L. Sonnius, Paris 1621, Buch 6, Kap. 35.

Jacob Cats: *S'weerelts Begin, Midden, Eynde, Besloten in den Trou-ringh Met den Proef-steen van den Selven door I. Cats... Trou-geval sonder exempel, Geschiet, in Vranckryck, In het Iaer MDLIX,* in: *Alle de Wercken.* Amsterdam 1658.

Der produktive holländische Moralist erzählt die Geschichte von Martin Guerre in gereimten Versen.

Jean Baptiste de Rocoles: *Les imposteurs insignes ou Histoires de plusieurs hommes de néant, de toutes Nations, qui ont usurpé la qualité d'Empereurs, Roys et Princes... Par Jean Baptiste de Rocoles, Historiographe de France et de Brandebourg.* Abraham Wolfgang, Amsterdam 1683, Kap. 18: »L'Imposteur Mary, Arnaud du Thil, Archi-fourbe«.

Rocoles erklärt, er beschränke sich zwar in seinem Buch im Prinzip auf Betrüger, die Szepter und Kronen zu stehlen versuchten, mache jedoch in diesem Fall, da er so »denkwürdig und wunderbar sei«, eine Ausnahme. Er folge Coras' Bericht, sagt er, und ändere diesen nur, wo »die Derbheit der Sprache« von »der Höflichkeit unserer Tage« nicht länger geduldet werde (S. 287).

Dt. Übersetzung: *Geschichte merkwürdiger Betrüger.* Halle 1761, Bd. I, S. 419–445.

Germaine Lafaille: *Annales de la ville de Toulouse.* Toulouse 1687–1701, Teil 2, S. 198 f.

F. Gayot de Pitaval: *Causes célèbres et intéressantes*. Paris 1734, Bd. I, Kap. I.
> Neuausgabe, durchgesehen von M. Richer, Amsterdam 1772. Eine der interessantesten Nacherzählungen des Falles Martin Guerre, und die einzige, die offen die Möglichkeit in Erwägung zieht, daß Bertrande die Komplizin von Arnaud du Tilh war: »So unbescholten auch die Tugend der Bertrande de Rols war, so ist es doch schwer zu glauben, daß sie nicht an dem Irrtum Gefallen gefunden habe.« Dem Betrüger hätten all die kleinen Gesten gefehlt, die nur einem einzigen Menschen eigen sind. Dt. Ausgabe: *Geschichten aus dem alten Pitaval*. Leipzig 1910, Bd. II, S. 355 ff.

Charles Hubert: *Le Faux Martinguerre, ou La Famille d'Artigues, Mélodrame en Trois Actes, À Grand Spectacle, Tiré des Causes Célèbres ... Représenté pour la première fois à Paris, sur le théâtre de la Gaieté, le 23 août 1808*. Barba, Paris 1808.
> Nachdruck Paris 1824.
> Romantisiert bis zur Unkenntlichkeit: »Martinguerre« ist ein Graf, der nach Indien ging; Arnaud du Tilh wird von seinem eigenen Vater entlarvt usw.

Pierre Larousse: *Grand dictionnaire universel*. Paris 1865–1890, Bd. 8, S. 1603: »Guerre, Martin, gentilhomme gascon«.

Celebrated Claimants Ancient and Modern. Chatto and Windus, London 1873, S. 84–90.

L'Abbé P. Haristoy: *Galerie Basque de Personnages de Renom*, in: *Recherches historiques sur le pays Basque*. Bayonne 1884, Bd. 2, Kap. 24: »Martin Aguerre de Hendaye«.

Armand Praviel: *L'Incroyable Odyssée de Martin Guerre*. Librairie Gallimard, Paris 1933.

Janet Lewis: *The Wife of Martin Guerre*. San Francisco 1941.
> Lewis' Roman stützt sich auf einen englischen Bericht des Falles aus dem 19. Jahrhundert. Über die Veränderung ihres Standpunkts nach der Lektüre von Coras berichtet sie in *The Triquarterly*, 55 (Herbst 1982), S. 104–110.

Theun de Vries: *De blinde Venus*. Amsterdam 1981.

Leonardo Sciascia: *La sentenza memorabile*. Palermo 1982.

ANMERKUNGEN

Die folgenden Abkürzungen und Kurzformen werden in den Anmerkungen verwendet. Hinweise auf die Inhaltsübersichten der verschiedenen Département-Archive sind durch den Buchstaben I vor der Abkürzung gekennzeichnet.

ACArt	Archives communales d'Artigat
ADAr	Archives départementales de l'Ariège
ADGe	Archives départementales du Gers
ADGi	Archives départementales de la Gironde
ADHG	Archives départementales de la Haute-Garonne
ADPC	Archives départementales du Pas-de-Calais
ADPyA	Archives départementales des Pyrénées-Atlantiques
ADR	Archives départementales du Rhône
AN	Archives Nationales
Coras	Jean de Coras: *Arrest Memorable du Parlement de Tholose. Contenant Une Histoire prodigieuse d'un supposé mary, advenue de nostre temps: enrichie de cent et onze belles et doctes annotations.* Galliot du Pré, Paris 1572.
Le Sueur: *Historia*	Guillaume Le Sueur: *Admiranda historia de Pseudo Martino Tholosae Damnato Idib. Septemb. Anno Domini MDLX.* Jean de Tournes, Lyon 1561.
Le Sueur: *Histoire*	Guillaume Le Sueur: *Histoire Admirable d'un Faux et Supposé Mary, advenüe en Languedoc, l'an mil cinq cens soixante.* Vincent Sertenas, Paris 1561.

Eine Anmerkung zu den Datumsangaben: Bis 1564 begann das neue Jahr in Frankreich am Ostersonntag. Im Text werden alle Daten nach unserer heutigen Zeitrechnung angegeben. In den Anmerkungen wird jedes Datum vor Ostern nach beiden Zeitrechnungen angegeben, z. B. 15. Januar 1559/60.

Einführung

1. Jean Gilles de Noyers: *Proverbia Gallicana.* Jacques Mareschal, Lyon 1519–1520; Cii^v. – »Ioannis Aegidii Nuceriensis Adagiorum Gallis vulgarium ... traductio«, in: *Thresor de la langue francoyse.* Paris 1606, S.

2, 6, 19. – James Howell: »Some Choice Proverbs ... in the French Toung«, in: *Lexicon Tetraglotton*. London 1660, S. 2.

2. Siehe unter anderem Jean-Louis Flandrin: *Les Amours paysans, XVIe–XIXe siècles*. Paris 1970; ders.: *Familles: Parenté, maison, sexualité dans l'ancienne société*. Paris 1976. – J. M. Gouesse: »Parenté, famille et mariage en Normandie aux XVIIe et XVIIIe siècles«, in: *Annales: Economies, Sociétés, Civilisations*, 27 (1972), S. 1139–1154. – André Burguière: »Le Rituel du mariage en France: Pratiques ecclésiastiques et pratiques populaires (XVIe–XVIIIe siècles)«, a. a. O., 33 (1978), S. 637–649. – Alain Croix: *La Bretagne aux 16e et 17e siècles: La Vie, la mort, la foi*. Paris 1981, 2 Bände. – *Le Charivari: Actes de la table ronde organisée à Paris (25.–27. April 1977)* par *L'Ecole des Hautes Etudes en Sciences Sociales et le Centre National de la Recherche Scientifique*, hg. v. Jacques Le Goff und Jean-Claude Schmitt. Paris 1981.

3. Thomas Platters Leben, hg. v. Heinrich Düntzer. Stuttgart 1882, S. 60.

4. Jacques Peletier: *L'Art poëtique de Jacques Peletier du Mans (1555)*, hg. v. J. Boulanger. Paris 1930, S. 186–189. – Coras, S. 146 f. – *Les Cent Nouvelles Nouvelles*, hg. v. Thomas Wright. Paris 1858, Erzählung 35. – Noël Du Fail: *Les Propos Rustiques: Texte original de 1547*, hg. v. Arthur de la Borderie. Paris 1878; Slatkine Reprints, Genf 1970, S. 43 f.

5. Emmanuel Le Roy Ladurie: *Montaillou, village occitan de 1294 à 1324*. Paris 1975; dt. Übersetzung: *Montaillou. Ein Dorf vor dem Inquisitor. 1294–1324*. Berlin 1980. – Carlo Ginzburg: *Il Formaggio e i vermi: Il Cosmo di un mugnaio del '500*. Turin 1976; dt. Übersetzung: *Der Käse und die Würmer. Die Welt eines Müllers um 1600*. Frankfurt a. M. 1979. – Michael M. Sheehan: »The Formation and Stability of Marriage in Fourteenth-Century England«, in: *Mediaeval Studies*, 32 (1971), S. 228–263. – Jean-Louis Flandrin: *Le Sexe et l'Occident*. Paris 1981, Kap. 4.

6. AN, JJ248, 80^{r-v}. – Alfred Soman: »Deviance and Criminal Justice in Western Europe, 1300–1800: An Essay in Structure«, in: *Criminal Justice History: An International Annual*, 1 (1980); S. 1–28.

7. Coras, S. 146 f. (Zu den Ausgaben des *Arrest Memorable* vgl. Bibliographie in diesem Buch.)

8. Nach Le Sueur errichteten die Guerre ein Ziegelwerk in Artigat (*Historia*, S. 3); dieses Ziegelwerk findet sich 1594 unter den Besitztümern der Familie (ADHG, B, Hinweise, Bd. 6, 96). Le Sueur berichtet, daß Bertrande de Rols und Pierre Guerre ins Gefängnis geworfen wurden (S. 11); dies wurde angeordnet vom Parlament von Toulouse (ADHG, B, La Tournelle, Bd. 74, 20. Mai 1560 und Bd. 76, 12. September 1560).

Von Hendaye nach Artigat

1. Pierre de Lancre: *Tableau de L'inconstance des mauvais anges et demons.* Bordeaux 1612, S. 32–38, 44 f. – ADPyA, 1J160, Nr. 45, 9. März 1609 (es geht um den »S^r de la maison« in Hendaye und im nahen Urrugne). – James A. Tuck und Robert Grenier: »A 16th-Century Basque Whaling Station in Labrador«, in: *Scientific American*, 245 (November 1981), S. 125–136. – William A. Douglass und Jon Bilbao: *Amerikanuak: Basques in the New World.* Reno 1975, S. 51–59. – Jean-Pierre Poussou: »Recherches sur l'immigration bayonnaise et basque à Bordeaux au XVIIIe siècle«, in: *De l'Adour au Pays Basque. Actes du XXIe Congrès d'études régionales tenu à Bayonne, les 4 et 5 mai 1968.* Bayonne 1971, S. 67–79. – Jean François Soulet: *La Vie quotidienne dans les Pyrénées sous l'Ancien Régime.* Paris 1974, S. 220–225. – William A. Douglass: *Echalar and Murélaga.* London 1975, Kap. 3.

2. Philippe Veyrin: *Les Basques de Labourd, de Soule et de Basse-Navarre.* Bayonne 1947, S. 39 ff. – L. Dassance: »Propriétés collectives et biens communaux dans l'ancien pays de Labourd«, in: *Gure Herria*, 29 (1957), S. 129–138. – Davydd J. Greenwood: *Unrewarding Wealth. The Commercialization and Collapse of Agriculture in a Spanish Basque Town.* Cambridge, England, 1976, Kap. 1. – Paul Courteault: »De Hendaye à Bayonne en 1528«, in: *Gure Herria*, 3 (1923), S. 273–277. – Zur gestiegenen Bevölkerungszahl Hendayes um 1598 siehe ADPyA, 1J160, Nr. 46, 3. April 1598. – De Lancre, a. a. O., S. 45 f.

3. E. Dravasa: *Les privilèges des Basques du Labourd sous l'Ancien Régime.* Diss., Universität von Bordeaux, Rechtsfakultät, 1950, S. 28 f. – ADGi, 1B10, 21^v–22^r. – ADPyA, 1J160, Nr. 45, 19. Mai 1552. – De Lancre, a. a. O., S. 33 f., 42.

4. »Coutumes générales gardées et observées au Pays de Labourd«, in: P. Haristoy: *Recherches historiques sur le Pays Basque.* Bayonne und Paris 1884, Bd. 2, S. 458–461; die Fors von Labourd wurden 1513 niedergeschrieben. – Jacques Poumarede: *Recherches sur les successions dans le sud-ouest de la France au Moyen Age.* Diss., Universität von Toulouse 1968, S. 315–320.

5. Über die ganze Region siehe Léon Dutil: *L'Etat économique du Languedoc à la fin de l'Ancien Régime.* Paris 1911. – Philippe Wolff: *Commerces et marchands de Toulouse, vers 1350–vers 1450.* Paris 1954. – Michel Chevalier: *La Vie humaine dans les Pyrénées ariégeoises.* Paris 1956. – Gilles Caster: *Le Commerce du pastel et de l'épicerie à Toulouse, 1450–1561.* Toulouse 1962. – E. Le Roy Ladurie: *Les Paysans de Languedoc.* Paris 1966. – Soulet: »Vie quotidienne« und John Mundy: »Village, Town and City in the Region of Toulouse«, in: *Pathways to Medieval Peasants*, hg. v. J. A. Raftis. (Papers in Mediaeval Studies, 2), Pontifical Institute of Mediaeval Studies, Toronto 1981, S. 141–190.

6. Jean Froissart: *Chroniques*, hg. v. Léon Mirot. Paris 1931, Bd. 12, 3.

Buch, S. 21–24. – ADHG, C1925, 3E15289, 328ʳ. – ADAr, G271, 30J²; 5E6653, 188ʳ–189ʳ, 200ʳ⁻ᵛ; 5E6655, 14ʳ–16ʳ.

7. ADAr, 5E6653, 9ᵛ, 96ʳ–97ʳ, 101ᵛ–102ᵛ, 142ʳ⁻ᵛ, 200ʳ⁻ᵛ; 5E6655, 1ᵛ–2ᵛ, 8ʳ⁻ᵛ, 32ʳ⁻ᵛ, 98ʳ; 5E6656, 12ʳ; 5E6847, 17. Dezember 1562. – Zum Kontrakt der ›gasailhe‹ und zu allen anderen Bräuchen dieser Region siehe Paul Cayla: *Dictionnaire des institutions, des coutumes, et de la langue en usage dans quelques pays de Languedoc de 1535 à 1648*. Montpellier 1964. – Über Le Carla und Umgebung siehe Elisabeth Labrousse: *Pierre Bayle*. Den Haag 1963, Kap. 1.

8. 19 Testamente aus ADAr, 5E5335, 6219, 6220, 6221, 6223, 6224, 6653, 6655, 6859, 6860; ADHG, 3E15280, 15983; ADAr, 5E6860, 110ᵛ–111ᵛ; ACArt, *Terrier* von 1651; ADAr, 5E6220, 8. Oktober 1542; 5E8169, 12. März 1541/42.

9. ADAr, 5E6223, 10. Dezember 1528; 5E6653, 95ᵛ–96ʳ; 5E6860, 12ʳ–13ᵛ, 74ʳ–76ʳ.

10. ADAr, 5E6653, 95ᵛ–97ʳ, 201ᵛ–202ʳ; 5E6846, 34ᵛ–36ᵛ; 30J². – ADHG, B50 (arrêts civils), 678ᵛ–679ᵛ, B, Hinweise, Bd. 6, 96ʳ.

11. ADAr, 5E6653, 1ʳ⁻ᵛ, 96ᵛ–97ʳ; 5E6655, 29ʳ, 35ʳ, 158ᵛ; 5E6656, 12ʳ, 26ᵛ; 5E6837, 126ʳ–127ᵛ; 5E6846, 34ᵛ–36ᵛ. – ADHG, 2G134; 2G143; 2G108, S. 263.

12. ADAr, 30J², ›Inventaire pour les consuls... d'Artigat, 1639‹. – ADHG, 2G203, Nr. 1; C1925. – ADAr, 5E6860, 12ʳ–13ᵛ. – ADHG, 2G108, 127ʳ, 151ʳ–152ʳ. – F. Pasquier: »Coutumes du Fossat dans le Comté de Foix d'après une charte de 1274«, in: *Annales du Midi*, 9 (1897), S. 257–322. – ADAr, 5E6654.

13. »Coutumes... observées au Pays de Labourd«, a.a.O., S. 482. – ADPyA, 1J160, Nr. 4, 14. Januar 1550/51; Nr. 3, 12. Juni 1559. – F. Pasquier: *Donation du fief de Pailhès en 1258 et documents concernant les seigneurs de cette baronnie au XVIᵉ siècle*. Foix 1980. – ADAr, 2G203, Nr. 8.

14. Pierre Bec: *Les Interférences linguistiques entre Gascon et Languedocien dans les parlers du Comminges et du Couserans*. Paris 1968, S. 74 f. – Pasquier: *Pailhès*, a.a.O., S. 3. – Léon Dutil: *La Haute-Garonne et sa région*. Toulouse 1928, Kap. 14. – ADHG, 2G108, S. 261 ff. – J. Decap: *Le Diocèse de Rieux avant la Révolution*. Foix 1898; die Diözese von Rieux wurde 1318 gegründet und endete mit der Revolution.

15. Le Sueur: *Historia*, S. 3. – Ders.: *Histoire*, A ii ʳ. – Coras, S. 150. – ADHG, B, Hinweise, Bd. 6, 95ᵛ–97ᵛ. – ACArt, *Terrier* von 1651, 34ʳ–41ʳ, 209ʳ, 290ʳ, 310ʳ.

16. Veyrin, a.a.O., S. 43, 263. – De Lancre, a.a.O., S. 42–44. – ADPyA, 1J160, Nr. 45, 18. August 1598; Nr. 46, 14. Januar 1620. – Roslyn M. Frank: »The Religious Role of the Woman in Basque Culture«, in: *Anglo-American Contributions to Basque Studies: Essays in Honor of Jon Bilbao*, hg. v. William A. Douglass et al. (Desert Research Institute Publications of the Social Sciences, 13; 1977), S. 153–60.

17. Coras, S. 55 f. – G. Brunet: *Poésies basques de Bernard Dechepare... d'après l'édition de Bordeaux, 1545*. Bordeaux 1847. – ADGi, 1B10, 21^v–22^r; königliche Briefe auf Französisch für die Gemeinden Urrugne und Hendaye. – Dravasa, a. a. O., S. 125. – ADPyA, 1J160, Nr. 3; Testamente der Seigneurs von Urtubie in gascognischer (1493) und in französischer Sprache (1559); keine andere Familie aus Hendaye oder Urrugne hinterließ einen Letzten Willen in schriftlicher Form. – ADAr, 5E6223 (Verträge in französischer Sprache 1528); 5E8169 (Heiratsvertrag in okzitanischer Sprache, 12. März 1541). – ADAr, 5E6653, 96^r–102^v. – ADHG, 2G207 (der erste nach Artigat geschickte Schulmeister, 2. Juli 1687).

18. ADAr, 5E6223, 10. Dezember 1528; 5E6653, 95^v; 5E6654, 24^{r-v}; 5E6655, 29^r; 5E8169, 12. März 1541/42. – ACArt, ›Registre des Mariages de la Paroisse d'Artigat‹, 1632–1649. – ADHG, 3E15983, 126^r–127^r. Man kann sogar einen Pierre de Guerre, alias Le Basque, ausfindig machen, der als Bediener des Gutsherrn von Vaudreuille viele Meilen nordöstlich der Diözese von Rieux arbeitete (AN, JJ262, 245^v–247^v).

19. Le Sueur: *Historia*, S. 3. – Ders.: *Histoire*, A ii^v.

20. 17 Heiratsverträge und 2 Mitgift-Vermächtnisse aus ADAr, 5E5335, 6220, 6653, 6656, 6837, 6838, 8169. – ADHG, 3E15280, 15983. Hier beträgt die höchste Mitgift 50 Ecus (ungefähr 150 Livres), sie wurde 1542 an einen Schuhmacher aus Le Mas-d'Azil gezahlt. Zum Vergleich Schenkungen von Landbesitz einige Jahrzehnte später: Der Kaufmann Jean Cazalz aus Le Fossat gab seinem Sohn 1585 zwei Besitzungen und das Versprechen von 2000 Ecus in bar, ein Haus mit Möbeln am Tag seiner Heirat (ADHG, B, Hinweise, Bd. 1, 563^v–565^r). Cayla, a. a. O., S. 236 f. – ADHG, B, Hinweise, Bd. 6, 95^v–97^v.

21. ADHG, 2G108, S. 263. – Coras, S. 61. – A. Moulis: »Les Fiançailles et le mariage dans les Pyrénées centrales et spécialement dans l'Ariège«, in: *Bulletin annuel de la société ariégeoise des sciences, lettres et arts*, 22 (1966), S. 74–80.

Der unzufriedene Bauer

1. Coras, S. 40.
2. ADAr, 5E6654, 37^r. In den zahlreichen Kontrakten, die ich in Le Mas-d'Azil und im ganzen Lèzetal geprüft habe, fand ich nur einen Martin vor 1561, einen ehemaligen Pächter des Gutsherrn von Saint-Martin-d'Oydes (ADAr, E182, 50^r). Vergleiche die vielen Männer namens Martin, Martissantz und Marticot in der Gegend von Hendaye: ADPyA, 1J160, Nr. 4, 14. Januar 1550/51, 5. März 1554/55, Nr. 45, 18. August 1598. – »Proverbes françoys«, in: *Thresor de la langue francoyse*, S. 23. – »L'Ours ›Martin‹ d'Ariège«, in: *Bulletin annuel de la société ariégeoise des sciences, lettres et arts*, 2 (1966), S. 137–139, 170 f.
3. Coras, S. 2–4, 40–43, 53, 76. – ADHG, B, La Tournelle, Bd. 74, 20.

Mai 1560. – Hierosme de Monteux: *Commentaire de la conservation de la santé*. Lyon 1559, S. 202 f. – De Lancre: *Tableau de l'inconstance*, a. a. O., S. 38, 41, 47. – Soulet: *Vie quotidienne*, S. 228–232, 279. – A. Esmein: *Le Mariage en droit canonique*. Paris 1891, S. 239–247.

4. G. Doublet: »Un Diocèse pyrénéen sous Louis XIV: La Vie populaire dans la vallée de l'Ariège sous l'épiscopat de F.-E. de Caulet (1645–1680)«, in: *Revue des Pyrénées*, 7 (1895), S. 379 f. – Xavier Ravier: »Le Charivari en Languedoc occidental«, in: *Le Charivari*, hg. v. Le Goff und Schmitt, S. 411–428.

5. Le Sueur: *Historia*, S. 12. – Coras, S. 40, 44.

6. Le Sueur: *Historia*, S. 17. – Coras, S. 145 f.

7. Le Roy Ladurie: *Montaillou*, a. a. O., S. 149 ff.

8. ADAr, 5E6220; Titelblatt, mit wunderlichen Soldatenbildern; 5E6653, 1^v, 95^v–96^r; 5E6656, 11^r, 50^r; 5E6847, 12. Dezember 1562; 5E6860, 110^v–111^v. – Roger Doucet: *Les Institutions de la France au XVIe siècle*. Paris 1948, S. 632–641. – Veyrin: *Les Basques*, a. a. O., S. 138. – J. Nadal und E. Giralt: *La Population catalane de 1553 à 1717: L'Immigration française*. Paris 1960, S. 67–74, 315.

9. Coras, S. 5. – Le Sueur: *Historia*, S. 4. – De Lancre, a. a. O., S. 41.

10. ADPyA, 1J160, Nr. 4, 5. März 1554/55; 1. April 1555. – Coras, S. 137.

11. Paul Jacob Hiltpold: »Burgos in the Reign of Philip II: The Ayuntamiento, Economic Crises and Social Control, 1550–1660« (Schriftl. Arbeit zur Erlangung des Ph. D., University of Texas, Austin 1981), Kap. 2. – Henrique Florez: *España Sagrada*. Madrid 1771, Bd. 26, S. 427–432. – Nicolás López Martínez: »El Cardenal Mendoza y la Reforma Tridentina en Burgos«, in: *Hispania Sacra*, 16 (1963), S. 61–121.

12. Le Sueur: *Historia*, S. 4. – Coras, S. 137. – E. Lemaire, Henri Courteault et al.: *La Guerre de 1557 en Picardie*. Saint-Quentin 1896, Bd. 1, S. ccxxi–ccxv, Bd. 2, S. 48, 295.

Die Ehre der Bertrande de Rols

1. ADAr, 5E6653, 95^v–98^r; 5E6655, 110^v–111^v.

2. ADHG, 2G108, 127^r. – Doublet: »Un Diocèse pyrénéen«, a. a. O., S. 369–371. – Coras, S. 44. – Jakob Sprenger und Heinrich Institoris: *Der Hexenhammer (Malleus maleficarum)*. München 1983, 1. Teil, Frage 8.

3. Coras, S. 40 f.

4. ADAr, 5E6654, 29^r; 5E6655, 79^r; 5E6838, 104^v.

5. ADAr, 5E5335, 92^{r-v}, 135^r, 282^v–283^v; 5E6653, 6^r; 5E6654, 29^r; 5E6655, 6^{r-v}, 106^v–107^r, 137^v–138^r; 5E6656, 58^r; E182, 26^r. – ADHG, 3E15280, 14. Januar 1547/48. – Jacques Beauroy: *Vin et société à Bergerac du Moyen Age aux temps modernes*. (Stanford French and Italian Studies, 4) Saratoga, Kalifornien, 1976, S. 125.

6. Cayla: *Dictionnaire*, a. a. O., S. 54–58, 236. – ADAr, 5E6219, 31. Juli 1540; 5E6653, 3ʳ⁻ᵛ, 54ᵛ; 5E6655, 117ᵛ. – ADHG, 3E15280, 31. Januar 1547/48; 3E15983, 126ʳ–127ʳ, 322ʳ–334ᵛ.

7. ADAr, 5E6846, 34ᵛ–36ᵛ. – ADHG, B50 (arrêts civils), 678ᵛ–679ᵛ. – Le Roy Ladurie: *Montaillou*, a. a. O., S. 215 ff. – ADAr, 5E6837, 236ʳ–237ʳ; 5E6655, 110ᵛ–111ᵛ; 5E6847, 23. September 1562. – Pasquier: »Coutumes du Fossat«, a. a. O., S. 298 f. – Cayla, a. a. O., S. 63.

8. De Lancre: *Tableau de l'inconstance*, a. a. O., S. 42–44. Zu einem späteren Porträt der Frauen von Labourd, siehe G. Olphe-Galliard: *Un Nouveau type particulariste ébauché. Le Payson basque de Labourd à travers les âges.* (La Science Sociale suivant la méthode d'observation, 20) Paris 1905, S. 437–441.

9. Le Sueur: *Historia*, S. 9. – ADAr, 5E6223, 5. Juli 1542; 5E6224, 6. Januar 1547/48. In den späten 1550er Jahren wurde Martin Guerres Erbteil mit den in acht Jahren dazugekommenen Einkünften auf 7000–8000 Livres geschätzt: Coras, S. 29.

10. Coras, S. 5–7, 25. – Jean de Coras: *Opera omnia*. Wittenberg 1603, Bd. 1, S. 730 f. – Jean Dauvillier: *Le Mariage dans le droit classique de l'Eglise*. Paris 1933, S. 304–307. – Bernard de La Roche-Flavin: *Arrests Notables du Parlement de Tolose*. Lyon 1619, S. 601 f.

11. Coras, S. 46.

12. ADHG, B38 (arrêts civils), 60ᵛ–61ʳ; B47 (arrêts civils), 487ʳ; 2G241.

13. Coras, S. 1, 5, 7.

Die Gesichter des Arnaud du Tilh

1. Coras, S. 8, 151. – François de Belleforest: *La Cosmographie universelle de tout le monde... Auteur en partie Munster... augmentée... par François de Belle-forest Comingeois*. Michel Sonnius, Paris 1575, S. 368–372.

2. ADHG, B78 (arrêts civils), 3ʳ–4ʳ; IADHG, BB58, ff. 220, 214. – Charles Higounet: *Le Comté de Comminges de ses origines à son annexion à la couronne*. Toulouse 1949, Bd. 1, S. 277, 292. – ADGe, 3E1570, 10. Juli 1557; 3E1569, 27. Juli 1552.

3. Higounet, a. a. O., S. 512 ff. – Wolff: *Commerces et marchands de Toulouse*, a. a. O., Karte 12. – ADGe, 3E1569, 19. Dezember 1551; 3E1570, 7. April und 4. Juli 1557. – ADHG, 4E2016; 4E1568; 2E2403. – George Couarraze: *Au pays du Savès: Lombez évêché rural, 1317–1801*. Lombez 1973.

4. ADGe, G332, 47ʳ–48ʳ; 3E1570, 21. April 1557. – Coras, S. 97, 151.

5. Coras, S. 52, 54. – ADGe, G332, 47 bisʳ⁻ᵛ.

6. Coras, S. 56 f., 77, 97. – Leah Otis: »Une Contribution à l'étude du blasphème au bas Moyen Age«, in: *Diritto commune e diritti locali nella storia dell' Europa. Atti del Convegno di Varenna, 12–15 giugno 1979.*

Mailand 1980, S. 213–223. – IADHG, B1900, f. 118, B 1901, f. 143 (königliche Verordnungen von 1493 und 1523 über Gotteslästerung).

7. Raymond de Beccarie de Pavie, Sieur de Fourquevaux: *The Instructions sur le Faict de la Guerre*, hg. v. G. Dickinson. London 1954, S. xxix-xxxii. – ADGe, 3E1571, 16. April 1558, und passim. – Coras, S. 53, 57, 144. – Yves-Marie Bercé: »Les Gascons à Paris aux XVIe et XVIIe siècles«, in: *Bulletin de la société de l'histoire de Paris et de l'Ile-de-France*, 106 (1979), S. 23–29.

8. Coras, S. 8–11, 38 f., 144.

9. *Le Grand Calendrier et compost des Bergers avec leur astrologie.* Jean Lecoq, Troyes 154[1], M i^v–M iii^r.

10. Coras, S. 53.

11. Le Sueur: *Historia*, S. 13. – Ders.: *Histoire*, C iv^v. – Coras, S. 144–146. – François de Rabutin: *Commentaires des dernieres guerres en la Gaule Belgique, entre Henry second du nom, très-chrestien Roy de France et Charles Cinquiesme, Empereur, et Philippe son fils, Roy d'Espaigne* (1574), Buch 4–5 der *Nouvelle Collection des Mémoires pour servir à l'histoire de France*, hg. v. Michaud und Poujoulat. Paris 1838, Bd. 7.

12. Coras, S. 145–147. – Le Sueur: *Historia*, S. 22.

13. ADGe, 3E1569, 19. Dezember 1551.

14. Bibliothèque Nationale, Département des Estampes – *Inventaire du fonds français. Graveurs du seizième siècle*, Bd. 2, L–W von Jean Adhémar, S. 273: »L'Histoire des Trois Frères«. – ADR, BP443, 37^r–39^v, 294^v–296^r.

Die erfundene Ehe

1. Le Sueur: *Historia*, S. 5–7. – Ders.: *Histoire*, B i^v–B ii^v. – Coras, S. 63.

2. Mark Snyder und Seymour Uranowitz: »Reconstructing the Past: Some Cognitive Consequences of Person Perception«, in: *Journal of Personality and Social Psychology*, 36 (1978), S. 941–950. – Mark Snyder und Nancy Cantor: »Testing Hypotheses about Other People: The Use of Historical Knowledge«, in: *Journal of Experimental Psychology*, 15 (1979), S. 330–342.

3. Etienne Pasquier: *Les Recherches de la France*. L. Sonnius, Paris 1621, S. 571 f.

4. Coras, S. 25. – Le Sueur: *Historia*, S. 7.

5. Coras, S. 68, 34, 65 f. – Le Sueur: *Histoire*, C i^v, C iii^r.

6. Coras, S. 149. – Le Roy Ladurie: *Montaillou*, a. a. O., S. 275, Nr. 1.

7. Sheehan: »The Formation and Stability of Marriage«, a. a. O., S. 228–263. – J. M. Turlan: »Recherches sur le mariage dans la pratique coutumière (XIIe–XVI^{e}s.)«, in: *Revue historique de droit français et étranger*, 35 (1957), S. 503–516. – Beatrice Gottleib: »The Meaning of Clandestine Marriage«, in: *Family and Sexuality in French History*, hg. v. Robert Wheaton und Tamara K. Hareven. Philadelphia 1980, S. 49–83.

8. Jean-Jacques de Lescazes: *Le Memorial historique, contenant la narration des troubles et ce qui est arrivé diversement de plus remarquable dans le Païs de Foix et Diocese de Pamies.* Toulouse 1644, Kap. 12–16. – Jean Crespin: *Histoire des Martyrs persecutez et mis à mort pour la Verité de l'Evangile.* Toulouse 1885–1889, Bd. 1, S. 457; Bd. 3, S. 646–649. – J. Lestrade: *Les Huguenots dans le diocèse de Rieux.* Paris 1904, S. 4, 10, 29 f. – J. M. Vidal: *Schisme et hérésie au diocèse de Pamiers, 1467–1626.* Paris 1931, S. 147–169. – Raymond Mentzer: »Heresy Proceedings in Languedoc, 1500–1560« (Schriftliche Arbeit zur Erlangung des Ph. D., University of Wisconsin 1973), Kap. 12. – Labrousse: *Pierre Bayle*, a. a. O., S. 6–8. – Alice Wemyss: *Les Protestants du Mas-d'Azil.* Toulouse 1961, S. 17–25. – Paul-F. Geisendorf: *Livres des habitants de Genève, 1549–1560.* Genf 1957–1963, Bd. 1, S. 9, 13. – ADAr, 5E6654, 5^r, 16^v, 29^r. – ADHG, 2G108, 127^r–130^v; B422 (arrêts civils), 22. Oktober 1620.

9. ADHG, B33 (arrêts civils), 156^v–157^r; B38 (arrêts civils), 60^r–61^r; B47 (arrêts civils), 487^r. – ADAr, 5E6655, 14^r–16^r.

10. ACArt, *Terrier* von 1651, 137^r–139^v: »Memoire des personnes decedees en la ville du Carla en Foix ou en sa Jurisdiction commance le vingt et deusiesme octobre 1642«, 10^r, 12^v, 13^r, 13^v (aufgezeichnet von Jean Bayle, Pastor der reformierten Kirche von Le Carla 1637–1685; Fotokopie im Besitz von Elisabeth Labrousse).

11. Couarraze: *Lombez*, a. a. O., S. 122. – ADHG, B, La Tournelle, Bd. 74, 20. Mai 1560.

12. Le Sueur: *Historia*, S. 16, 21 f. – Coras, S. 160.

13. »Projet d'ordonnance sur les mariages, 10 novembre 1545«, in: Jean Calvin: *Opera quae supersunt omnia*, hg. v. G. Baum, E. Cunitz und E. Reuss. Brunswick 1863–1880, Bd. 38, S. 41–44.

Streitigkeiten

1. Coras, S. 61. – ADHG, B, La Tournelle, Bd. 74, 20. Mai 1560.

2. Le Roy Ladurie: *Les Paysans de Languedoc*, a. a. O., Bd. 1, S. 302–309. – ADAr, 5E6655, 8^{r-v}, 98^r; 5E6656, 12^r, 26^v, 29^r, 58^r; 5E6653, 79^v, 200^{r-v}. – ADHG, 2G143, 2G143 (Arrentements des benefices du diocèse de Rieux). – Coras, S. 150–152.

3. Le Sueur: *Historia*, S. 7. – Ders.: *Histoire*, B iii^r. – Coras, S. 22 f.

4. Coras, S. 33 f. – »Coutumes... observées au Pays de Labourd«, a. a. O., S. 467 f. – ADAr, 5E6653, 3^{r-v}, 112^{r-v}; 5E6656, 11^r.

5. Coras, S. 12, 47, 53. – De Lancre: *Tableau de l'inconstance*, a. a. O., S. 41.

6. Coras, S. 53, 62, 66 f. Was Bertrandes Bruder betrifft, so gibt es Dokumente aus Artigat, die, nicht lange nach dem Prozeß, Pey Rols alias Colombet erwähnen, Erbe des verstorbenen Vaters und Sohnes Andreu und Barthélemy Rols, und einen weiteren Rols, dessen Name mit A beginnt (alles

weitere auf dieser Seite ist unleserlich) in der Umgebung von Pierre Guerre (ADAr, 5E6653, 95–98). Es ist denkbar, daß einer der »Schwiegersöhne« Pierre Guerres in unserem zeitgenössischen Sinn ein Stiefsohn war (in Coras' Text sind die Ausdrücke *gendre* und *beau-fils* austauschbar). In diesem Fall wäre Bertrandes Bruder mit ihrer Mutter und ihrem Stiefvater im Bund gewesen gegen sie und den neuen Martin. Andererseits hat sich Bertrandes Bruder in den Jahren 1559–1560 vielleicht einfach woanders aufgehalten.

7. Le Sueur: *Historia*, S. 7. – Coras, S. 46, 53, 61 f. – Le Roy Ladurie: *Montaillou*, a. a. O., S. 84 ff. Verschiedene Akten zeigen, daß die Banquels und die Boëri miteinander in Verbindung standen (ADAr, 5E6653, 95^v–96^r, 186$^{r–v}$). Die Loze sind nicht so oft in Verbindung mit den Banquels zu finden, doch ist belegt, daß James Delhure, Partner von James Loze, zugegen war, als Jean Banquels die Pachtsumme für ein Pferd bezahlte (ADAr, 5E6653, 200$^{r–v}$).

8. Coras, S. 54. – Le Sueur: *Historia*, S. 8.
9. Coras, S. 21.
10. Le Sueur: *Historia*, S. 8. – Coras, S. 68. – ADAr, 5E6860, 12^r–13^v; 5E6837, 188^v–189^v. – ADHG, 2G143, 1550; B37 (arrêts civils), 68^r. Es ist nur schwer vorstellbar, daß sich der für den Brandstiftungsfall zuständige *lieutenant-criminel* der Sénéchaussée von Toulouse, Jean Rochon, ehemaliger Richter und Offizier der Münze in Paris, von einem kleinen Adligen aus dem Lèzetal bevormunden ließ. (IADHG, B1905, f. 125).

11. So interpretiere ich jedenfalls des neuen Martins Behauptung im Januar 1559/60, daß Bertrande »in der Gewalt des besagten Pierre Guerre, in seinem Haus wohnhaft« sei (Coras, S. 37, 45, 67). Es werden zwei Häuser als im Besitz der Familie Guerre befindlich erwähnt: »das Haus von Martin Guerre« (ADHG, B76, La Tournelle, 12. September 1560. – Coras, S. 129. – Le Sueur: *Historia*, S. 19) und »das Haus von Pierre Guerre« (ADAr, 5E6653, 96^r–98^r). Ich bin davon ausgegangen, daß dies getrennte, doch nicht weit voneinander entfernt gelegene Gehöfte waren (siehe die Anordnung des Guerre-Grundes 1594 [ADHG, Hinweise, Bd. 6, 95^v–97^v] und 1651 [ACArt, *Terrier*]) und daß, dem tiefverwurzelten baskischen Brauch folgend, verheiratete Paare nur dann in einem Haus zusammenlebten, wenn es in jedem Haus einen Erben des Besitzes gab. So hatten Martin Guerre und Bertrande mit dem alten Sanxi Guerre zusammengelebt; Pierre Guerre hätte dann mit seiner erwählten Erbin, ihrem Mann und allen noch nicht verheirateten Töchtern unter einem Dach gelebt. Der neue Martin wäre in das ehemalige Haus des alten Sanxi gezogen, das nun in den Besitz des Erben übergegangen war. Natürlich ist es dennoch möglich, daß man diesen Bräuchen nicht folgte und daß der neue Martin und Pierre Guerre von 1556 bis 1559 in einem Haus zusammenlebten. Man kann sich vorstellen, was für eine Atmosphäre während dieser Streitereien herrschte.

12. Le Sueur: *Historia*, S. 8. – Ders.: *Histoire*, B iii$^{r–v}$. – Coras, S. 68, 86.
13. Coras, S. 53 f.
14. Coras, S. 69 f. – ADAr, 5E6653, ff. 96^r–97^r. – Jean Imbert: *Institu-*

tions Forenses, ou practique iudiciaire... par M. Ian Imbert Lieutenant criminel du siege royal de Fontenai Lecomte. Enguilbert de Marnef, Poitiers 1563, S. 439.

15. Coras, S. 68 f.
16. Über das Lügen siehe die Sondernummer des *Daedalus*, betitelt: »Hypocrisy, Illusion and Evasion« (Sommer 1979) und »Special Issue on Lying and Deception« der *Berkshire Review*, 15 (1980).
17. Coras, S. 19. – Jean Benedicti: *La Somme des Pechez*. Paris 1595, S. 151 f.
18. Coras, S. 69 f., 1, 28.

Der Prozeß in Rieux

1. ADHG, 3E15289, 46ʳ–47ʳ. – ADAr, 5E6653, 96ʳ–98ʳ; 5E6655, 29ʳ, 79ʳ.
2. André Viala: *Le Parlement de Toulouse et l'administration royale laïque, 1420–1525 environ*. Albi 1953, Bd. 1, S. 143. – IADHG, B1, f. 37; B47, f. 805; B58, f. 638; B66, ff. 290, 294. – Lastrade: *Les Huguenots*, a. a. O., S. 1.
3. Coras, S. 28 f., 85. – Imbert: *Practique iudiciaire*, a. a. O., S. 420 f.
4. Zur Strafjustiz in Frankreich im 16. Jahrhundert siehe Imbert: *Practique iudiciaire*, – dieses Werk beruht auf der Erfahrung eines *lieutenant-criminel*; Pierre Lizet: *Brieve et succincte maniere de proceder tant à l'institution et decision des causes criminelles que civiles et forme d'informer en icelles* (Vincent Sertenas, Paris 1555), geschrieben von einem Mitglied des Parlaments von Paris; A. Esmein: *Histoire de la procédure criminelle en France* (Paris 1882); Bernard Schnapper: »La Justice criminelle rendue par le Parlement de Paris sous le règne de François 1er«, in: *Revue historique du droit français et étranger*, 152 (1974), S. 252–284; John H. Langbein: *Prosecuting Crime in the Renaissance* (Cambridge, Mass., 1974). – Soman: »Criminal Jurisprudence in Ancien-Régime France: The Parlement of Paris in the Sixteenth and Seventeenth Centuries«, in: *Crime and Criminal Justice in Europe and Canada*, hg. v. Louis A. Knafla. Waterloo, Ontario, 1981, S. 43–74. Alfred Somans Essay erschien in überarbeiteter und erweiterter Fassung als: »La Justice criminelle au XVIᵉ–XVIIᵉ siècles: Le Parlement de Paris et les sièges subalternes«, in: *Actes du 107ᵉ Congrès national des Sociétés Savantes (Brest 1982). Section de Philologie et d'Histoire jusqu'à 1610*.
5. Coras, S. 38–46. – Imbert, a. a. O., S. 439–474. – Lizet, a. a. O., 2ᵛ–26ᵛ. – Yves Castan: *Honnêteté et relations sociales en Languedoc, 1715–1780*. Paris 1974, S. 94–96.
6. Coras, S. 46 f., 50–53, 58–61, 63.
7. Nicole Castan: »La Criminalité familiale dans le ressort du Parlement de Toulouse, 1690–1730«, in: A. Abbiateci et al.: *Crimes et criminalité en*

France, XVIIe–XVIIIe siècles. (Cahiers des Annales, 33), Paris 1971, S. 91–107.

8. Coras, S. 21, 40, 44. – Le Sueur: *Historia*, S. 12 f. – Ders.: *Histoire*, C iii^v–C iv^r.

9. Coras, S. 37, 65 f. – Le Sueur: *Historia*, S. 10. – Ders.: *Histoire*, C i^v.

10. Coras, S. 38 f., 73.

11. »Ordonnance sur le fait de la justice«, in: *Recueil Général des anciennes lois françaises*, hg. v. Isambert et al. Paris 1822–1833, Bd. 12, S. 633: »Ordonnance sur le fait de la justice«, August 1539, Nr. 162. – Langbein, a. a. O., S. 236. – Soman: »Criminal Jurisprudence«, a. a. O., S. 60 f., und »Justice criminelle«.

12. Coras, S. 29.

13. Imbert, a. a. O., S. 478. – Coras, S. 54. – Jean Imbert und Georges Levasseur: *Le Pouvoir, les juges et les bourreaux*. Paris 1972, S. 172–175. Raymond Mentzer fand heraus, daß von 1069 Fällen von Ketzerei, die zwischen 1510 und 1560 vor das Parlament von Toulouse kamen, bei 27 Fällen (2–3 Prozent) die Folter angeordnet wurde. Raymond A. Mentzer, Jr.: »Calvinist Propaganda and the Parlement of Toulouse«, in: *Archive for Reformation History*, 68 (1977), S. 280. Schnapper, der sich auf eine Periode von zwei Jahren (1535–1536 und 1545–1546) beschränkt, stellte fest, daß bei 16,8 Prozent der vor dem Parlament von Paris verhandelten Fälle die Anordnung zur Folter gegeben wurde. (»La Justice criminelle«, a. a. O., Tafel 5, S. 263–265). Alfred Soman nahm eine umfangreichere Untersuchung aller Verbrechen, außer dem der Häresie, vor, die von 1539 bis 1542 und von 1609 bis 1610 vor das Parlament von Paris kamen. Es zeigte sich, daß im ersten Zeitabschnitt die Folter zur Erreichung eines Geständnisses bei 20,4 Prozent aller Fälle angewandt wurde, in der zweiten Periode bei 5,2 Prozent. Bei Fällen von Betrug, Meineid und Fälschung war der Prozentsatz zwischen 1539 und 1542 höher als der Durchschnitt, zwischen 1609 und 1610 lag er bei Null. Von 125 Fällen, bei denen zwischen 1539 und 1542 die Folter angewandt wurde, sind bei 70 Fällen Ergebnisse bekannt: Sechs Personen legten ein Geständnis ab. Soman: »Criminal Jurisprudence«, a. a. O., Tafel 6 und S. 54. – Vgl. auch Somans »Justice criminelle«, a. a. O., Tafel 7. Siehe auch die allgemeine Untersuchung über die Folter von John H. Langbein: *Torture and the Law of Proof: Europe and England in the Ancien Régime*. Chicago 1977.

14. Coras, S. 28, 47 f. – ADR, BP443, 37^r–39^r.

15. Coras, S. 47. – Imbert: *Practique iudiciaire*, a. a. O., S. 504–506. – ADHG, B, La Tournelle, Bd. 74, 30. April 1560.

Der Prozeß in Toulouse

1. Über das Parlament von Toulouse siehe Viala: »Parlement de Toulouse«, und B. Bennassar und B. Tollon: »Le Parlement«, in: *Histoire de Toulouse*, hg. v. Philippe Wolff. Toulouse 1974, S. 236–245; sowie Bernard de La Roche-Flavin (langjähriger Richter des Parlaments von Toulouse): *Treize livres des Parlemens de France*. Genf 1621. – ADHG, B, La Tournelle, Bd. 74, 27. April und 20. Mai 1560. – Jean de Coras: *De acqui. possessione Paraphrasis*. Michel Parmentier, Lyon 1542, A ii^r. – Ders.: *De Ritu Nuptiarum*, Zueignung, S. 205 f., in: *De Servitutibus Commentarii*. Dominique de Portunariis, Lyon 1548. – Ders.: *De verborum obligationibus Scholia*. Guillaume Rouillé, Lyon 1550, Titelseite.

2. La Roche-Falvin: *Parlemens de France*, a. a. O., S. 34 f., 54. – IADHG, B43, f. 707; B51, f. 2; B32, f. 219; B57, f. 466; B55, f. 415; B57, ff. 70, 73; B56, ff. 556–557, 561; B67, ff. 478–479. – Mentzer: »Calvinist Propaganda and the Parlement of Toulouse«, a. a. O., S. 268–283. – Joan Davies: »Persecution and Protestantism: Toulouse, 1562–1575«, in: *Historical Journal*, 22 (1979), S. 49.

3. IADHG, B19, f. 8. – Coras, S. 1. – Le Sueur: *Historia*, S. 16. – La Roche-Flavin: *Parlemens de France*, a. a. O., S. 753–755. – ADHG, B, La Tournelle, Bd. 74, 30. April 1560.

4. La Roche-Falvin: *Parlemens de France*, a. a. O., S. 260. – Viala, a. a. O., S. 381–385. – ADHG, B, La Tournelle, Bd. 72, 29. Januar 1559/60, Bd. 73, 15. März 1559/60; Bd. 74, 1. Februar 1559/60, 31. Mai, 23. August 1560.

5. Le Sueur: *Historia*, S. 11 f. – Ders.: *Histoire*, C ii^r–C iii^r. – Coras, S. 47. – IADHG, B1900, f. 256. – ADHG, B, La Tournelle, Bd. 74, 20. Mai 1560. – La Roche-Flavin: *Parlemens de France*, a. a. O., S. 250.

6. Coras, S. 39.

7. Coras, S. 48, 51, 73. – ADHG, B, La Tournelle, Bd. 74, 20. Mai 1560.

8. Zum Beispiel war Coras bei der Verurteilung von Häretikern am 29. Januar 1559/60 nicht anwesend (B, La Tournelle, Bd. 72), ebensowenig wie am 1. Februar 1559/60 oder am 1. März 1559/60 (a. a. O.; Bd. 73), obwohl er an den Tagen vorher und nachher während der Urteilsverkündungen zugegen war.

9. Coras, S. 48–56, 72–74, 76 f. – Imbert und Levasseur: *Le Pouvoir*, a. a. O., S. 163–169. – Soman: »Criminal Jurisprudence«, a. a. O., S. 55 f., und »Justice criminelle«, a. a. O.

10. Coras, S. 34 f., 47, 59, 68–70, 85.

11. Coras, S. 33–36, 62, 69 f. – Le Sueur: *Historia*, S. 14.

12. Coras, S. 59 f., 71 f., 75–79.

13. Coras, S. 87.

1. Le Sueur: *Historia*, S. 4. – Ders.: *Histoire*, A iii^r. Über die verhältnismäßig erfolgreiche Arbeit der Militär-Chirurgen, die mit der spanischen Armee in Flandern in Verbindung standen, siehe Geoffrey Parker: *The Army of Flanders and the Spanisch Road, 1567–1659*. Cambridge, England, 1972, S. 168. Im 17. Jahrhundert wurde in Belgien eine spezielle Institution gegründet für arm- und beinamputierte Soldaten. L. P. Wright: »The Military Orders in Sixteenth and Seventeenth-Century Spanish Society«, in: *Past and Present*, 43 (Mai 1969), S. 66.

2. Le Sueur: *Historia*, S. 15. – Martin Fernandez Navarreta et al.: *Collección de Documentos Inéditos para la historia de España*. Madrid 1843, Bd. 3, S. 418–447. Die Gefahr einer gerichtlichen Verfolgung wegen Landesverrates sollte nicht unterschätzt werden: Ein gewisser Martin de Guerre wurde 1555 in Rouen gehenkt, weil er Briefe von Spanien über Bayonne zu spanischen Kaufleuten in Rouen gebracht hatte, die »in höchstem Grade schädlich sind für uns [den König] und unsere Republik« (AN, JJ263^a, 271^r–272^r). Welche Beziehung – wenn es eine solche überhaupt gab – zwischen diesem Martin de Guerre und unserem Martin Guerre bestand, ist unbekannt.

3. Viala: *Parlement*, a. a. O., S. 409. – M. A. Du Bourg: *Histoire du grand-prieuré de Toulouse et des diverses possessions de l'ordre de Saint-Jean de Jérusalem dans le sud-ouest de la France*. Toulouse 1883, Kap. 5.

4. Coras, S. 88 f. – Le Sueur: *Historia*, S. 15. – Ders.: *Histoire*, D ii^r.

5. Coras, S. 89 f., 149. – Le Sueur: *Historia*, S. 17. – Ders.: *Histoire*, D iii^v–D iv^r. Eine der Fangfragen betraf die Details von Martin Guerres Firmung. Diese wurde aus irgendeinem Grund in Pamiers vollzogen statt in Rieux, dem Bischofssitz, oder in Artigat anläßlich eines Besuchs des Stellvertreters des Bischofs. Einige Dörfer in dieser Gegend waren Teil der weltlichen Diözese von Rieux und zugleich Teil der geistlichen Diözese von Pamiers, aber Artigat gehörte nicht zu ihnen. C. Barrière-Flavy: »Le Diocèse de Pamiers au seizième siècle, d'après les procès-verbaux de 1551«, in: *Revue des Pyrénées*, 4 (1894), S. 85–106. Vielleicht hielten die Richter dies für eine sehr gute Frage, um den Gefangenen zu prüfen, aber nichtsdestoweniger gab dieser den Ort richtig an.

6. Coras, S. 97–99. – Le Sueur: *Historia*, S. 15 f. – Ders.: *Histoire*, D ii^{r-v}. – Imbert und Levasseur: *Le Pouvoir*, a. a. O., S. 166 f. – B. Schnapper: »Testes inhabiles: Les Témoins reprochables dans l'ancien droit pénal«, in: *Tijdschrift voor Rechtsgeschiedenis*, 33 (1965), S. 594–604.

7. ADHG, B, La Tournelle, Bd. 73, 2. und 5. März 1559/60; Bd. 76, 6. September 1560. – Le Sueur: *Historia*, S. 16.

8. Coras, S. 98–107. – Le Sueur: *Historia*, S. 16 f. – Ders.: *Histoire*, D ii^v–D iii^r.

9. Dies ist der genaue Wortlaut im Register des Parlaments. ADHG, B, La Tournelle, 76, 12. September 1560.

10. Schnapper: »La Justice criminelle«, a.a.O., Tafel 4. – Ders.: »Les Peines arbitraires du XIIIe au XVIIIe siècle«, in: *Tijdschrift voor Rechtsgeschiedenis*, 42 (1974), S. 93–100. – Soman: »Criminal Jurisprudence«, a.a.O., S. 50–54. – Coras, S. 111f. – A. Carpentier und G. Frerejouan de Saint: *Répertoire général alphabétique du droit français*. Paris 1901, Bd. 22: »Faux«. – Hélène Michaud: *La Grand Chancellerie et les écritures royales au 16e siècle*. Paris 1967, S. 356f. – AN, X^{2a} 119, 15. Juni 1557; X^{2a} 914, 15. Juni 1557. – ADR, BP443, 294^v–296^r.

11. Coras, S. 111, 118–123. – La Roche-Flavin: *Arrests notables du Parlement de Tolose*, a.a.O., S. 14.

12. Coras, S. 24, 26f., 109, 132–134. – Imbert: *Practique iudiciaire*, a.a.O., S. 488–490.

13. ADHG, B, La Tournelle, Bd. 72, 29. Januar 1559/60. – Imbert: *Practique iudiciaire*, S. 516. – Imbert und Levasseur: *Le Pouvoir*, a.a.O., S. 175.

14. Coras, S. 135–142.

15. Le Sueur: *Historia*, S. 18. – Ders.: *Histoire*, D iv^v–E i^r. – Coras, S. 128.

16. Le Sueur: *Historia*, S. 19. – Ders.: *Histoire*, E i^v. – E. Telle: »Montaigne et le procès Martin Guerre«, in: *Bibliothèque d'humanisme et renaissance*, 37 (1975), S. 387–419. – Im Prinzip war die Öffentlichkeit in einer Strafrechtssache nur während der Urteilsverkündung zugelassen; wenn Montaigne tatsächlich bei vorangegangenen Verhandlungen zugegen war, so müssen die Vorschriften des Gerichtshofes verletzt worden sein.

17. Coras, S. 144–160. – Le Sueur: *Historia*, S. 20–22. – Ders.: *Histoire*, E ii^{r-v}.

Der Erzähler

1. Coras, S. 78.

2. Le Sueur: *Historia*, Titelseite und S. 22. – Louis-Eugène de la Gorgue-Rosny: *Recherches généalogiques sur les comtés de Ponthieu, de Boulogne, de Guines et pays circonvoisins*. Paris 1874–1877, Bd. 3, S. 1399–1400. – ADPC, 9B24, 120^r–121^v. – A. d'Haultefeuille und L. Bénard: *Histoire de Boulogne-sur-Mer*. Boulogne-sur-Mer 1866, Bd. 1, S. 314f., 377. – *Dictionnaire historique et archéologique du département du Pas-de-Calais. Arrondissement de Boulogne*. Arras 1882, Bd. 1, S. 267–269. – *Les Bibliothèques françoises de La Croix du Maine et Du Verdier*. Paris 1772, Bd. 1, S. 349. – *Liber qui vulgo Tertius Maccabaeorum inscribitur, Latin versibus à Graeca oratione expressus, A Gulielmo Sudorio, Caesarum apud Boloniens. Belg. patrono*. Robert II Estienne, Paris 1566; gewidmet Michel de L'Hôpital. – *Antiquitez de Boulogne-sur-mer par Guillaume Le Sueur, 1596*, hg. v. E. Deseille, in: *Mémoires de la société académique de l'arrondissement de Boulogne-sur-Mer*, 9, (1878–1879), S. 1–212.

3. *Ioannis Corasii Tolosatis, Iurisconsulti Clarissimi, in Nobilissimum Titulum Pandectarum, De verbor. obligationibus, Scholia.* Guillaume Rouillé, Lyon 1550. – *Ioannis Corasii... vita: per Antonium Usilium... in schola Monspeliensi iuris civilis professorem, edita. 1559,* in: Jean de Coras: *De iuris Arte libellus.* Antoine Vincent, Lyon 1560. – Coras selbst berichtete über seine akademischen Erfolge in seiner Jugend in einem Brief aus Padua, datiert vom 22. Mai 1535, an Jacques de Minut, den ersten Präsidenten des Parlaments von Toulouse; er wurde abgedruckt zusammen mit den hundert Urteilssprüchen am Ende seiner *Miscellaneorum Iuris Civilis, Libri Sex.* G. Rouillé, Lyon 1552. – Coras, S. 56. – Henri de Mesmes: *Mémoires inédites,* hg. v. E. Frémy. Paris, o. J., S. 139 f., 143. Coras war einer der Professoren von de Mesme in Toulouse. Jacques Gaches: *Mémoires sur les Guerres de Religion à Castres et dans le Languedoc, 1555–1610,* hg. v. C. Pradel. Paris 1879, S. 117, Nr. 1. – Jean de Coras: *Opera quae haberi possunt omnia.* Wittenberg 1603, Bd. 2, S. 892. Auch der humanistische Rechtsgelehrte Jean de Boyssonné, ehemaliger Professor in Toulouse, sprach von Coras' Ruhm als Dozent; Gatien Arnoult: »Cinq letters de Boysonné à Jean de Coras«, in: *Revue historique de Tarn,* 3, (1880–1881), S. 180–185.

4. ADHG, B37 (arrêts civils), 12. Juli 1544. Coras' Mutter wird hier Jeanne genannt; Usilis nennt den Namen Catherine. Jean de Coras: *In Titulum Codicis Iustiniani, De Iure Emphyteutico.* Guillaume Rouillé, Lyon 1550, Rückseite des Titelblatts: »Domino Ioanni Corasio patri suo observandissimo, Ioannes Corasius filius S. D.«, datiert Lyon, September 1549.

5. Coras: *Opera omnia,* a. a. O., Bd. 1, S. 549, 690. – Archives Municipales de Toulouse, AA103^v. – ADHG, 3E12004, 56^r. (Diese Hinweise sind mir von Barbara B. Davis freundlicherweise zur Verfügung gestellt worden.)

6. Marcel Fournier: »Cujas, Corras, Pacius. Trois conduites de professeurs de droit par les villes de Montpellier et Valence au seizième siècle«, in: *Revue des Pyrénées,* 2 (1890), S. 328–324. – Jean de Coras: *De Impuberum... Commentarii.* Guy Boudeville, Toulouse 1541, S. 168. »Corrasissima« heißt es am Rand in dem Exemplar der Stadtbibliothek von Toulouse. Die Arbeit ist Jean Bertrand, Präsident im Parlament von Paris, gewidmet; *De acqui. possessione* ist 1542 Mansencal gewidmet. Die Widmung für den Kardinal von Châtillon stammt aus dem Jahre 1548, die für den Kardinal von Lothringen aus dem Jahre 1549: Coras: *Opera Omnia,* a. a. O., Bd. 1, S. 22, 162, 191, 225.

7. Usilis: »Vita«, a. a. O. – IADHG, B46, f. 172.

8. ADHG, E916. Diese Briefe sind teilweise veröffentlicht worden von Charles Pradel in: *Lettres de Coras, celles de sa femme, de son fils et de ses amis.* Albi 1880. Sie wurden erforscht von F. Neubert: »Zur Problematik französischer Renaissancebriefe«, in: *Bibliothèque d'humanisme et renaissance,* 26 (1964), S. 28–54. – Gaches: *Mémoires,* a. a. O., S. 120, n. 2. Coras hatte Jacquette gegen Juni 1557 geheiratet, zu der Zeit, als er eine freundschaftliche Widmung für Antoine de Saint-Paul, »maître des requêtes ordinaires de l'hôtel du roi«, Jacquettes Onkel, schrieb. (*Opera omnia,* a. a. O.,

Bd. 2, S. 894.) – Pradel: *Lettres*, a.a.O., S. 13, n. 1; S. 32, n. 1. – IADHG, B75, f. 167.

9. *Lettres de Coras*, a.a.O., S. 10, 12f., 15, 20f., 26–28, 35f. – ADHG, Briefe vom 10. April, 12. Juli und 8. Dezember 1567.

10. Jean de Coras: *In Universam sacerdotiorum materiam... paraphrasis*. Arnaud l'Angelier, Paris 1549, Kapitel über den Papst. – Jean de Coras: *Des Mariages clandestinement et irreveremment contractes par les enfans de famille au deceu ou contre le gré, vouloir et consentement de leurs Peres et Meres, petit discours... A trêcretien... prince Henri deuxieme... Roy de France*. Pierre du Puis, Toulouse 1557, S. 92.

11. Ders.: *Des mariages clandestinement... contractes*, gewidmet Henri II. *Altercacion en forme de Dialogue de l'Empereur Adrian et du Philosophe Epictéte... rendu de Latin en François par monsieur maître Iean de Coras*. Antoine André, Toulouse 1558. Das Privileg für neun Jahre ist datiert vom 4. April 1557/58. – Ders.: *De iuris Arte libellus*. Antoine Vincent, Lyon 1560. Diese Arbeit und die Rechtsauffassung von Jean de Coras ist Gegenstand von A. London Fell, Jr.: *Origins of Legislative Sovereignty and the Legislative State*. Königstein und Cambridge, Mass., 1983.

12. Jean de Coras: *Remonstrance Discourue par Monsieur Maistre Jean de Coras, Conseiller du Roy au Parlement de Tolose: sur l'installation par luy faicte de Messire Honorat de Martins et de Grille en l'estat de Seneschal de Beaucaire, Le 4 Novembre 1566 à Nymes*. Guillaume Rouillé, Lyon 1567, S. 17–19. – G. Bosquet: *Histoire sur les troubles Advenus en la ville de Tolose l'an 1562*. Toulouse 1595, S. 157. – ADHG, B56 (arrêts civils), 557ᵛ–558ʳ. – Germain La Faille: *Annales de la ville de Toulouse*. Toulouse 1687–1701, Bd. 2, S. 220, 261. – S. auch mein Kapitel 12, besonders Anm. 2. – *Lettres de Coras*, a.a.O., S. 13.

13. Le Sueur: *Historia*, S. 12. – Coras, S. 64.

14. Coras, S. 87. – Le Sueur: *Historia*, S. 14.

15. Coras: *Altercacion*, a.a.O., S. 59–63.

16. Coras, S. 12. – Le Sueur: *Historia*, S. 18. – Ders.: *Histoire*, D ivʳ. – Stephen Greenblatt: *Renaissance Self-Fashioning: From More to Shakespeare*. Chicago 1980. Ein anderer Ansatz findet sich bei Norbert Elias: *Über den Prozeß der Zivilisation*. Frankfurt 1977. *Michael Montaigne's Gedanken und Meinungen über allerley Gegenstände*. Berlin 1795, 2. Buch, 18. Kap.

Wunderbare Geschichte, Tragische Geschichte

1. *Admiranda historia*, a.a.O., Rückseite des Titelblatts. *Histoire Admirable d'un Faux et Supposé Mary*, a.a.O., E iiiᵛ. Das Sertenas erteilte Privileg für sechs Jahre ist datiert vom 25. Januar 1560/61. Jean-Pierre Seguin: *L'Information en France avant le périodique. 517 Canards impri-*

més entre 1529 et 1631. Paris o.D. – Ders.: *L'Information en France de Louis XII à Henri II.* Genf 1961.

2. E. Droz: »Antoine Vincent: La Propagande protestante par le Psautier«, in: *Aspects de la propagande religieuse, études publiées par G. Berthoud et al.* Genf 1957, S. 276–293. – N. Z. Davis: »Le Monde de l'imprimerie humaniste: Lyon«, in: *Histoire de l'édition française,* hg. v. Henri-Jean Martin und Roger Chartier. Paris 1982, Bd. 1, S. 255–277.

3. Seguin: *L'Information... de Louis XII à Henri II,* a.a.O., über die Regierungszeit François I: Nr. 55, 142; über die Regierungszeit Henri II: Nr. 29. – Jean Papon: *Recueil d'arrestz notables des courts souveraines de France.* Jean de Tournes, Lyon 1557.

4. Jean Céard: *La Nature et les prodiges: L'Insolite au XVIe siècle en France.* Genf 1977, S. 252–265. – Michel Simonin: »Notes sur Pierre Boaistuau«, in: *Bibliothèque d'humanisme et renaissance,* 38 (1976), S. 323–333. – Seguin: *L'Information... de Louis XII à Henri II,* a.a.O., über die Regierungszeit Henri II: Nr. 22. – Pierre Boaistuau: *Histoires prodigieuses les plus memorables qui ayent esté observées depuis la Nativité de Iesus Christ iusques à nostre siècle.* Vincent Sertenas, Paris 1560. Jean de Tournes hatte *Des prodiges* von Jules Obsequent 1555 publiziert, fünf Jahre vor der *Admiranda historia* von Guillaume Le Sueur. Le Sueur: *Histoire,* Rückseite des Titelblattes. – Coras, S. 11 f.

5. Coras, S. 1.

6. Coras, S. 2–7, 40–45, 118–123.

7. Coras, S. 44 f., 96.

8. Antoine Vincents Privileg für den Psalter ist datiert vom 19. Oktober 1561. – Zu Jean de Monluc siehe AN, MM249, 130^v–133^r, 136^{r-v}; und Vidal: *Schisme et hérésie,* a.a.O., S. 165 f. – »Projet d'ordonnance sur les mariages«, in: Calvin: *Opera omnia,* Bd. 38, S. 35–44.

9. Coras: *Arrest Memorable,* a.a.O. (1561), f. 2^{r-v}. Ich bin Annie Charon dankbar für den Hinweis über die katholischen Verbindungen zwischen Vincent Sertenas und den Pariser Editoren von Coras' *Arrest Memorable.*

10. Le Sueur: *Historia,* S. 11, 18. – Coras, S. 90, 108 f., 123–128. – ADHG, B, La Tournelle, Bd. 74, 20. Mai 1560; Bd. 76, 12. September 1560.

11. Coras, S. 11–22, 139, 149.

12. *Cent Nouvelles Nouvelles,* a.a.O., Erzählung 35. Vgl. das *Heptaméron* der Marguerite de Navarre: Zweiter Tag, Erzählung 14 (der Sire de Bonnivet tritt an die Stelle des italienischen Geliebten einer Mailänderin); Fünfter Tag, Erzählung 48 (zwei Franziskaner »vertreten« den neuen Gatten einer dörflichen Braut im Périgord); sowie Shakespeares *Ende gut, alles gut* (Helena gibt sich aus als Diana beim Stelldichein mit Bertram, Graf von Roussillon) und *Maß für Maß* (Mariane geht als Isabella zum Stelldichein mit Angelo). Stets erfährt die getäuschte Person die Wahrheit erst, wenn sie ihm oder ihr später offenbart wird. Stith Thompson gibt keinen Hinweis auf eine Erzählung, in der die gleiche Art von Betrug vorkommt wie in der Geschichte von Martin Guerre; am ähnlichsten ist noch die Geschichte von

einem Zwillingsbruder, der die Frau seines Bruders hintergeht: *Motif-Index of Folk Literature.* Bloomington 1955–1958; K1915–1917, K1311.
13. Vladimir Propp: *Morphologie des Märchens.* München 1972.
14. Coras: *Arrest Memorable*, a. a. O. (1561), f.** 3^{r–v}, S. 70f.
15. Coras: *Arrest Memorable*, a. a. O. (Antoine Vincent, Lyon 1565), S. 158–178, Annotation 104. – Coras, (1572), f* ii^{r–v}. – Le Sueur: *Historia*, S. 4, 11, 22. – Ders.: *Histoire*, A iii^{r}, C iii^{v}. – Henry C. Lancaster: *The French Tragi-Comedy: Its Origin and Development from 1552 to 1628.* Baltimore 1907. – Marvin T. Herrick: *Tragicomedy: Its Origin and Development in Italy, France and England.* Urbana 1955. – Susan Snyder: *The Comic Matrix of Shakespeare's Tragedies.* Princeton 1979.
16. *Histoires tragiques, Extraictes des oeuvres Italiennes de Bandel, et mises en langue Françoise: Les six premieres, par Pierre Boaistuau ... Et les suivantes par François de Belleforest.* Paris 1580. – Richard A. Carr: *Pierre Boaistuau's »Histoires Tragiques«: A Study of Narrative Form and Tragic Vision.* Chapel Hill 1979. – Coras, S. 147.
17. Coras, S. 107, 138. – *Lettres de Coras*, a. a. O., S. 16. Die Bertrande, die ihr eigenes Leben in die Hand nimmt, taucht in Le Sueurs Text nicht auf.

Von den Hinkenden

1. ADHG, E916, 8. Dezember 1567. Eine lateinische Inschrift auf dem Vorsatzblatt der Ausgabe von 1579 in der Bibliothèque de l'Arsenal besagt, daß das Exemplar im Februar 1583 für zehn Sous gekauft wurde – ein anständiger Preis für ein Buch dieser Art.
2. ADHG, B56 (arrêts civils), 557^{v}–558^{r}; B57, 65^{r}, 70^{r}–73^{v}; B67, 478^{v}–479^{r}. – IADHG, B64, f. 69; B62, f. 73; B68, f. 449. – Archives Municipales de Toulouse, GG826; Aussage vom 26. Mai 1562. (Diesen Hinweis verdanke ich Joan Davies.) – [Jean de Coras?]: *Les Iniquitez, Abus, Nullitez, Iniustices, oppressions et Tyrannies de l'Arrest donné au Parlement de Toloze, contre les Conseillers de la Religion*, Februar 1568, in: *Histoire de Nostre Temps, Contenant un Recueil des Choses Memorables passees et publiees pour le faict de la Religion et estat de la France, depuis l'Edict de pacification du 23 iour de Mars 1568 iusques au iour present. Imprimé Nouvellement. Mil D. LXX.* [Barthélemy Berton, La Rochelle], S. 321–354. – E. Droz: *Barthélemy Berton, 1563–1573.* (L'Imprimerie à La Rochelle, 1,) Genf 1960, S. 98–106. – J. de Galle: »Le Conseil de la Reine de Navarre à La Rochelle ... 1569–1570«, in: *Bulletin de la société de l'histoire du protestantisme français*, 2 (1855), S. 123–137. – *Lettres de Coras*, a. a. O., S. 23–28. – Jacques Gaches: *Mémoires*, a. a. O., S. 75, 117–120, 193, 417f. Der dritte Richter, der von der Menge erschlagen wurde, war Antoine I de Lacger, der ältere Bruder von Antoine II de Lacger, Ehemann von Coras' Tochter Jeanne.
3. Siehe meine Bibliographie dieser Ausgaben. Das Exemplar der lateini-

schen Ausgabe, Frankfurt 1576, in der Bibliothèque Nationale (F32609) trägt die Signatur des englischen Sammlers Kenelme Digby aus dem 17. Jahrhundert.

4. Beispiele von Ausgaben des *Arrest Memorable* aus dem Besitz von Rechtsanwälten: 1561, Bibliothèque Municipale de Lille; Lyon 1565, Bibliothèque Municipale de Poitiers. Mit dem *Paraphraze sur l'Edict des mariages clandestinement contractez* zusammengebundene Exemplare, Paris 1572: Bibliothèque Nationale (F32604); Bibliothèque Municipale de Lyon (337624); Paris 1579; Robinson Collection, Faculty of Law, University of California, Berkeley. Mit anderen Werken über Ehegesetzgebung zusammengebundene Exemplare: Lyon 1565, British Library, ursprünglich in französischem Besitz (G 19341); Lyon 1605, Saint Geneviève. Die Ausgabe von 1561, die mit der *Admiranda historia* von Le Sueur zusammengebunden ist, befindet sich in der Bibliothèque Nationale (F13876) und trägt die Signatur des großen Bücherfreundes Claude Dupuys.

5. Siehe meine Bibliographie.

6. Jean Papon: *Recueil d'Arrests Notables des Courts souveraines de France*. – Nicolas Chesneau, Paris 1565, 452^v–456^v. Géraud de Maynard: *Notables et singulieres Questions du Droict Escrit*. Paris 1623, S. 500–507. – C. Drouhet: *Le poète François Mainard (1583?–1646)*. Paris, o. J., S. 7 f. – Pasquier: *Recherches de la France*, a. a. O., Buch 6, Kap. 35.

7. Herodot: *Historiae libri IX et de vita Homeri libellus... Apologia Henr. Stephani pro Herodoto*. Henri Estienne, Genf 1566, f.**** ii^r. – Henri Estienne: *L'Introduction au traité de la conformité des merveilles anciennes avec les modernes* (1566), hg. v. P. Ristelhuber. Paris 1879, S. 24 f. – Gilbert Cousin: *Narrationum sylva qua Magna Rerum*. Basel 1567, Buch 8. – Antoine Du Verdier: *Les Diverses Leçons*. Barthélemy Honorat, Lyon 1577, Buch 4, Kap. 21–27. – *Histoires prodigieuses, extraictes de plusiers fameux Autheurs... divisees en deux Tomes. Le premier mis en lumiere par P. Boaistuau... Le second par Claude de Tesserant, et augmenté de dix histoires par François de Belle-Forest Comingeois*. Jean de Bordeaux, Paris 1574, Bd. 2, ff. 279^r–289^r. – *Cosmographie universelle... enrichie par François de Belleforrest*, a. a. O., S. 372. – Céard: *Les Prodiges*, a. a. O., S. 326–335.

8. Papon, a. a. O., 456^{r-v}. – Du Verdier, a. a. O., S. 300 f. – Pasquier, a. a. O., S. 570 f. – Alfred Soman: »La Sorcellerie vue du Parlement de Paris au début du XVIIe siècle«, in: *La Gironde de 1601 à nos jours. Questions diverses. Actes du 104e Congrès national des Sociétés Savantes, Bordeaux, 1979*. Paris 1981, S. 393–405.

9. Auger Gaillard: *Œuvres complètes*, hg. und übersetzt von Ernest Nègre. Paris 1970, S. 514, 525 f.

10. Montaigne: a. a. O., 3. Buch, 11. Kap., S. 129–147. Vgl. auch Marcel Tetel: »Montaigne et le Tasse: Intertexte et Voyage«, in: *Montaigne et les Essais (1580–1980). Actes du Congrès de Bordeaux, juin 1980* (Genf 1982), S. 306 ff.

11. Coras, S. 52, 74, 88. – Montaigne: a. a. O., S. 138 f. – *Quinti Horatii Flacci Emblemata*. Philippe Lisaert, Antwerpen 1612, S. 180 f.: »Rarò antecedentem scelestum/Deseruit pede poena claudo«, aus den *Odes*, Buch 3, Ode 2. – Cesare Ripa: *Iconologia overo Descrittione dell'Imagini universali cavate dall'Antichità et da Altri Luoghi*. Erben Gio. Gigliotti, Rom 1593, S. 37: Bugia. Die sinnbildliche Darstellung des Spruchs: Die Lüge hat ein hölzernes Bein, denn: »La bugia ha le gambe corte« – Lügen haben kurze Beine. Andere Beispiele für die verschiedenen Bedeutungen des Hinkens oder eines Holzbeins: Saturn mit einem Holzbein (Adhémar: *Inventaire*, a. a. O., Bd. 2, S. 272); Lahmheit oder deformierte Füße als Sinnbild für das Abirren von göttlicher Wahrheit und für Ungerechtigkeit (Giovanni Piero Valeriano Bolzoni: Hieroglyphica. Paul Frellon, Lyon 1602, S. 366 f.).

Epilog

1. ADAr, 5E6653, 63^r, 97^r–98^r. – Coras, S. 23 f.
2. F. Pasquier: »Coutumes du Fossat«, a. a. O., S. 278–320. – Philippe Wolff: *Regards sur le midi médiéval*. Toulouse 1978, S. 412–414.
3. François Rabelais: *Œuvres*, hg. v. J. Boulanger; Bibliothèque de la Pléiade, Paris 1955: *Pantagruel*, Prolog, S. 169. Diese Redensart ist heute im Languedoc geläufig. – F. Mistral: *Lou Tresor dóu Felibrige ou Dictionnaire Provençal-Français*. Aix-en-Provence 1979, II, 302.
4. ADHG, B, Hinweise, Bd. 6, 95^v–97^v. Nur Pierre *le jeune* wird als Sohn von Martin Guerres Witwe, Jehanne Carolle, bezeichnet. Er hat zwei »curateurs«, ist also noch minderjährig, was nahelegt, daß er zwischen 15 und 25 Jahre alt ist, und er lebt bei seiner Mutter. Die Familie Carol (auch Carrel, Carolz) stammte aus Artigat, war aber von weniger hohem Stand als die Rols (ADAr, 5E6656, 9^r).
5. ACArt, Verzeichnis der Hochzeiten und Taufen in der Gemeinde von Artigat, 1632–1642. *Terrier* von 1651: Dominique Guerre; Gaspard Guerre alias Bonnelle; Ramond Guerre; Jean Guerre; Jammes Guerre, François Guerre und Martin Guerre, Brüder; die Erben von Marie Guerre. Pierre Rols besitzt mehrere Felder gemeinsam mit den Erben von Marie Guerre. Die Guerre aus Artigat überstanden ihre Prozesse mit heiler Haut – anders die Daguerre aus Hendaye, die den Hexenverfolgungen im Labourd im Jahre 1609 ausgesetzt waren. Marie und Johannes Daguerre waren unter denen, die aussagten, und der 73jährige Petri Daguerre wurde vom Richter in Bordeaux als »Zeremonienmeister und Fürst des Sabbats« bezeichnet und hingerichtet. Es gab 1620 in Hendaye immer noch Daguerre, von denen einer recht prominent, allerdings kein *jurat* des Dorfes war (de Lancre: *Tableau de l'inconstance*, a. a. O., S. 71, 125, 217; ADPyA, 1J160, Nr. 46, 14. Januar 1620). Die du Tilh lebten noch im 17. und 18. Jahrhundert in Sajas und Le Pin, aber noch immer in bescheidener Stellung (ADHG, 2E2403, 43^v–45^r, 4E2016).

6. ACArt, Verzeichnis der Taufen, 1634: »als Bastard geboren ... Jean, Sohn des Ramond Guerre.« Nicht wenige der nach Spanien ausgewanderten Bauern gründeten dort eine zweite Familie, um später zu Frau und Kindern ins Languedoc zurückzukehren (mündliche Mitteilung von Jean-Pierre Poussou).

BEWEISE UND MÖGLICHKEITEN

Randbemerkungen zur *Wahrhaftigen Geschichte von der Wiederkehr des Martin Guerre*

I

Außergewöhnlich, ja geradezu wundersam erschien den Zeitgenossen die Begebenheit, über die Natalie Davis berichtet. Schon der erste, der sie untersucht und nacherzählt hat, der Richter Jean de Coras, hob diesen Aspekt hervor. Montaigne erwähnt den Fall flüchtig in seinem Essay »Von den Hinkenden«: »Ich erinnere mich noch (weiter aber erinnere ich mich auch nichts mehr), daß es mir damals so vorkam, derjenige, welcher für strafbar erklärt wurde, habe seinen Betrug so wunderbar, so weit über unsere Einsicht und die Einsicht dessen, welcher Richter war, getrieben, daß ich den Schuldspruch sehr gewagt fand, der ihn zum Strange verurteilte.«[1] Mit dieser scharfen Kritik wird die berühmte Passage über die »Hexen in meiner Nachbarschaft« eingeleitet, die bezichtigt werden, Verbrechen begangen zu haben, die Montaigne für noch unwahrscheinlicher und für unbewiesen hält. Montaigne vergleicht die Vermessenheit der Richter, die Hexen zum Tode verurteilen, mit der Kühnheit des Urteils von Coras: »Mit einem Wort gesagt, es heißt seine Vermutungen hoch veranschlagen, wenn man um ihrentwillen einen Menschen lebendig braten läßt.«[2] Nüchternheit, das Wissen um die Grenzen: die Themen, die Montaigne am meisten am Herzen liegen, bilden den roten Faden in seinem Essay. Sie hatten ihn, kurz bevor er unversehens auf Coras zu sprechen kam, zu den schönen Sätzen inspiriert: »Man bringt mir einen Widerwillen gegen die wahrscheinlichsten Sätze bei, wenn man mir solche als unfehlbar hinstellt. Ich habe gern solche

Worte, welche die Verwegenheit unserer Behauptungen mildern und mindern: vielleicht, gewissermaßen, zum Teil, man sagt, ich glaube und dergleichen mehr.«³

Mit einem Gefühl des Unbehagens (das Montaigne geteilt hätte), habe sie, schreibt Natalie Davis, während der Dreharbeiten zu dem Film nach der Geschichte von Martin Guerre das Fehlen jener »vielleicht« und »möglicherweise« empfunden, jener Worte, mit denen sich »der Historiker behilft, wenn die vorhandenen Dokumente unzureichend oder widersprüchlich sind«. Wir würden diese Erklärung mißverstehen, wollten wir sie lediglich als Ausdruck einer vorsichtigen Haltung begreifen, die sich im Laufe der Recherchen in Archiven und Bibliotheken allmählich ergeben hat. Im Gegenteil, sagt Natalie Davis, gerade während der Arbeit am Film, als sie am Schneidetisch beobachtete, wie Roger Planchon, der den Richter Coras spielte, »sich bemühte [einen bestimmten] Satz auf verschiedene Weise auszusprechen«, habe sie den Eindruck gehabt, »ein richtiges historiographisches Labor« vor sich zu haben, »in dem die Experimente keine Beweise erbrachten, sondern geschichtliche Möglichkeiten durchspielten« (S. 10). Der Begriff »historiographisches Labor« ist natürlich bildlich zu verstehen. Wenn ein Labor ein Ort ist, wo wissenschaftliche Experimente vorgenommen werden, so ist der Historiker per definitionem ein Forscher, dem es verwehrt ist, Experimente im eigentlichen Sinne zu machen. Für eine Disziplin, die sich mit Phänomenen beschäftigt, die *als solche* zeitlich irreversibel sind, ist es nicht nur de facto, sondern auch prinzipiell unmöglich, eine Revolution, einen Umbruch, eine religiöse Bewegung gleichsam im Labor zu wiederholen.⁴ Dieses Merkmal ist nicht nur der Geschichtsschreibung eigen – man denke beispielsweise nur an die Astrophysik oder an die Paläontologie. Und die Unmöglichkeit, auf Experimente im eigentlichen Sinne zurückgreifen zu können, hat keine dieser Disziplinen daran gehindert, wissenschaftliche Kriterien *sui generis*[5] zu entwickeln, die nach allgemeinem Verständnis auf dem Begriff des Beweises basieren.

Die Tatsache, daß dieser Begriff ursprünglich aus dem Bereich der Rechtsprechung stammt, ist von den modernen Historikern gern übersehen worden. Bis vor nicht allzu langer Zeit hatte die Polemik gegen die *histoire événementielle* zugunsten der Rekonstruktion umfassenderer Phänomene – Wirtschaftsgefüge, Gesellschaften, Kulturen – eine scheinbar unüberbrückbare Kluft zwischen historischer und juristischer Forschung geschaffen. Diese letztere wurde sogar oft zum fragwürdigen Vorbild für die moralistischen Anklagen genommen, wie sie die alte politische Geschichtsschreibung vorbrachte. Doch die Wiederentdeckung des Ereignisses (sogar die Feldschlacht wurde wieder zum Gegenstand der Forschung, wie bei Duby[6]) stellte Erkenntnisse, die als gesichert gegolten hatten, indirekt erneut in Frage, insofern als am Ereignis vorzüglich das Zusammenwirken tiefgreifender geschichtlicher Tendenzen analysiert werden kann. Durch den Versuch, die Konkretheit sozialer Prozesse vermittels der Rekonstruktion der Lebensläufe von Menschen aus nichtprivilegierten Schichten zu erfassen – ein Versuch, den auch Natalie Davis im vorliegenden Buch unternimmt –, wurde de facto die Frage nach der partiellen Ähnlichkeit zwischen dem Blickwinkel des Historikers und dem des Juristen erneut aufgeworfen. Diese Ähnlichkeit kommt schon allein darin zum Ausdruck, daß ja die reichste Quelle für derartige Forschungen aus Akten weltlicher oder geistlicher Gerichte besteht. In solchen Situationen hat der Historiker den Eindruck, eine Untersuchung durch einen Mittelsmann – den Inquisitor oder den Richter – führen zu lassen. Man kann die Prozeßakten, seien sie nun direkt zugänglich oder indirekt wie im Fall von Natalie Davis, mit dem Material aus erster Hand vergleichen, das ein Anthropologe bei der Feldarbeit sammelt und dann künftigen Historikern überläßt. Es handelt sich um ein kostbares, wenn auch zwangsläufig unvollkommenes Material: Eine Unzahl von Fragen, die der Historiker sich stellt – und die er, verfügte er über eine Zeitmaschine, Angeklagten und Zeugen stellen würde –, wurde von den Inquisitoren und Richtern vergangener Zeiten nicht formuliert, und das hätten sie auch gar nicht gekonnt. Dies liegt nicht nur an der kulturellen Distanz, sondern auch an der Andersartigkeit der Ziele. Die prekäre Ähnlichkeit zwischen dem Beruf des heutigen Historikers oder Anthropologen und dem des Inquisitors und des Richters in früheren Zeiten tritt irgendwann hinter der Verschiedenheit von Zielen und Methoden zurück. Dies ändert jedoch nichts an der Tatsache, daß sich die beiden Blickwinkel teilweise überlagern, was uns immer dann unmißverständlich vor Augen geführt wird, wenn Historiker und Richter plötzlich Seite an Seite arbeiten, mit derselben Gesellschaft und mit denselben Phänomenen beschäftigt sind.[7] Ein klassisches Problem, das man schon als endgültig bewältigt betrachtet haben mochte – das Problem der Beziehung zwischen historischer und juristischer Untersuchung –, steckt voller überraschender theoretischer und politischer Implikationen.

Die Akten des Prozesses, der in Toulouse gegen Arnaud du Tilh, Bigamist und Betrüger, geführt wurde, sind unglücklicherweise verlorengegangen. Natalie Davis mußte sich mit literarischen Bearbeitungen wie dem *Arrest Memorable* des Richters Jean de Coras und der *Admiranda Historia* von Le Sueur begnügen. Liest man Natalie Davis' Darstellung dieser Zeugnisse, so spürt man ein Bedauern (das vom Leser ganz und gar nachempfunden wird) über den Verlust der juristischen Quellen – auch wenn die Zeugnisse noch so reichhaltig sind. Wir können bestenfalls ahnen, was für eine Fundgrube an zufälligen Daten (das heißt solchen, die von den Richtern gar nicht absichtlich erfragt wurden) dieser Prozeß einer Wissenschaftlerin wie Natalie Davis geliefert hätte. Sie stellt sich allerdings auch eine Reihe von Fragen, auf die vier Jahrhunderte zuvor schon Jean de Coras und seine Amtsbrüder im Parlament von Toulouse eine Antwort gesucht hatten. Wie war es Arnaud du Tilh gelungen, die Rolle des Martin Guerre, des wahren Ehemanns, so gut zu spielen? Hatten sich die beiden vorher dazu verabredet? Und bis zu welchem Grad war Bertrande, die Ehefrau, Komplizin des Betrügers? Hätte sich Natalie Davis freilich nur mit diesen Fragen begnügt, so wäre sie über die Anekdote nicht hinausgediehen. Es ist jedoch bezeichnend, daß der Kontinuität der Fragen die Kontinuität der Antworten entspricht. Die Rekonstruktion der Fakten, wie sie die Richter im 16. Jahrhundert vornahmen, wird von Natalie Davis im wesentlichen übernommen, mit einer bedeutungsvollen Ausnahme. Das Parlament von Toulouse erklärte Bertrande für unschuldig und die Tochter aus ihrer zweiten Ehe für legitim, da sie sie in der Überzeugung empfangen habe, Arnaud sei ihr wahrer Ehemann (juristisch gesehen ein äußerst heikler Punkt, über den sich Coras im *Arrest Memorable* in gelehrten Beweisführungen ausließ). Natalie Davis zufolge begriff Bertrande jedoch sofort oder jedenfalls sehr bald, daß der angebliche Martin Guerre in Wahrheit ein Fremder war und nicht ihr Mann; und wenn sie ihn dennoch als solchen bei sich aufnahm, dann aus freien Stücken und nicht, weil sie ahnungsloses Opfer eines Betrugs geworden war.

Es handelt sich hierbei um eine mutmaßliche Schlußfolgerung (die Gedanken und Gefühle von Bertrande sind leider nicht mehr rekonstruierbar), deren Evidenz für uns jedoch nahezu eindeutig ist. Historiker, die, wie Natalie Davis polemisch erwähnt, dazu neigen, die Bauern (und mehr noch die Bäuerinnen) jener Zeit als Individuen zu schildern, die praktisch keinerlei freie Wahl hatten, werden hier einwenden, es handle sich um einen außergewöhnlichen und daher nicht sehr repräsentativen Fall, und werden auf die Ambivalenz von tatsächlicher oder angenommener statistischer und historischer Repräsentanz verweisen. In Wirklichkeit muß dieses Argument auf den Kopf gestellt werden: Gerade die Außergewöhnlichkeit des Falls Martin Guerre wirft ein Licht auf eine Normalität, die dokumentarisch nicht recht greifbar ist. Umgekehrt tragen analoge Situationen in gewisser Weise dazu bei, die Lücken in der Geschichte zu schließen, die Natalie Davis zu rekonstruieren sich vornahm: »Wo es mir nicht gelang, meinen Mann (oder meine Frau)... aufzuspüren, tat ich mein Bestes, um anhand anderer Quellen der Zeit und der Gegend die Welt sichtbar zu machen, die sie wohl vor Augen hatten, und die Reaktionen, die die ihren sein konnten. Was ich hier meinem Leser vorlege, ist zum Teil Invention, jedoch sorgfältig gesteuert durch die Stimmen der Vergangenheit.« (S. 20)

Der Begriff »Invention« ist absichtlich provozierend, doch letztlich irreführend. Die Forschungsarbeit und die Erzählung von Natalie Davis fußen nicht auf dem Gegensatz zwischen »Wahrem« und »Erfundenem«, sondern auf der stets gewissenhaft gekennzeichneten Ergänzung von »Wirklichkeiten« durch »Möglichkeiten«. Daher wimmelt es in ihrem Buch von Ausdrücken wie »vielleicht«, »sie mußten wohl«, »man kann annehmen«, »gewiß« (was in der Sprache der Historiographen gewöhnlich soviel wie »sehr wahrscheinlich« bedeutet) und so weiter. An dieser Stelle wird der Unterschied zwischen dem Blickwinkel des Richters und dem des Historikers deutlich. Für den ersteren ist dieser Unsicherheitsfaktor von ausschließlich negativer Bedeutung und kann zu einem *non liquet* – nach heutigem Sprachgebrauch: zu einem Freispruch aus Mangel an Beweisen – führen. Dem Historiker eröffnet er die Möglichkeit zur Erweiterung der Untersuchung, die den spezifischen Fall mit dem Gesamtzusammenhang verknüpft, der hier als Ort historisch bestimmter Möglichkeiten verstanden wird. Die Biographie der Personen, die Natalie Davis schildert, wird zuweilen die Biographie von anderen »Männern und Frauen derselben Zeit und desselben Orts«, die mit Scharfsinn und Geduld anhand von notariellen, juristischen und literarischen Quellen rekonstruiert wird. »Wahres« und »Wahrscheinliches«, »Beweise« und »Möglichkeiten« verflechten sich miteinander und bleiben doch streng voneinander unterschieden.

Wir sprachen im Zusammenhang mit dem Buch von Natalie Davis von »Erzählung«. Die These, derzufolge sämtliche Geschichtsbücher – einschließlich jener, die auf Statistiken, graphischen Darstellungen oder Landkarten beruhen – eine wesentlich narrative Komponente besitzen, wird von vielen bestritten (zu Unrecht, wie ich meine). Alle freilich sind bereit anzuerkennen, daß manche Geschichtsbücher – zu denen *Martin Guerre* zweifellos gehört – stärker vom Erzählerischen geprägt sind als andere. Ganz offenkundig eignete sich die Geschichte von Martin Guerre, die so dramatisch und so reich an Bühneneffekten ist, für eine mehr erzählende Darstellung. Da sie nacheinander von Juristen, Romanciers, Historikern und Filmregisseuren erzählt wurde, ist sie ein instruktiver Modellfall, anhand dessen ein heute vieldiskutiertes Problem beleuchtet werden kann – die Beziehung zwischen der Erzählung im allgemeinen und der historiographischen Erzählung im besonderen.

Die ältesten Darstellungen der Begebenheit – die *Admiranda Historia* von Le Sueur und der *Arrest Memorable* von Coras – sind, wie Natalie Davis feststellt, unterschiedlich, obgleich beide von Juristen geschrieben wurden. Beiden gemeinsam ist, daß sie die Unerhörtheit des Falls vom falschen Ehemann betonen. Während jedoch die *Admiranda Historia* sich an der damals außerordentlich verbreiteten literarischen Modeerscheinung der wunderbaren Geschichten orientiert, ist der *Arrest Memorable* ein ungewöhnlicher Bericht, der in seinem Wechselspiel von Text und gelehrter Anmerkung die

Struktur juristischer Werke nachahmt. In der Widmung für Jean de Monluc, den Bischof von Valence, die der Erstausgabe vorangestellt ist, macht Coras bescheiden auf die literarischen Grenzen seines Werks aufmerksam – »Der Text ist unbedeutend, ich bekenne es, schlecht gewirkt, ungehobelt und allzu bäurisch« –, rühmt hingegen den Stoff: »ein so schöner, so ergötzlicher und so ungeheuerlich sonderbarer Gegenstand...«[8] Fast zur selben Zeit wurde in dem Eingangssonett, das an den Leser der französischen Übersetzung der *Historia* Le Sueurs gerichtet war, überschwenglich behauptet, der Fall übertreffe die »wunderbaren Geschichten« christlicher und heidnischer Autoren, die »phantastischen Schriften« der antiken Dichter (bald darauf werden die *Metamorphosen* Ovids zitiert), die »ungeheuerlichen Darstellungen«, die listenreichen Erfindungen von Plautus, Terenz oder den »neuen Komödiendichtern« und die »merkwürdigsten Fälle tragischer Begebenheiten«.[9] Die Analogie zu den Verwechslungsspielen der antiken Komödie war nicht neu: Coras selbst hatte die Geschichte des falschen Martin Guerre mit dem *Amphitryon* von Plautus verglichen. Von einer »Tragödie« hatte hingegen zweimal Le Sueur gesprochen. In dem mit hundertelf statt nur hundert Anmerkungen versehenen Teil, der 1565 der Neuausgabe des *Arrest* hinzugefügt worden war, folgte Coras seinem Beispiel. Der Einführung des Begriffs »Tragödie« folgte ein Kommentar: »In der Tat war es eine Tragödie für den noblen Bauernrüpel; um so mehr, als der Ausgang für ihn höchst unheilvoll und elend war. Doch niemand vermag hier zu sagen, was der Unterschied zwischen Tragödie und Komödie sei.« Dieser Feststellung widerspricht unmittelbar danach eine offenkundige Abschweifung, in der Coras, Ciceros Formulierung folgend, die Komödie, die »in niedrigem und derbem Stil das Schicksal der einzelnen Menschen beschreibt und darstellt, wie zum Beispiel Liebeshändel und die Entführung von Jungfern«, der Tragödie gegenüberstellt, in der »in einem erhabenen und ernsten Stil die Sitten, die widrigen Geschicke und die glücklosen Lebensläufe von Feldherrn, Herzögen, Königen und Fürsten gezeigt werden...«[10] Die weitgehende Entsprechung von stilistischer und sozialer Hierarchie, die zu dieser traditionellen Gegenüberstellung Anlaß gab, lehnte Coras stillschweigend ab, vielmehr begnügte er sich damit, die uns auch heute noch vertraute Gleichsetzung von Komödie und heiterem Ausgang einerseits und Tragödie und beklagenswertem Ende andererseits zu übernehmen. Was ihn dazu bewog, die traditionelle Lehre abzulehnen (die er genau kannte, auch wenn er das Gegenteil behauptete), war das Außergewöhnliche der Geschichte, insbesondere das ihres Protagonisten: Arnaud du Tilh, genannt Pansette, »dieser noble Bauernrüpel«. Die zwiespältige Faszination, die Coras' Held auf ihn ausübte (jener Held, bei dessen Todesurteil er in seiner Eigenschaft als Richter selber mitgewirkt hatte), wird von Natalie Davis mit viel Scharfsinn und Feingefühl analysiert. Man könnte hinzufügen, daß dieser Zwiespalt durch den äußerst widersprüchlichen Ausdruck »nobler Bauernrüpel« noch unterstrichen wird – dies ist in der Tat ein Oxymoron, und Coras benutzt es zweimal.[11] Kann ein Bauer überhaupt »nobel« sein, da diese Tugend doch per definitionem mit einer privilegierten sozialen Stellung verknüpft ist? Und wie kann dieses widersprüchliche Wunder beschrieben werden? Im »erhabenen und ernsten« Stil der Tragödie, wie es das Adjektiv (»nobel«) verlangt, oder im »niedrigen und derben« Stil der Komödie, dem einzigen, der zum Substantiv (»Bauernrüpel«) paßt? Auch Le Sueur hatte irgendwann das Bedürfnis, die Personen seiner Geschichte mit mehr Prestige auszustatten, als er über die frühe Eheschließung zwischen Martin Guerre und der zehnjährigen Bertrande bemerkte, der Wunsch nach Nachkommenschaft sei nicht nur den großen Herren, sondern auch den einfachen Leuten eigen.[12] Und in einer emphatischen Anwandlung behauptet Coras sogar, angesichts eines »so glücklichen Gedächtnisses«, wie es Arnaud du Tilh im Verlauf des Prozesses an den Tag gelegt hatte, seien die Richter versucht gewesen, ihn mit »Scipio, Cyrus, Theodet, Themistokles, Cineas, Metrodor oder Lukullus« zu vergleichen – oder auch mit jenen »Feldherrn, Herzögen, Königen und Fürsten«, welche die Helden der Tragödie sind. Doch hätte das »elende Ende« von Arnaud – kommentiert Coras fast angewidert – den Glanz solcher Persönlichkeiten verdüstert.[13] Das ärmliche Leben und der schändliche Tod auf dem Schafott ließen es folglich nicht zu, daß Arnaud du Tilh, genannt Pansette, als Figur einer Tragödie in der traditionellen Bedeutung des Begriffs hätte gelten können: Doch in einem andern Sinn – den sich auch Coras zu eigen macht und der auf uns gekommen ist – konnte seine Geschichte gerade wegen dieses Todes als tragisch bezeichnet werden. In Arnaud, dem betrügerischen Bauern, der ihm geradezu von einem dämonischen Nimbus umgeben schien, entdeckte Coras, als er den Käfig der klassischen, auf der Trennung der Stile beruhenden Doktrin aufsprengte, ohne es deutlich auszusprechen eine Würde, die von der gemeinsamen *conditio humana* herrührte – ein Thema, das im Mittelpunkt der Überlegungen seines Zeitgenossen und Kritikers Montaigne stand. Dem Richter war es in gewisser Weise gelungen, sich mit seinem Opfer zu identifizieren, wie es Natalie Davis ganz richtig gesehen hat. Es läßt sich schwer sagen, inwieweit dazu beigetragen hat, daß sich wahrscheinlich beide zum reformierten Glauben bekannten. Als Coras den *Arrest Memorable* schrieb, ahnte er freilich nicht, daß ihm das gleiche »elende Ende« – der Tod am Galgen – bestimmt war, zu dem er Arnaud verurteilt hatte.

Die klassische Lehre von der Trennung der Stile und deren Überwindung durch das Christentum sind die Leitmotive des großen Werks von Erich Auerbach über die Darstellung der Wirklichkeit in der westeuropäischen Literatur. Indem er

Passagen aus historischen Werken der klassischen und der Spätantike (Tacitus, Ammianus Marcellinus) und des Mittelalters (Gregor von Tours), sowie Stellen aus Gedichten, Dramen und Romanen analysierte, hat Auerbach einen Weg gewiesen, der nicht weiter verfolgt wurde. Es wäre der Mühe wert, dies nachzuholen und zu zeigen, wie Berichte über mehr oder minder außergewöhnliche Tagesereignisse und Schilderungen von Reisen in ferne Länder zum Entstehen des Romans und – über dieses wichtige Zwischenglied – zum Entstehen der modernen Geschichtsschreibung beigetragen haben. Dann wird die Tatsache, daß Jean de Coras in der Geschichte des Arnaud du Tilh eine tragische Dimension erkannt hat, zusammen mit anderen Zeugnissen belegen, wie ein streng hierarchisches Weltbild unter dem Ansturm der sozialen, kulturellen oder naturgegebenen Gegensätze in die Brüche ging.[14]

II

In den vergangenen Jahren wurde die narrative Dimension der Geschichtsschreibung, wie bereits festgestellt, von Philosophen, Methodologen und neuerdings auch von Historikern von Rang lebhaft diskutiert.[15] Da es jedoch zu keinem Dialog zwischen den Fachgruppen kam, wurden bislang noch keine zufriedenstellenden Ergebnisse erzielt. Die Philosophen untersuchten einzelne, meist aus dem Zusammenhang gerissene historiographische Aussagen und nahmen keine Notiz von den vorbereitenden Forschungsarbeiten, die diese Aussagen erst möglich gemacht hatten.[16] Die Historiker fragten sich, ob man in den vergangenen Jahren zu einer narrativen Geschichtsschreibung zurückgekehrt sei, und ließen die kognitiven Implikationen der verschiedenen Typen von Erzählung außer acht.[17] Gerade die Stelle bei Coras, die wir soeben diskutierten, erinnert uns daran, daß bei der Verwendung eines stilistischen Kodex bestimmte Aspekte der Wirklichkeit ausgewählt, bestimmte Verknüpfungen unterstrichen, bestimmte Hierarchien errichtet werden, andere hingegen ausgeblendet werden. Es scheint offenkundig, daß all dies mit den wechselnden Beziehungen verknüpft ist, die sich im Laufe von zweieinhalb Jahrtausenden zwischen historiographischer Erzählung und anderen Formen des Erzählens – vom Epos über den Roman bis hin zum Film – entwickelt haben. Diese Beziehungen aus historischer Sicht zu analysieren – Beziehungen, die jeweils durch Austausch entstanden, durch Kreuzungen, Gegenüberstellungen, einseitige Beeinflussung – wäre bei weitem nützlicher, als abstrakte theoretische Formulierungen (die häufig implizite oder explizite normativ sind) zur Diskussion zu stellen.

Ein Beispiel mag genügen: Das erste Meisterwerk des bürgerlichen Romans trägt den Titel: *The Life and Surprising Adventures of Robinson Crusoe of York, Mariner*. Im Vorwort betont Defoe, daß die Geschichte *(story)* sich wirklich zugetragen habe, und er grenzt dabei Geschichte *(history)* gegen Fiktion ab: »Die Geschichte selbst ist ganz ernst und schlicht erzählt... Der Herausgeber sieht in den Aufzeichnungen einen reinen Tatsachenbericht, ohne irgendwelche Zutaten der Phantasie.«[18] Fielding hingegen betitelt sein Hauptwerk einfach: *The History of Tom Jones, a Foundling* und erklärt, er habe den Begriff »Geschichte« dem der »Lebensbeschreibung« oder der »Apologie eines Lebens« vorgezogen, um dem Beispiel der Historiker zu folgen: aber welcher Historiker? »(Wir) beabsichtigen eher die Methode jener Schriftsteller zu verfolgen, die den Grund der Umwälzungen in den Ländern bloßlegen, als den peinlichen, bänderreichen Historiker nachzuahmen, der, um den Anschein der Vollständigkeit zu bewahren, sich verpflichtet glaubt, ebensoviel Papier mit den Einzelheiten von Monaten und Jahren auszufüllen, in denen sich nichts Nennenswertes ereignet hat, wie er für die denkwürdigen Epochen verwendet, in denen sich die größten Szenen auf dem Theater der Menschheit abspielten.«[19] Fieldings Vorbild ist Clarendon, der Verfasser der *History of the Rebellion:* Von ihm hat er gelernt, wie man die Erzählzeit rafft oder verlangsamt und die gleichförmige Zeit der Chronik oder des Epos, die von einem unsichtbaren Metronom unterteilt wird, vermeidet.[20] Diese Errungenschaft ist für Fielding so bedeutsam, daß er die Bücher, in die der *Tom Jones* gegliedert ist, vom vierten Buch an mit einer Zeitangabe überschreibt, die bis zum zehnten Buch zunehmend kürzer und hektischer wird: ein Jahr, ein halbes Jahr, drei Wochen, drei Tage, zwei Tage, zwölf Stunden, etwa zwölf Stunden ... Zwei Iren – Lawrence Sterne[21] und James Joyce – werden die Verlangsamung der erzählten Zeit im Verhältnis zur Kalenderzeit bis zur äußersten Konsequenz treiben: Am Ende wird ein Roman stehen, der den Ablauf eines einzigen, endlos langen Tages in Dublin schildert. So finden wir am Ursprung dieser denkwürdigen Revolution des Erzählens die Geschichte der ersten großen Revolution der Moderne.

In den vergangenen Jahrzehnten debattierten die Historiker ausführlich über den Rhythmus der Geschichte, bezeichnenderweise jedoch kaum oder gar nicht über den Rhythmus der historischen Erzählung. Eine Untersuchung über mögliche Auswirkungen des von Fielding entwickelten erzählerischen Modells auf die Geschichtsschreibung im 20. Jahrhundert steht meines Wissens noch aus. Offenkundig ist indes die Abhängigkeit des in Opposition zu der Modeströmung der *gothic novel* entstandenen englischen Romans von der vorangegangenen oder zeitgenössischen Geschichtsschreibung – eine Abhängigkeit, die sich nicht nur auf die Behandlung des Zeitstroms beschränkt. Im Prestige, das die Geschichtsschreibung besitzt, suchen Schriftsteller wie Defoe oder Fielding eine Legitimation für ein neu entstehendes, noch nicht salonfähiges literarisches Genre. Man denke an die knappe Erklärung Defoes, der die Abenteuer Robinsons als »einen reinen Tatsachenbericht, ohne irgendwelche Zutaten der Phantasie« präsentiert. Ausführlicher als Defoe betont Fielding, er habe vorsichtig den Begriff »Roman« vermeiden wollen, der zur Definition des *Tom Jones* sehr wohl geeignet gewesen sei, um nicht in den schlechten Ruf zu geraten, der »allen Geschichtenerzählern« anhängt, »die ihren Stoff nicht den überlieferten Berichten entnehmen«. *Tom Jones*, so folgert Fielding, hat tatsächlich Anspruch auf den Namen »Geschichte« (der ja auch im Titel auftaucht): Alle Charaktere besitzen »eine gute Unterlage«, da sie aus dem »großen echten Grundbuch der Natur« stammen.[22] Indem er die Anspielung auf das von Wilhelm dem Eroberer verordnete Kataster brillant mit der traditionellen Metapher vom »Buch der Natur« verschmilzt, erhebt Fielding für sein eigenes Werk den Anspruch historischer Authentizität und vergleicht seine Arbeit mit der des Archivars. Historiker waren nicht nur jene, die von »Staatsgeschäften« berichteten, sondern auch jene, die sich, so wie er, auf »Szenen des Privatlebens« beschränkten.[23] Für Gibbon jedoch blieb der *Tom Jones* trotz des Titels nur ein Roman, auch wenn er das Werk hymnisch pries (»dieses vorzügliche Bild menschlicher Sitten wird den Escorial und den kaiserlichen Adler Österreichs überdauern«).[24]

Mit dem zunehmenden Prestige des Romans verändert sich freilich die Lage. Obgleich sich die Romanciers immer noch mit den Historikern vergleichen, befreien sie sich allmählich aus ihrer untergeordneten Position. Die scheinbar bescheidene (in Wirklichkeit jedoch hochmütige) Erklärung Balzacs in der Einleitung zur *Comédie Humaine* – »Die französische Gesellschaft sollte der Geschichtsschreiber sein; ich selber lediglich der Sekretär« – gewinnt ihre ganze Würze aus den Sätzen, die dieser Erklärung folgen: »(Ich) konnte... vielleicht dahingelangen, die von so vielen Historikern ausgelassene Geschichte zu schreiben, die der Sitten. Mit viel Geduld und Tapferkeit würde ich über das Frankreich des 19. Jahrhunderts *das* Buch zustande bringen, nach dem wir uns alle sehnen, das Buch, das Rom, Athen, Tyrus, Memphis, Persien und Indien uns über ihre Kultur leider nicht hinterlassen haben...«[25] Diese grandiose Herausforderung richtet sich an die Historiker; es wird auf ein Forschungsgebiet Anspruch erhoben, das sie im wesentlichen noch nicht untersucht haben: »Wird der Sinn dieser Romankomposition recht erfaßt, so muß anerkannt werden, daß ich den beständigen, täglichen, geheimen oder offenbaren Gegebenheiten, den Betätigungen des individuellen Lebens, ihren Ursachen und ihren Prinzipien die gleiche Bedeutsamkeit zuerkenne, wie sie bislang die Historiker den Ereignissen des öffentlichen Lebens der Nationen beigelegt haben.«[26]

Balzac schrieb diese Worte im Jahr 1842. Kaum mehr als ein Jahrzehnt später beschloß Alessandro Manzoni, sein Buch *Del romanzo storico e, in genere, de' componimenti misti di storia e d'invenzione* zu veröffentlichen, in dem er ein Thema in Angriff nahm, das ihn schon seit langem beschäftigte. Einen fiktiven Gesprächspartner läßt er eine Vorstellung vom historischen Roman vertreten als einer Form, die nicht nur anders ist als die landläufige Geschichtsschreibung, sondern ihr auch überlegen: »Die Absicht Ihrer Arbeit ging dahin, mir in einer neuen und besonderen Form eine Geschichte vorzuführen, die reicher, vielfältiger, vollkommener ist als diejenige, wie man sie in den Werken findet, denen man diesen Namen für gewöhnlich – als wollte man damit auf die innere Gegensätzlichkeit hinweisen – zu geben pflegt. Die Geschichte, die wir von Ihnen erwarten, ist nicht ein chronologisch geordneter Bericht von lediglich politischen und militärischen Ereignissen, noch ausnahmsweise von einem außergewöhnlichen Geschehnis anderer Art, sondern vielmehr eine allgemeinere Darstellung des Zustandes der Menschheit in einem Zeitraum und an einem Ort, die natürlich enger begrenzt sind als diejenigen, über welche sich der Bereich der geschichtlichen Arbeiten im gewöhnlicheren Sinne des Wortes zu erstrecken pflegt. Es besteht zwischen diesen und den Ihrigen gewissermaßen derselbe Unterschied wie zwischen einer Landkarte, auf der die Bergketten, Flußläufe, Städte, Flecken, Hauptstraßen eines weiten Gebietes verzeichnet sind, und einer topographischen Aufnahme, bei der sowohl dies alles in näherer Ausführung gegeben ist (soviel davon eben in einem viel begrenzteren örtlichen Rahmen unterkommt), als über das hinaus auch die geringeren Bodenerhebungen und die noch weniger auffallenden Terrainunterschiede, die Moore und Wassergräben, die Dörfer, die einzelstehenden Häuser, die Fußwege. Gebräuche und Meinungen, ob nun allgemein verbreitete oder irgendeiner Menschenklasse eigentümliche; die Beeinflussung des Privatlebens durch jene Ereignisse des öffentlichen Lebens, welche man im besonderen als ›historische‹ bezeichnet, durch die Gesetze, durch den Willen der Großen, in welcher Weise er auch an den Tag treten mag; kurz: das, was für eine bestimmte Gesellschaft zu einer bestimmten Zeit in allen Verschiedenheiten der Lebensumstände und allen zwischen diesen Lebensumständen bestehenden Beziehungen am meisten charakteristisch ist – das ist's, was Sie sich vorgesetzt hatten, kennen zu lehren ...« Für den imaginären Gesprächspartner stellt das Vorhandensein von Elementen der Erfindung innerhalb dieses Konzepts einen Widerspruch dar. Wie Manzoni auf diesen und andere Einwände gegen den historischen Roman reagiert, steht hier nicht zur Debatte. Es soll vielmehr hervorgehoben werden, daß er schließlich dem historischen Roman eine »mögliche« Geschichte gegenüberstellt, die freilich bereits ihren Ausdruck gefunden hat in vielen »Arbeiten, deren Ziel es eben ist, nicht so sehr den politischen Entwicklungsgang eines Teiles der Menschheit in einem bestimmten Zeitalter dem Verständnis zu erschließen, als ihre Daseinsformen unter verschiedenen, mehr oder minder vielfältigen Gesichtspunkten begreiflich zu machen«. Dieser etwas vagen Aussage folgt gleich darauf die kaum verhüllte Einsicht, daß die Geschichte »hinter dem, was eine so bedeutende Absicht fordern konnte, hinter dem, was die vorhandenen Materialien, wenn man sie im Sinne eines großzügigeren, philosophischeren Planes zusammentrüge und untersuchte, ergeben könnten, zurückgeblieben ist«. Daraus folgt die Aufforderung an den künftigen Historiker, in »Urkunden jedweder Art« nachzuspüren, »auch bestimmte Schriften zu Dokumenten zu machen, deren Verfasser tausend Meilen davon entfernt waren, sich einzubilden, daß sie Dokumente für die Nachwelt zu Papier brächten...«[27]

Als Balzac die Bedeutung des Privatlebens der Individuen postulierte, indem er es dem öffentlichen Leben der Nationen gegenüberstellte, dachte er an *Le Lys dans la vallée:* »Die unbekannte Schlacht, die in einem Tal des Départements Indre zwischen Madame de Mortsauf und der Leidenschaft ausgefochten wird, ist vielleicht ebenso groß wie die berühmteste aller bekannten Schlachten.«[28] Und als der imaginäre Gesprächspartner Manzonis von der »Beeinflussung des Privatlebens durch jene Ereignisse des öffentlichen Lebens, welche man im besonderen als ›historische‹ bezeichnet, durch die Gesetze, durch den Willen der Großen« sprach, spielte er natürlich auf die *Promessi Sposi* an. Man kann jedoch nicht umhin, im nachhinein in den von beiden formulierten allgemeinen Überlegungen die Vorwegnahme der auffälligsten Merkmale der historischen Forschung in den letzten Jahrzehnten zu erkennen – angefangen mit der Polemik wider die Begrenztheit einer ausschließlich politisch-militärischen Geschichtsschreibung über die Forderung nach einer Geschichtsschreibung, welche die Mentalität der Individuen und der gesellschaftlichen Gruppen berücksichtigt, bis hin (in der Schrift Manzonis) zu einer Theorie der Alltagsgeschichte und der systematischen Verwendung neuer dokumentarischer Quellen. Man liest, wie gesagt, diese Passagen heute mit anderen Augen, das heißt, auf anachronistische, darum jedoch keineswegs völlig willkürliche Weise. Es brauchte ein Jahrhundert, bis die Historiker die Herausforderung annahmen, die von den großen Romanciers des 19. Jahrhunderts – von Balzac bis Manzoni, von Stendhal bis Tolstoi – ausgegangen war; sie machten sich an Forschungsbereiche, die zuvor vernachlässigt worden waren, und nahmen dabei Erklärungsmodelle zu Hilfe, die subtiler und komplexer waren als die traditionellen. Die zunehmende Vorliebe der Historiker für Themen und teilweise auch für Formen der Darstellung, die zuvor den Romanciers vorbehalten gewesen waren – ein Phänomen, das fälschlich als »Wiedergeburt der narrativen Geschichte« bezeichnet wurde –, ist nichts anderes als ein neues Kapitel auf dem Gebiet der Erkenntnis der Realität. Verglichen mit der Epoche Fieldings schlägt das Pendel heute in die entgegengesetzte Richtung aus.

Bis vor nicht allzu langer Zeit war für die große Mehrheit der Historiker die Betonung des wissenschaftlichen Charakters der Geschichtsschreibung (die tendenziell den Sozialwissenschaften angenähert wurde) absolut unvereinbar mit der Einsicht in deren literarische Dimension. Heute erstreckt sich diese Einsicht immer häufiger auch auf anthropologische oder soziologische Werke, was nicht unbedingt heißen muß, daß der, welcher diese Einsicht formuliert, damit bereits ein negatives Urteil abgegeben hat. Was freilich in der Regel betont wird, ist nicht der Erkenntnisgehalt in der fiktiven Erzählung, zum Beispiel im Roman, sondern der fiktive Gehalt in Erzählungen mit wissenschaftlichem Anspruch – nicht zuletzt in historiographischen Werken. Kurz gesagt, man sucht die Übereinstimmung zwischen den beiden Typen des

Erzählens auf der künstlerischen, nicht auf der wissenschaftlichen Ebene. So hat zum Beispiel Hayden White die Werke Michelets, Rankes, Tocquevilles und Burckhardts als Beispiele für »historische Phantasie« untersucht.[29] Und François Hartog hat, unabhängig von White, und eher an den Schriften Michel de Certeaus orientiert, das vierte Buch Herodots, das sich mit den Skythen beschäftigt, als einen für sich selbst stehenden, wie die Beschreibung einer imaginären Welt in sich abgeschlossenen Diskurs interpretiert. In beiden Fällen wird der Anspruch der historiographischen Erzählung auf Authentizität von der Interpretation nicht berührt. Hartog bestreitet zwar nicht, daß ein Vergleich zwischen Herodots Beschreibungen und den Ergebnissen beispielsweise der archäologischen Grabungen im Gebiet nördlich des Schwarzen Meeres oder der Untersuchungen über die Bräuche der Osseten, entfernten Nachfahren der Skythen, prinzipiell unzulässig sei. Doch ausgerechnet aus einem ganz zufälligen Vergleich mit der Dokumentation über die Osseten, die von russischen Volkskundlern gegen Ende des 19. Jahrhunderts zusammengetragen worden war, folgert er, Herodot habe in einem wesentlichen Punkt die »Alterität« der Wahrsagung bei den Skythen »vernachlässigt und mißverstanden«.[30] Ist nicht der Schluß naheliegend, daß ein *Essai sur la représentation de l'autre* (wie der Untertitel des Buchs von Hartog bezeichnenderweise lautet) notwendig zu einem weniger systematischen Vergleich zwischen dem Text Herodots und anderen dokumentarischen Serien führen mußte? Analog dazu erklärte White, er habe seine Untersuchung auf die »künstlerischen« Elemente beschränken wollen, die in der »realistischen« Geschichtsschreibung des 19. Jahrhunderts anzutreffen sind (Michelet, Ranke, Tocqueville und so weiter) – wobei er einen »Realismus«begriff anwendet, den er ausdrücklich von Auerbach *(Mimesis)* und Gombrich *(Kunst und Illusion)* herleitet.[31] Diese beiden bedeutenden Werke beruhen jedoch, bei aller Verschiedenheit (was von White zu Recht unterstrichen wird), auf der Überzeugung, man könne nach erfolgter Überprüfung der historischen oder der natürlichen Realität entscheiden, ob ein Roman oder ein Gemälde vom Standpunkt der Darstellung aus mehr oder weniger adäquat sei als ein anderer Roman oder ein anderes Gemälde. Durch die im Grunde relativistische Weigerung, sich auf diese Ebene zu begeben, wird aus der Kategorie des »Realismus«, wie sie White gebraucht, eine inhaltslose Formel.[32] Eine Überprüfung des Wahrheitsanspruchs, der den historiographischen Erzählungen als solchen innewohnt, hätte mit sich gebracht, daß die konkreten, mit den Quellen und den Forschungstechniken verknüpften Fragen diskutiert worden wären, die sich die einzelnen Historiker während ihrer Arbeit gestellt hatten. Vernachlässigt man diese Elemente, wie White es tut, so wird die Geschichtsschreibung zum puren ideologischen Dokument.

Soweit die Kritik, die Arnaldo Momigliano an den neuesten Positionen Whites geübt hat – man könnte sie aber auch, unter gebührender Berücksichtigung der Unterschiede, auf Hartog ausdehnen. Momigliano erinnert polemisch an einige elementare Wahrheiten: Zum einen arbeitet der Historiker mit vorgefundenen oder noch zu entdeckenden Quellen; zum andern trägt die Ideologie zwar dazu bei, der Forschung zunächst den Weg zu weisen, doch muß man sie dann beiseite lassen.[33] Diese zweite Vorschrift vereinfacht das Problem freilich allzusehr. Gerade Momigliano hat klarer als jeder andere gezeigt, daß sich Realitätsprinzip und Ideologie, philologische Genauigkeit und die Projektion von Problemen der Gegenwart in die Vergangenheit in *allen* Phasen der historiographischen Arbeit vermischen und sich dabei wechselseitig beeinflussen – von der Identifizierung des Objekts bis zur Auswahl der Dokumente, den Forschungsmethoden, den Kriterien für die Beweisführung, der literarischen Darstellung. Die einseitige Reduzierung dieser so komplexen Zusammenhänge auf die durch keinerlei Reibungen behinderte Tätigkeit des imaginierten Geschichtsschreibers, wie White und Hartog es postulieren, erscheint beschränkt und letztlich unproduktiv. Gerade dank der Reibungen, die vom Realitätsprinzip (oder wie immer man es nennen will) verursacht werden, haben die Historiker seit Herodot sich schließlich das »andere« trotz allem weitgehend angeeignet, zuweilen in gezähmter Form, zuweilen indem sie die Schemata des Erkennens, von denen sie ausgegangen waren, tiefgreifend veränderten. Die »Pathologie der Darstellung«, um mit Gombrich zu sprechen, erschöpft nicht deren Möglichkeiten. Wäre die Spezies Homo sapiens nicht in der Lage gewesen, die eigenen Vorstellungen, Erwartungen oder Ideologien aufgrund von manchmal recht unbequemen Hinweisen aus der konkreten Außenwelt zu korrigieren, so wäre sie schon vor Zeiten zugrunde gegangen. Schließlich gehört zu den intellektuellen Instrumenten, die es ihr erlaubten, sich der natürlichen und sozialen Umwelt anzupassen und diese allmählich zu verändern, auch die Geschichtsschreibung.

III

Heute geht also das Beharren auf der narrativen Dimension der Geschichtsschreibung (jeglicher Geschichtsschreibung, wenn auch in verschiedenem Maße) mit relativistischen Tendenzen einher, die darauf abzielen, *de facto* jede Unterscheidung zwischen *fiction* und *history*, zwischen erfundener Erzählung und Erzählung mit Wahrheitsanspruch, aufzuheben. Gegenüber diesen Tendenzen muß jedoch betont werden, daß eine größere Bewußtheit der narrativen Dimension keine Abschwächung der Erkenntnismöglichkeiten der Geschichtsschreibung, sondern im Gegenteil deren Intensivierung mit sich bringt. Gerade von hier muß vielmehr eine radikale Kritik an der Sprache der Geschichtsschreibung ihren Ausgang nehmen, eine Kritik, die bislang nur in Ansätzen zu erkennen ist.

Dank Momigliano wissen wir, welch entscheidenden Beitrag die Altertumswissenschaft zur Entstehung der modernen Geschichtsschreibung geleistet hat.[34] Doch ausgerechnet derjenige, den Momigliano selbst als Symbol der Verschmelzung von Altertumswissenschaft und philosophischer Geschichtsschreibung bezeichnete, nämlich Edward Gibbon, gestand in einer selbstkritischen Anmerkung zum 31. Kapitel von *History of the Decline and Fall of the Roman Empire,* das sich mit der Situation Englands in der ersten Hälfte des fünften Jahrhunderts beschäftigt: »Ich muß mir und der historischen Wahrheit zuliebe erklären, daß manche *Details* in diesem Abschnitt sich nur auf Vermutungen und Analogien gründen. Die Sturheit unserer Sprache zwang mich zuweilen dazu, statt des *Konditional* den *Indikativ* zu setzen.«[35] Manzoni seinerseits faßte in einer Passage seiner zuvor zitierten Schrift eine andere Lösung ins Auge. Nachdem er die Landkarte als Sinnbild der traditionellen Geschichtsschreibung der topographischen Karte als Sinnbild des historischen Romans gegenübergestellt hatte, der als »neue und besondere..., reichere, vielfältigere, vollkommenere Form« von Geschichte verstanden wird, dehnte er die Metapher noch aus, indem er dazu aufforderte, auf der Karte deutlich zwischen gesicherten und bloß vermuteten Punkten zu unterscheiden. Dieser Gedanke ist an sich nicht neu: Ähnlicher Verfahrensweisen bedienten sich bereits seit geraumer Zeit Philologen und Altertumswissenschaftler, doch war es alles andere als selbstverständlich, daß sie auch auf die erzählende Geschichte angewandt wurden, wie die soeben aus Gibbon zitierte Stelle zeigt. Manzoni schrieb also:

»Die Bemerkung dürfte nicht deplaziert sein, daß die Geschichte sich zuweilen auch des Wahrscheinlichen ohne Nachteil bedienen kann, weil sie es in der guten Weise tut, das heißt, indem sie es in seiner eigentlichen Gestalt auseinandersetzt und solchermaßen vom Wirklichen unterscheidet... Es gehört zum Elend des Menschen, daß er, selbst in seiner kleinen Welt, nichts kennen kann als etwas von einer Art, die schon dagewesen ist; und es macht einen Teil seines Adels und seiner Kraft aus, daß er über das hinaus, was er wissen kann, Vermutungen zu fassen vermag. Wenn die Geschichte auf das Wahrscheinliche greift, so tut sie nichts anderes, als daß sie eine solche Neigung stützt oder anregt. Sie stellt also für einen Augenblick das Erzählen beiseite, weil die Erzählung in diesem Falle nicht das geeignete Werkzeug ist, und wendet dafür das der Induktion an; auf diese Weise gelangt sie, indem sie das tut, was von der verschiedenen Ratio der Dinge erfordert wird, auch dahin, das zu tun, was ihrer neuen Absicht entspricht. In der Tat: um jene Beziehung zwischen dem erzählten positiv Tatsächlichen und dem vorgebrachten Wahrscheinlichen erkennen zu können, ist gerade Erfüllung einer Bedingung vonnöten: daß diese voneinander deutlich gesondert erscheinen. Die Geschichte verfährt da ungefähr wie einer, der, indem er den Plan einer Stadt entwirft, die bloß projektierten Straßen, Plätze, Gebäude in anderer Farbe dazufügt und, indem er diejenigen Teile, welche existieren könnten, von jenen, die bereits bestehen, unterschieden darstellt, bewirkt, daß man Grund dazu sieht, sie verbunden zu denken. Die Geschichte, sage ich, geht also von der Erzählung ab, aber deshalb, um sich in der einzig möglichen Weise dem zu nähern, was Zweck der Erzählung ist. Wenn sie Vermutungen anstellt, zielt sie ebensosehr auf das Wirkliche ab, wie wenn sie erzählt; hierin liegt ihre Einheitlichkeit.«[36]

Die Ergänzung der Lücken, so wie sie von Gibbon vorgenommen wurde (der dies gleich darauf beklagte), könnte man mit der Restaurierung eines Gemäldes vergleichen, die als eine drastische Übermalung begriffen wird; wollte man hingegen, dem Vorschlag Manzonis folgend, die historiographischen Mutmaßungen systematisch verzeichnen, so ließe sich dies mit einer Restaurierung vergleichen, bei der die Lücken mit Hilfe von Schraffuren bezeichnet werden. Für eine solche Lösung war die Zeit in keiner Hinsicht reif; Manzonis Sätze fanden kein Echo. Nicht einmal in Benedetto Croces Essay *Immaginazione, anedottica e storiografia,* in dem er äußerst scharfsinnig einige Fälle analysiert, wo, diktiert von der »kombinatorischen Einbildungskraft«, falsche erzählerische Ergänzungen vorgenommen worden waren, findet sich ein Hinweis darauf.[37] Croce nahm im übrigen seinen Betrachtungen viel von ihrem Gewicht, indem er sie ausschließlich auf die dem historischen Roman benachbarte Form der Anekdote bezog: Die Geschichtsschreibung in der eigentlichen und höchsten Bedeutung des Begriffs war in seinen Augen schon ihrer Natur nach vor solchen Gefahren gefeit. Wie wir jedoch gesehen haben, war ein Historiker wie Gibbon anderer Ansicht.

In weit radikalerem Sinn begriff Arsenio Frugoni die Implikationen des Essays von Croce.[38] In seinem Werk *Arnaldo da Brescia nelle fonti del secolo XII* griff er heftig die »philologisch-kombinatorische Methode« an, das heißt, er kritisierte an den Wissenschaftlern das hartnäckige, naive Vertrauen darauf, daß Zeugnisse aus der Vergangenheit notwendig einander ergänzen müßten. Dadurch war ein künstliches, unglaubwürdiges Bild von Arnaldo geschaffen worden, das Frugoni zerstörte, indem er jede Quelle gewissermaßen von innen her, im Gegenlicht, in ihrer unwiederholbaren Einzigartigkeit interpretierte. Aus den schriftlichen Zeugnissen Sankt Bernhards, Ottos von Freising, Gerhohs von Reichersberg und anderen tauchten jeweils verschiedene Porträts von Arnaldo auf, die ihn aus verschiedenen Blickwinkeln zeigten. Mit dieser »Restaurierungsarbeit« war jedoch der Versuch verknüpft, innerhalb der Grenzen des Möglichen die Persönlichkeit des »wahren« Arnaldo zu rekonstruieren: »Unser Porträt wird sich als eines jener Fragmente alter Bildhauerkunst herausstellen, jedoch werden seine Züge, wenn ich mich nicht täusche, einen lebhafteren Eindruck hinterlassen, da es von den Verfälschungen gereinigt ist, die durch nachträgliche Hinzufügungen entstanden.«[39]

Der *Arnaldo,* der 1954 erschien, wurde nur von den Fachleuten diskutiert. Ganz offenkundig war das Buch jedoch nicht nur für die Ketzerforscher und die Wissenschaftler bestimmt, die sich mit den religiösen Bewegungen des zwölften Jahrhunderts befassen. Heute, dreißig Jahre danach, sind wir in der Lage, es als ein Werk zu begreifen, das vieles vorwegnahm, dem es freilich möglicherweise geschadet hat, daß der Autor bei der Ausführung seiner ursprünglichen kritischen Absicht etwas zu vorsichtig zu Werke ging. Im Rückblick tritt deutlich zutage, daß er nicht nur die philologisch-kombinatorische Methode angreifen wollte, sondern die traditionelle historische Erzählweise überhaupt, die oft unweigerlich dazu neigt, die Lücken in der Dokumentation (mit einem Adverb, einer Präposition, einem Adjektiv, einem Verbum im Indikativ statt im Konditional) zu ergänzen, und auf diese Weise einen Torso in eine vollkommen ausgearbeitete Statue verwandelt.

Ein aufmerksamer Kritiker wie Zerbi erkannte in Frugonis Buch mit Besorgnis eine Tendenz zum »historiographischen Agnostizismus«, die kaum gemildert wird durch die »Bemühung um eine wahre geschichtliche Einstellung, bei der sich der Wissenschaftler beschämt fühlt, wenn er nichts als Staub entdeckt, und sei es auch Goldstaub«.[40] Diese Besorgnis ist nicht unbegründet: Die Überbewertung der Quellen mit erzählendem Charakter, die sich bei Frugoni feststellen läßt (so wie heute bei Hartog, auch wenn er von ganz anderen kulturellen Voraussetzungen ausgeht), trägt den Keim zu einer idealistischen Auflösung der Geschichte in der Geschichte der Geschichtsschreibung in sich. Doch im Prinzip schließt die Kritik an den Quellen, wie sie Frugoni so scharfsinnig geübt hat, die Ergänzung durch verschiedene dokumentarische Serien nicht nur nicht aus, sondern begünstigt diese sogar, und zwar weitaus bewußter als die frühere kombinatorische Methode. Doch stehen wir hier erst am Beginn eines langen Weges.

IV

Gerade an der Stelle, wo Manzoni dafür plädiert, Mutmaßungen, die als solche gekennzeichnet werden, in die historiographische Erzählung aufzunehmen, hält er es für nötig, auf etwas gewundene Weise zu betonen, daß die Geschichte »von der Erzählung (abgeht), aber deshalb, um sich in der einzig möglichen Weise dem zu nähern, was der Zweck der Erzählung ist«. Mutmaßungen und historische Erzählung, wobei die letztere als Darstellung gesicherter Wahrheiten verstanden wird, waren für Manzoni eindeutig unvereinbar. Heute hingegen wird man nicht mehr irritiert durch die Verknüpfung von Wahrheiten und Möglichkeiten, ebensowenig wie durch die Diskussion über voneinander abweichende Forschungshypothesen, die mit historischen Rekonstruktionen abwechselt. Wir sind als Leser sensibler geworden dank Rostovzev und Bloch, aber auch dank Proust und Musil. Nicht nur die Kategorie der historiographischen Erzählung hat sich gewandelt, sondern auch die der Erzählung an sich. Die Beziehung zwischen dem Erzähler und der Wirklichkeit erscheint ungewisser und problematischer.

Die Historiker haben allerdings zuweilen Mühe, dies zuzugeben. Und nun verstehen wir besser, warum Natalie Davis den Schneideraum, in dem der Film über Martin

Guerre geschnitten wurde, als richtiges »historiographisches Labor« bezeichnet. In den aufeinanderfolgenden Szenen, in denen Roger Planchon ein und denselben Satz des Richters Coras mit einer jeweils anderen Intonation auszusprechen versuchte, verwandelte sich mit einem Mal der Indikativ der historischen Erzählung in einen Konditional (wie Gibbon es ausgedrückt hätte). Wer Fellinis *8 ½* gesehen hat, machte, ob Historiker oder nicht, eine in gewissem Sinn ähnliche Erfahrung bei der Szene, in der verschiedene Anwärterinnen auf eine Rolle hintereinander auf der Bühne eines Theaters dieselbe Person verkörpern und angesichts des Protagonisten (der – im Film – Regisseur ist) denselben Satz lustlos oder auch unbeholfen vortragen. In Fellinis Film wird dieser Abbau der Realität noch dadurch verstärkt, daß der Zuschauer bereits die »reale« Person agieren sah (die ihrerseits natürlich ebenfalls eine Protagonistin des Films ist), die zu verkörpern die Bewerberinnen sich bemühen. Dieses schwindelerregende Spiel der Spiegelungen erinnert uns an die bekannte Tatsache, daß die Verknüpfung von Realität und Fiktion, von Wahrheiten und Möglichkeiten im Mittelpunkt der künstlerischen Gestaltung dieses Jahrhunderts steht. Natalie Davis macht uns bewußt, welchen Gewinn die Historiker daraus für ihre Arbeit ziehen können.

Begriffe wie »Fiktion« oder »Möglichkeiten« dürfen freilich nicht in die Irre führen. Die Frage nach dem Beweis steht mehr denn je im Zentrum der historischen Forschung: Die schriftliche Niederlegung verändert sich jedoch unweigerlich in dem Augenblick, da andere Themen als die in der Vergangenheit behandelten mit Hilfe einer ebenfalls anderen Dokumentation angegangen werden.[41] Natalie Davis' Versuch, die Lücken zu umgehen durch eine aus Archiven gewonnene Dokumentation, die in bezug auf Ort und Zeit der verlorengegangenen oder nie vorhanden gewesenen Dokumentation ähnlich ist, ist nur eine von vielen möglichen Lösungen. (Es würde die Mühe lohnen, der Frage nachzugehen, inwieweit diese Lösung auch auf andere Fälle angewandt werden kann.) Zu denen, die mit Sicherheit auszuschließen sind, gehört die Erfindung. Sie stünde nicht nur im Widerspruch zu dem Vorangegangenen, sondern sie wäre auch absurd, nicht zuletzt deshalb, weil einige der berühmtesten Romanciers des 19. Jahrhunderts verächtlich von der Zuhilfenahme der Erfindung sprachen und dieses Hilfsmittel ironischerweise allenfalls den Historikern zuerkannten. »Diese Erfindung ist das, was bei der geistigen Arbeit am einfachsten und gewöhnlichsten ist, was am wenigsten Überlegung und sogar die geringste Phantasie verlangt«, schrieb Manzoni in seinem Brief an M. Chauvet, wobei er für die Dichtung die Erforschung der Welt der Leidenschaften reklamierte, die der Geschichte hingegen verschlossen sei – jener Geschichte, die es »zum Glück« gewohnt ist zu erraten, wie der berühmte Satz aus den *Promessi Sposi* lautet.[42] »Es ist seltsam, daß Geschichte so langweilig ist«, konstatiert eine Figur Jane Austens, »da sie doch gewiß zum großen Teil Erfindung ist.«[43] »Die Vergangenheit und die Handlungen der Menschen darzustellen und zu illustrieren ist Aufgabe sowohl des Historikers als auch des Romanciers; der einzige Unterschied, den ich erblicken kann«, schrieb gegen Ende des letzten Jahrhunderts Henry James, »spricht für den letzteren (natürlich kommt es darauf an, wie es ihm gelingt) und besteht darin, daß er größere Schwierigkeiten beim Sammeln der Beweise hat, die keineswegs nur literarischer Art zu sein brauchen.«[44] Und so könnte man fortfahren.

Für die Schriftsteller, die Henry James fünfzig oder hundert Jahre vorausgingen, beruhte hingegen das Ansehen der Geschichtsschreibung auf der Vorstellung von absoluter Glaubhaftigkeit, an der gerade die Zuhilfenahme von Mutmaßungen keinerlei Anteil hatte. Als Fielding den Historikern, die sich mit »Staatsgeschäften« beschäftigten, jene Autoren gegenüberstellte, die sich, so wie er, auf die Darstellung von »Szenen des Privatlebens« beschränkten, betonte er, wenn auch widerwillig, die größere Glaubwürdigkeit der ersteren, die sich auf »Geschichtsbücher mit den übereinstimmenden Zeugnissen vieler Autoren« gründet: mit anderen Worten, auf das übereinstimmende Zeugnis von dokumentarischen und erzählenden Quellen.[45] Diese Gegenüberstellung von Historikern und Romanciers liegt uns mittlerweile gänzlich fern. Heute beanspruchen die Historiker für sich das Recht, sich nicht nur mit den Taten von Trajan, Antoninus Pius, Nero oder Caligula zu befassen (es sind dies die von Fielding angeführten Beispiele), sondern auch mit den Szenen aus dem privaten Leben von Arnaud du Tilh, genannt Pansette, von Martin Guerre und von Bertrande, seiner Ehefrau. Indem Natalie Davis umsichtig Wissen und Einbildungskraft, Beweise und Möglichkeiten miteinander verknüpfte, hat sie gezeigt, daß auch die Geschichte von solchen Männern und Frauen geschrieben werden kann.

Carlo Ginzburg

ANMERKUNGEN

1. *Michael Montaigne's Gedanken und Meinungen über allerley Gegenstände*. Berlin 1795, 3. Buch, 11. Kap., S. 138 f.
2. Montaigne, a. a. O., S. 144. Über diesen Satz reflektiert Leonardo Sciascia, in: *La sentenza memorabile*. Palermo 1982, S. 11, dem bislang letzten Werk, das sich mit dem Fall Martin Guerre beschäftigt.
3. Montaigne, a. a. O., S. 137.
4. Man vergleiche jedoch die Betrachtungen Max Blochs, die vom Autor in der Einführung der italienischen Ausgabe von *Les rois thaumaturges*, Paris 1961 (*I re taumaturghe*, Turin 1973) diskutiert werden.
5. Vgl. Spie: »Radici di un paradigma indiziario«, in: *Crisi della ragione*, hg. v. A. Gargani. Turin 1979, S. 83.
6. Vgl. Georges Duby: *Le dimanche de Bouvines, 27 juillet 1214*. Paris 1973.
7. Außerordentlich anregende Betrachtungen finden sich in dem Artikel L. Ferajolis über den sogenannten »Fall vom 7. April« (*Il Manifesto*, 23. und 24. Februar 1983), vor allem im ersten Teil. Das dort aufgeworfene Problem der »juristischen Geschichtsschreibung« wird noch ausführlicher behandelt werden.
8. Jean de Coras: *Arrest Memorable*... Lyon 1561, Widmung.
9. Außer dem von Natalie Davis zitierten Exemplar existiert in der Bibliothèque Nationale noch ein weiteres derselben Auflage, das einen Druckfehler im Titel enthält (*Histoite* statt *Histoire*) mit der Sigle Rés. Z. Fontanieu, 171, 12. In einer späteren, von Natalie Davis nicht erwähnten Auflage (*Recit veritable d'un faux et supposé Mary, arrivé à une Femme notable, au pays de Languedoc, en ces derniers troubles*, erschienen in Paris bei Jean Brunet, rue neufve sainct Louys, à la Crosse d'Or, M.DC.XXXVI: BN.8°. Ln.^{27}.27815) wurde das Sonett weggelassen.
10. Jean de Coras: *Arrest Memorable*... Paris 1572, arrest CIIII. In der Einführung zu dieser vermehrten Ausgabe definiert der Drucker (Gaillot du Pré) das Werk nicht nur, wie Natalie Davis hervorhebt, als »Tragikomödie«, sondern er erklärt auch, daß er »nicht ein I-Tüpfelchen an der Sprache des Verfassers« geändert habe, »damit man um so leichter das vorliegende Exemplar von den vorausgegangenen Ausgaben unterscheiden könne: dem Autor derselben hat es derart gefallen zu amadisieren, daß er die Wahrheit des Berichts nur unzureichend wiedergegeben hat«. Der Sinn dieser Erklärung ist eindeutig: Der Ausdruck »Exemplar« läßt an die vorangegangenen, unkorrekten Ausgaben von Coras' Text denken; der Begriff »amadisieren« gibt

zu verstehen, daß die Geschichte von Martin Guerre nach dem Vorbild des *Amadis von Gallien* romanhaft ausgeschmückt worden sei. Für die zweite Hypothese spricht, daß die ersten zwölf Bücher der französischen Übersetzung des *Amadis* zwischen 1555 und 1560 von Vincent Sertenas und Estienne Groulleau neu aufgelegt worden waren und daß es ausgerechnet Sertenas war, der die *Histoire Admirable* von Le Sueur veröffentlichte. Es könnte sich also bei dem, der »die Wahrheit des Berichts nur unzureichend wiedergegeben« hat, um den letzteren handeln.

11. Jean de Coras: *Arrest Memorable*... (1572), a. a. O., S. 146 und 149.

12. (Guillaume Le Sueur): *Histoite (!) admirable*..., a. a. O., c.A ii r.

13. Jean de Coras: *Arrest Memorable*..., a. a. O., S. 39.

14. Ein Ansatz zu einer derartigen Untersuchung findet sich in T. Todorovs schönem Buch *La conquête de l'Amérique: la question de l'autre*. Paris 1982.

15. Zwei Zusammenfassungen aus neuerer Zeit finden sich in *Theorie und Erzählung in der Geschichte*, hg. v. Jürgen Kocka und Thomas Nipperdey (Theorie der Geschichte, Bd. 3). München 1979; Haydin White: »La questione della narrazione nella teoria contemporanea della storiografia« in: *La teoria della storiografia oggi*, hg. v. P. Rossi. Mailand 1983, S. 33–78. Von P. Ricœurs groß angelegtem Werk *Temps et récit* ist bislang nur der erste Band erschienen (Paris 1983).

16. Vgl. Wolfgang J. Mommsen und Jörn Rüsen, in: *Theorie und Erzählung in der Geschichte*, a. a. O., die jedoch darauf verzichten, die Bedingungen, unter denen das Problem gewöhnlich betrachtet wird, neu zu formulieren. Es sollte darauf hingewiesen werden, daß die klare Trennung zwischen historiographischer Erzählung im eigentlichen Sinne und den vorbereitenden Forschungsarbeiten bereits von Benedetto Croce in seinem frühen Aufsatz »La storia ridotta sotto il concetto generale dell'arte« (vgl. Croce: *Primi saggi*, Bari 1927, S. 37 f.) konstatiert worden ist, auf den sich White mehrfach bezieht.

17. Vgl. L. Stone: »The Revival of Narrative: Reflections on a New Old History«, in: *Past and Present*, Nr. 85, November 1979, S. 3–24; E. J. Hobsbawm: »The Revival of Narrative: Some Comments«, ebd., Nr. 86, Februar 1980, S. 3–8.

18. Daniel Defoe: *Robinson Crusoe*. München 1966 (Vorwort).

19. Henry Fielding: *Tom Jones. Die Geschichte eines Findlings*. München 1965, S. 47.

20. Ein deutlicher Verweis auf die *History* von Clarendon (»ein so ernsthaftes Werk«) findet sich im 1. Kapitel des 8. Buchs (a. a. O., S. 360). Was ganz allgemein die Gegenüberstellung der Zeit der Chronik und des Epos und der des Romans betrifft, so vergleiche man die erhellende Passage in Walter Benjamins Essay »Der Erzähler. Betrachtungen zum Werk Nicolai Lesskows« in: ders., *Illuminationen*. Frankfurt a. M. 1955, S. 422 ff., von dem Karlheinz Stierles Aufsatz »Erfahrung und narrative Form«, in: *Theorie und Erzählung in der Geschichte* (a. a. O., S. 85 ff.), seinen Ausgang nimmt.

21. I. Watt: *The Rise of the Novel.* London 1967, S. 292.
22. Henry Fielding: *Tom Jones...*, a. a. O., S. 444 f.
23. Henry Fielding: Tom Jones..., a. a. O., S. 360.
24. Zitiert nach L. Braudy: *Narrative Form in History and Fiction.* Princeton 1970, S. 13.
25. Honoré de Balzac: *Die Menschliche Komödie.* München 1971, Bd. 1, S. 148.
26. Honoré de Balzac: *Die Menschliche Komödie*, a. a. O., S. 155 f.
27. Alessandro Manzoni: »Über den historischen Roman und im Besonderen: über die Zusammenkomposition von Geschichte und freier Erfindung«, in: *Die Werke von Alessandro Manzoni*, Bd. 5, hg. v. Hermann Bahr und Ernst Kamnitzer. München 1923, S. 345 und 368.
28. Honoré de Balzac: *Die Menschliche Komödie*, a. a. O., S. 156.
29. H. White: *Metahistory. The Historical Imagination in Nineteenth-Century Europa.* Baltimore und London 1973.
30. François Hartog: *Le miroir d'Hérodote.* Paris 1980, S. 23 ff., 141 f.
31. Vgl. H. White: *Metahistory...*, a. a. O., S. 3, Anm.
32. Vgl. ebd., S. 432 f. Der Verweis auf Gombrich und auf den Begriff »Realismus« kehrt zu Beginn des Essays »La questione della narrazione« (a. a. O., S. 33, Anm. 1) wieder, der im folgenden andere Themen verfolgt.
33. Vgl. Arnaldo Momigliano: »L'histoire dans l'âge des idéologies«, in: *Le Débat*, Nr. 23, Januar 1983, S. 129–146; ders.: »Biblical Studies and Classical Studies. Simple Reflections upon Historical Method«, in: »Annali della Scuola Normale Superiore di Pisa«, Cl. Lettere e Flos., s. III, XI (1981), S. 25–32.
34. Vgl. Arnaldo Momigliano: »Ancient History and the Antiquarian«, in: *Journal of the Warburg and Courtauld Institutes*, XIII (1950), S. 285 ff.
35. Edward Gibbon: *Geschichte des Verfalls... des römischen Weltreiches.* Leipzig 1805–20. Die Bedeutung dieser Passage wird in einem anderen Zusammenhang von L. Braudy: *Narrative Form*, a. a. O., S. 216, unterstrichen.
36. Alessandro Manzoni, a. a. O., S. 364 f.
37. Vgl. Benedetto Croce: *La storia come pensiero e come azione.* Bari 1938, S. 122–128. (Ein Hinweis findet sich bereits in seinem Aufsatz »La storia ridotta...«, a. a. O., S. 39 f.)
38. Vgl. P. Zerbi: »A proposito di tre recenti libri di storia. Riflessioni sopra alcuni problemi di metodo«, in: *Aevum*, XXXI (1957), S. 524, Anm. 17, wo vorsichtig darauf hingewiesen wird, daß Frugoni diese Passage von Croce gekannt haben könnte. (Für diesen Hinweis danke ich Giovanni Krahl, der mich während eines Seminars in Bologna auf diesen Punkt aufmerksam gemacht hat.)
39. A. Frugoni: *Arnaldo da Brescia nelle fonti del secolo XII.* Rom 1954, S. IX.
40. P. Zerbi: »A proposito...«, a. a. O., S. 504.
41. Vgl. zu diesem Problem im Zusammenhang mit der Kunstgeschichte

die Diskussion zwischen A. Pinelli und dem Autor, in: *Quaderni storici*, Nr. 50, August 1982, S. 682 ff.

42. Alessandro Manzoni: *La ›Lettre à M. Chauvet‹*, hg. v. Natalino Sapegno. Rom 1947, S. 59 f.

43. In *Northanger Abbey* (Harmondsworth, 1972, S. 123). E. H. Carr hat diesen Satz seinem Buch *What is History?*, London 1961, als Motto vorangestellt.

44. Henry James: »The Art of Fiction«, in: *Partial Portraits*. London und New York 1888.

45. Henry Fielding: *Tom Jones...*, a. a. O., S. 360.

VERZEICHNIS DER ABBILDUNGEN

Erstausgabe von Jean de Coras' *Arrest Memorable* (1561), Bibliothèque Nationale, Paris S. 8

Die Wege des Martin Guerre S. 25

Soldaten (ca. 1545), Archives Départementales de l'Ariège, 5E 6220 S. 40

Bauerntanz von Georges Reverdy, *Le Branle* (ca. 1555), Bibliothèque Nationale, Paris, Cabinet des Estampes S. 47

Bäuerliches Paar, aus: *Das Trachtenbuch des Christoph Weiditz* (1529), Bibliothèque Nationale, Paris S. 65

Gegenüberstellung von Angeklagtem und einem Zeugen, aus: Jean Milles de Souvigny (Ioannes Millaeus), *Praxis Criminis Persequendi* (Paris 1541), Harvard Law School Library, Treasure Room S. 88

Erste Darstellung des Falls im Bild, aus: Jacob Cats, *Alle de Wercken* (Amsterdam 1658), Bibliothèque Mazarine, Paris S. 113

Jean de Coras, in einer im 17. Jahrhundert von Bastet hergestellten Kopie eines verlorengegangenen Originals, Bibliothèque Nationale, Paris, Cabinet des Estampes S. 129

Ein Fall von bemerkenswerter Ähnlichkeit, aus: François de Belleforest, *Histoires prodigieuses* (Paris 1574), University of Pennsylvania, Philadelphia, Furness Memorial Library, Special Collections, Van Pelt Library S. 147

Die Strafe folgt auf einem hölzernen Bein, aus: Otto Vaenius, *Quinti Horatii Flacci Emblemata* (Antwerpen 1612), Princeton University Library, Department of Rare Books and Special Collections S. 149

REGISTER

Alexander III. (Orlando Bandinelli), Papst 51
Arzel, Bernarde 72
Azéma, Familie 77

Balduin, Graf von Flandern 139
Bandello, Matteo 142
Banquels, Antoine 79
Banquels, Familie 24, 27, 32
Banquels, Jean 24, 73, 101
Banquels, Jeanne de 32, 46, 85
Barrau, Carbon 90, 94, 101, 110, 119
Barrau, Familie 54, 55
Belleforest, François de 54, 146
Bertrand, Bernard 28
Boccaccio, Giovanni 142
Bonald, Etienne de 98
Boaistuau, Pierre 135, 142, 146
Boëri, Catherine 34, 72, 77, 91
Boëri, Dominique 39, 87
Boëri, Familie 28
Boëri, Jacques 33, 52, 69
Bonecase, François 39
Bordenave, Arnaud de 32
Boysonné, Catherine 124
Bruneri, Mario 86
Bussi, Jacquette de 125, 126, 127, 140, 143, 144, 148

Caffer, Antoine 69
Caldeyro, Brüder 27
Canella, Giulio 86
Carrière, Claude 10, 12
Chitracha, Aurelio 60, 114
Claveria, Dominique de 69
Clergue, Familie 77

Comminges-Péguilhan, Familie 54
Coras, Jacques de 124, 125
Coras, Jean de (Vater) 123, 124
Coras, Jean de (Sohn) 10, 18, 19, 31, 32, 36, 42, 45, 57, 67, 70, 74, 77, 78, 89, 94, 95, 97, 98, 99, 100, 101, 102, 103, 104, 105, 106, 107, 109, 111, 112, 114, 115, 117, 119, 121, 122, 123, 124, 125, 126, 127, 128, 130, 131, 132, 133, 134, 135, 136, 137, 138, 139, 140, 141, 142, 144, 145, 146, 148, 150, 151, 152, 153, 154, 156
Coras, Jeanne de 124
Cortalle, Maragille 46
Cottineau, L. H. 89
Cousin, Gilbert 146

Dabadia, Marie 32
Daffis, Jean 98, 115
Daguerre → s. Guerre
Darmon, Pierre 45
Daubon, Familie 55
Debeyat, Familie 55
Decius, Philippus 123
Delhure, Bernarde 154
Delhure, James 72, 154
Della Mirandola, Giovanni Pico 140
Del Pech, Familie 72
Del Rieux, Pey 39
Depardieu, Gérard 10
Drot, Brüder 69
Drot, Jehannot 24, 28
Du Caylar, Pierre Laurens 69
Du Fail, Noël 16

Du Fau, Familie 28
Du Fau, Philippe 32
Du Faur, Michel 98, 122, 137
Du Tilh, Arnaud, genannt
Pansette 9, 10, 11, 13, 53, 54, 55,
56, 57, 59, 60, 61, 62, 63, 64, 66,
67, 68, 69, 70, 71, 72, 73, 74, 75,
76, 77, 78, 79, 80, 81, 82, 83, 84,
86, 87, 89, 90, 91, 92, 93, 94, 95,
96, 97, 99, 100, 101, 102, 103,
104, 105, 106, 108, 109, 110, 111,
112, 114, 115, 116, 117, 118, 119,
120, 121, 122, 130, 131, 132, 133,
135, 136, 138, 139, 141, 142, 143,
145, 146, 148, 150, 151, 152, 154,
156, 157
Du Tilh, Arnaud Guilhem 54, 55,
119
Du Tilh (Guerre), Bernarde 64,
72, 83, 106, 115, 116, 119, 146
Du Tilh, Familie 55
Du Tilh, Jean 80, 103, 119
Du Verdier, Antoine 146

Elisabeth de Valois 108
Epiktet 128, 130
Erasmus, Desiderius (Gerhard Gerhards) 41
Escornebeuf, Familie 79
Escornebeuf, Jean de 28, 78, 79
Espaigne, Rose de 49
Estienne, Henri 146

Faure, Brüder 28
Ferlaz, Antoine 60
Ferrières, François de 70, 98, 99,
100, 109, 111, 120, 144
Fontanel, Jean 60
François I., König von Frankreich 22, 39

Gaillard, Auger 148
Ginzburg, Carlo 17
Gottlieb, Beatrice 67
Gouthelas, Bertrande de 48

Greenblatt, Stephen 131
Grose, Familie 27, 32
Guerra, Bernard 32
Guerre, Dominique 155
Guerre (Daguerre), Familie 10,
24, 26, 28, 29, 30, 31, 32, 33, 34,
35, 37, 39, 50, 59, 63, 66, 73, 76,
77, 81, 118, 154, 155
Guerre, Gaspar 155
Guerre, Jeanne 35, 101, 110
Guerre, Johanto 41
Guerre, Martin 9, 10, 11, 12, 21,
22, 23, 29, 32, 33, 34, 35, 36, 37,
38, 39, 41, 42, 43, 44, 45, 50, 55,
56, 57, 58, 59, 61, 63, 72, 73, 75,
78, 80, 81, 82, 83, 84, 87, 90, 91,
92, 95, 96, 100, 103, 105, 106,
107, 108, 109, 110, 111, 112, 115,
116, 117, 118, 119, 120, 130, 137,
138, 139, 140, 141, 143, 146, 150,
151, 152, 154, 155, 156
Guerre, Pierre 21, 22, 24, 30, 31,
35, 50, 51, 62, 64, 72, 73, 74, 75,
76, 77, 78, 79, 80, 81, 82, 83, 84,
87, 91, 92, 93, 94, 95, 99, 100,
104, 105, 106, 108, 109, 110, 111,
116, 118, 130, 138, 154, 155
Guerre, Sanxi (Vater) 21, 22, 23,
24, 30, 31, 34, 36, 38, 39, 41, 50,
72, 73, 108, 155
Guerre, Sanxi (Sohn) 37, 39, 51,
52, 63, 75, 95, 106, 107, 108
Guilhet, Pierre de 59

Hadrian, röm. Kaiser 128, 130
Haraven, T. K. 67
Henri II., König von Frankreich
57, 125, 128
Henri III., König von Frankreich 67
Herodot 146
Holmes, Catherine E. 135
Horaz (Quintus Horatius
Flaccus) 152

Imbert, Jean 95

Jeanne d'Albret, Königin von Navarra 68, 144
Jeanne von Flandern 139
Justinian, oströmischer Kaiser 51, 139

Karl V., Kaiser des Heiligen Römischen Reiches deutscher Nation 22, 41

La Croix du Maine, François 122
Lancre, Pierre de 39
La Roche-Flavin, Bernard de 100
Latomy, Nicholas 98
Latro, Portius 143
Learin, Ancely 17, 18
Le Fustié, Familie 27
Le Roy Ladurie, Emmanuel 12, 17, 38, 66
Le Sueur, Guillaume 19, 30, 42, 58, 62, 64, 93, 105, 107, 119, 121, 122, 130, 131, 133, 137, 138, 140, 141, 142, 145
Le Sueur, Pierre 121
Lewis, Janet 148
L'Hôpital, Michel de 122
Liberos, Pelegrin de 103
Loze, Familie 28, 72, 77
Loze, James 26
Loze, Jean 73, 76, 77, 101, 105
Loze, Jehanard 85
Lubin 16

Mansencal, Jean de 98, 109, 117, 118, 125, 141
Marguerite, genannt La Brugarsse 48
Marguerite von Navarra 142
Maury, Pierre 38
Maynard, Gerard de 146
Menocchio 17
Mendoza y Bobadilla, Francisco de 41, 42, 107, 108
Mendoza, Pedro de 41, 42, 43, 107

Monluc, Jean de 136, 137
Montaigne, Michel de 9, 42, 118, 131, 150, 151, 152, 153
Mure, Michel 60

Olivier, Antoine 70

Papon, Jean 145
Pegulha, Jean 80
Philipp II., König von Spanien 42, 43, 107, 108, 116, 145
Planchon, Roger 10
Platter, Thomas 16
Plautus, Titus Maccius 142

Rabelais, François 42
Renée von Ferrara 127
Reynier, Simon 98
Robert, Pierre 98
Robert, Suzanne de 48
Rols, A. 154
Rols, Abraham 69
Rols, Andreu de 34
Rols, Bertrande de 11, 12, 32, 33, 34, 36, 37, 44, 45, 46, 49, 50, 51, 52, 53, 57, 58, 62, 63, 64, 66, 67, 68, 70, 71, 72, 73, 75, 76, 77, 78, 79, 80, 81, 82, 83, 86, 87, 89, 91, 92, 93, 96, 99, 100, 101, 104, 105, 106, 108, 110, 111, 112, 115, 116, 117, 118, 119, 120, 132, 137, 138, 139, 140, 141, 142, 143, 145, 148, 154, 155, 156
Rols, Familie 27, 32, 33, 34, 36, 37, 44, 50, 69, 155
Rols, Sanxi 155

Saint-Andrieu 55
Sciascia, Leonardo 86
Seneca, Lucius Annaeus 143
Sertenas, Vincent 133, 135, 137
Sole, de 55

Termes, Jeanne de 123
Thomas, Jean, alias Le Provincial 115

Tor, Arnaude de 46
Tournes, Jean de 133
Trony, Vallier 60

Urtubi, Familie 29
Usilis, Antoine 122, 123

Vayssières, Firmin 87, 89, 90, 92, 95, 96, 104, 105, 108, 118
Vigne, Daniel 10, 11, 12

Villars-Cotteret 94, 134
Villemur, Familie 29
Villemur, Jacques de 68
Vincent, Antoine 134, 136, 137
Vincent, Barthélemy 145
Vives, Juan Luis 41
Vize, Jean de 54
Vize, Séverie de 54

Wheaton, R. 67

Elisabeth Badinter
Die Mutterliebe

Geschichte eines Gefühls vom 17. Jahrhundert bis heute

Aus dem Französischen von Friedrich Griese.

2. Aufl., 19. Tsd. 1982. 336 Seiten. Geb.

»Das Buch ist deshalb so lesenswert, weil zum Teil neue, immer aber interessante historische Belege herangezogen und im Rahmen einer bestimmten kulturellen und geisteswissenschaftlichen Entwicklung interpretiert werden.
Elisabeth Badinter hat ein anregendes, interessantes Buch geschrieben, weniger weil sie die Geschichte eines Gefühls dargestellt, sondern weil sie mit Scharfsinn und Anschaulichkeit gezeigt hat, wie individuelle Gefühle vom gesellschaftlichen Bewußtsein überdeckt werden.«

Frankfurter Allgemeine Zeitung

John Bowle
Geschichte Europas

Von der Vorgeschichte bis ins 20. Jahrhundert

Aus dem Englischen von Hainer Kober. 1983. 720 Seiten. Geb.

»Seine jetzt in Deutschland erschienene ›Geschichte Europas‹ verbindet auf kaum 700 Seiten paradox die urenglische Trockenheit des auf nüchtern-nützliche Aufklärung und Erfahrung bauenden Common sense mit keltischer Phantasie: einem zwar langsam, aber stetig abbrennenden Feuerwerk aus Ironie, ästhetischer Inspiration und einer fast schon pikaresken Fülle an Information.
Das wahrhaft Erstaunliche an Bowles Buch besteht in der Fähigkeit, sich mit taciteischer Kürze und Würze kompetent auf Vorgeschichte wie auf Alte und Neuere Geschichte einzulassen.«

Der Spiegel

PIPER